KB110351

지성 100인
한일 해저터널을 말하다

세계평화도로재단

새로운 세상의 숲 | 신세림출판사

한일터널은
동북아 평화와 번영의 원동력

세계평화도로재단은 무가지로 발행하는 격월간 '피스로드' 창간 10년을 기념해 단행본 『지성 100인-한일 해저터널을 말하다』를 발간하게 되었습니다. 본 재단이 추진해온 피스로드 프로젝트는 국경이 없고 전쟁이 없는, '인류 한 가족 사회'를 구현해 나가자는 취지로 진행됐으며, 그 핵심 사업이 지구촌 단절을 없애기 위한 한일터널 및 베링터널 건설, 한반도종단철도의 연결이라고 할 수 있습니다. 이들 지역이 육로로 연결되면 지구촌은 자동차나 기차로 사통팔달하며, 국가 간 활발한 교류와 소통으로 더 나은 미래를 창조해 나갈 수 있을 것입니다. 마땅히 한반도 통일도 앞당길 수 있으리라 믿습니다.

이 책에 등장하는 지성 100인은 그동안 '피스로드' 잡지에 논문, 기고,

세계평화도로재단 한학자 총재(사진 가운데)가 2016년 11월 14일
일본 사가현 가라쓰에 있는 한일터널 조사사갱을 방문하였다.

인터뷰 등을 통해 '한일터널' 및 이의 포괄 개념인 '피스로드'와 관련해 제언한 분들입니다. 또 일부는 국내 주요 매체를 통해 한일터널에 긍정적인 견해를 밝힌 분들의 어록을 모았습니다.

이들 지성은 한일터널을 저마다의 관점으로 인류의 '상생과 평화'라는 큰 틀에서 조망했다는 공통점을 가지고 있습니다. 아무쪼록 이 책이 한일터널을 중심으로 한일 간 우호와 동북아시아의 평화, 더 나아가 인류의 항구적 평화와 번영을 이룩하는 단초가 되기를 진심으로 빌어마지 않습니다.

세계평화도로재단 한국회장 **송 광 석**

Contents

01 지성 100인 명단 (108명)

한국 91명	
강 대 민	경성대학교 사학과 교수(조선통신사학회장)
강 덕 수	한국외국어대학교 명예교수(한국-사하친선협회 회장)
강 무 길	부산시의회 의원
고 래 억	연세대학교 교수
고 민 수	남북통일운동국민연합 제주지부 공동회장(전 제주시장)
곽 결 호	한양대학교 석좌교수(전 환경부장관)
권 태 신	전 국가경쟁력강화위원회 부위원장(전 국무총리실장)
김 대 중	전 대한민국 대통령(1924~2009)
김 동 해	비전케어 이사장(의학박사)
김 민 하	전 중앙대학교 총장
김 병 수	전 세계일보 사장
김 상 환	호서대 토목공학과 교수
김 용 호	여의도연구소 정책 고문
김 인 호	시장경제연구원 이사장(전 한국무역협회장)
김 재 범	한미협회 부회장(전 우르과이 대사)
김 재 봉	전 충청남도 도의회 의장
김 주 섭	전 국무총리 의전실장
김 진 명	소설가
김 충 환	남북사회통합연구원 원장(전 통일부 남북회담본부 기획부장)
김 한 수	조선일보 종교전문기자
김 형 석	남북사회통합연구원 이사장(전 통일부 차관)
김 희 준	부경대학교 지구물리학과 교수
노 무 현	전 대한민국 대통령(1946~2009)

마 강 래	중앙대학교 도시계획부동산학과 교수
문 한 식	변호사(전 국민권익위원회 비상임위원)
박 경 부	한일해저터널연구원 이사장
박 보 희	한국문화재단 총재(1930~2019)
박 삼 구	전 금호아시아나그룹 회장
박 상 권	평화자동차 명예회장
박 성 열	세계평화도로재단 자문위원
박 원 동	전 한국방위사업연구원 이사장
박 원 홍	한일친선협회중앙회 부회장(전 SBS·KBS 앵커)
박 정 진	문화평론가(문화인류학박사)
박 중 현	한반도평화국제협력네트워크 회장
박 진 희	한국해양대학교 물류시스템공학과 교수
박 창 희	스토리랩 수작 대표(전 국제신문 대기자)
박 판 도	전 경남도의회 의장
반 명 환	평화대사광주시협의 회장(전 광주광역시의회 의장)
배 연	한국화가
서 동 현	(주)현이앤씨 대표이사
서 의 택	한일터널연구회 공동대표(부산대 명예교수)
설 용 수	중앙노동경제연구원 이사장(남북통일운동국민연합 상임고문)
손 대 오	한국평화연구학회 이사장(전 세계평화교수협의회 회장)
송 광 석	남북통일운동국민연합 회장(민족화해협력범국민협의회 공동의장)
송 동 섭	단국대학교 경영대학장
신 장 철	숭실대학교 일어일문학과 교수
심 재 권	전 국회 외교통일위원장(국제정치학 박사)

안 경 한	전 부산신항만 사장
안 공 혁	전 보험감독원장(전 재무부 차관)
안 외 선	우주영재과학원 대표
안 홍 준	전 국회 외교통일위원장
왕 성 우	한국식품유통연구원 이사장(농학박사)
원 유 철	국회의원(전 미래한국당 대표)
유 일 호	전 국토교통부 장관
윤 용 희	경북대학교 명예교수
이 영	통일열차리더십아카데미 공동학장(전 민주평통 부산시 부의장)
이 관 세	경남대학교 극동문제연구소장(전 통일부차관)
이 돈 섭	대한적십자사 강원도지사 회장(전 강원도 부지사)
이 리 형	청운대학교 명예총장(대한민국 학술원 회원)
이 상 우	신아시아연구소장(전 서강대학교 교수)
이 성 출	전 한미연합사령부 부사령관(예비역 육군대장)
이 승 호	상지대 대학원장(한국해저터널연구회장)
이 시 찬	남북통일운동국민연합 고문(전 바르게살기 대전시협의회장)
이 옥 희	한반도발전연구원 선임연구위원
이 영 탁	세계미래포럼 회장(전 국무조정실장)
이 영 호	전 국회의원(수산학 박사)
이 용 흠	일신설계 회장(한일터널연구회 공동대표)
이 창 훈	전 한라대학교 총장(아셈연구원 원장)
임 종 성	국회의원
전 일 수	전 인천대학교 동북아물류대학원장(1950~2007)
정 태 익	한국외교협회 고문(전 청와대 외교안보수석)

정 하 웅	카이스트 석좌교수
정 헌 영	전 부산대학교 공과대학장
조 명 철	전 국회의원(전 김일성종합대 교수)
주 동 문	효정국제과학통일재단 이사장(전 세계평화도로재단 이사장)
주 종 기	평화대사협의회 부산광역시 회장(국제라이온스 한국복합지구 초대 의장)
차 준 영	선문대학교 교수
최 병 환	대전대학교 명예교수
최 성 규	전 한국철도연구원 원장
최 성 호	경기대학교 교수(시장경제연구원 초빙연구위원)
최 연 혜	전 코레일 사장(전 한국철도대학교 총장)
최 윤 기	전 통일그룹유지재단 이사장
최 재 범	전 한진중공업 부회장(전 서울시 부시장)
최 치 국	한국정책공헌연구원 원장(부산대학교 도시문제연구소 특별연구원)
한 종 만	배재대학교 명예교수(전 시베리아학회장)
허 재 완	중앙대학교 명예교수
홍 일 식	선학평화상위원회 위원장(전 고려대학교 총장)
황 종 택	녹명문화연구원 원장(전 한국신문윤리위원회 전문위원)
황 학 주	전 연세대학교 명예교수(작고)
황 호 균	전 삼성건설 건설부문 전무이사
홍 교 스 님	대한불교조계종 전계대화상(성주사 회주)

일본 13명	
가지쿠리 마사요시(梶栗正義)	세계평화도로재단 일본회장
나가노 신이치로(永野愼一郎)	다이토분카대학교 명예교수
노다 도시야스(野田順康)	세이난대학교 교수
노자와 타이조(野澤太三)	일한터널연구회 회장(전 법무부장관, 공학박사)
니시보리 에자부로(西堀栄三郎)	전 남극 월동대장(엔지니어, 발명가, 산악인) (1903~1989)
니시카와 요시미쓰(西川佳秀)	토요대학교 교수
다케우치 류조(竹內雄三)	국제하이웨이재단 기술위원장
도쿠노 에이지(德野英治)	국제하이웨이재단 회장
무토 가쓰키요(武藤克精)	한일문화교류연합회 사무국장
모리 요시로(森喜朗)	전 일본 총리
미조하타 히로시(溝畑宏)	오사카 관광국 이사장(전 일본관광청 장관)
사사 야스오(佐佐保雄)	홋카이도대학교 명예교수 (전 일한터널연구회 회장) (1907~2003)
후지하시 겐지(藤橋健次)	일한터널연구회 상임이사

미국 4명	
짐 로저스	로저스홀딩스 회장
토마스 프레이	미래학자(다빈치연구소 소장)
토마스 맥데빗	워싱턴타임스 회장
제럴드 윌리스	HJ매그놀리아 한국재단 이사장 (전 허니웰 인터내셔널 아시아태평양지사 부회장)

- 지성 100인은 가나다순이며, 직함은 가능한 당시의 직함을 사용했음을 밝혀둡니다.

02 지성 100인의 발언

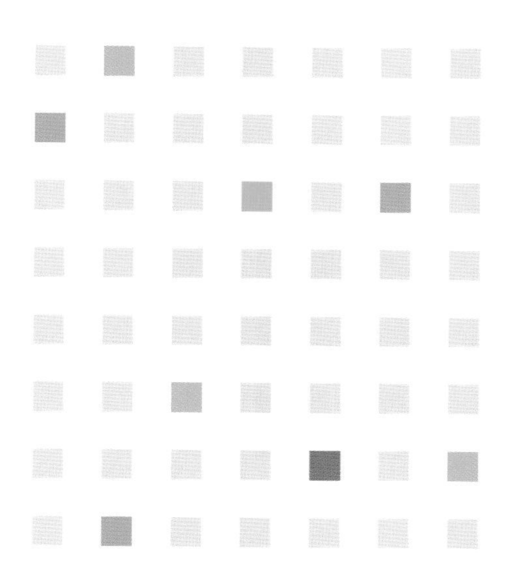

고난의 해상로를 육로로 바꾸는 일

조선시대 우리 민족의 공식적인 해외체험은 주로 왕명을 수행하는 사신행차를 통해 이루어졌다. 곧 조천사(朝天使) 또는 연행사(燕行使)로 대표되는 중국으로의 사행과, 통신사(通信使)로 대표되는 일본으로의 사행이 그것이다. 그 중 통신사는 1428년부터 1811년까지 조선의 왕이 대일(對日) 기본정책 교린을 실현하기 위해 일본 바쿠후(幕府) 최고 통치자 쇼군(將軍)에게 보낸 신의의 외교사절을 말한다.

조선 전기 통신사는 '통신사' '통신관(通信官)' '회례사(回禮使)' '보빙사(報聘使)' '호송사(護送使)' 등 다양한 명칭에서 엿볼 수 있듯이 정례적인 사행이 아니었다. 임진왜란으로 인해 단절되었다가 양국의 현실적 필요성에 의해 의외로 빨리 회복되었다. 곧 전후 복구의 필요성과 대륙의

강 대 민 | 경성대학교 사학과 교수(조선통신사학회장)

정세변동으로 위기의식을 느낀 조선과, 1603년 도쿠가와 바쿠후의 개창과 더불어 국제적 승인을 획득하고 민심의 복종을 유도하려는 일본의 입장이 맞아 떨어진 셈이다. 국교회복을 위한 통신사행은 1607년 재개되었다. 통신사는 조선시대 전반에 걸쳐 파견되었지만 일반적으로 1607년부터 1811년까지 12차례에 걸친 통신사를 조선통신사(朝鮮通信使)라 지칭한다. 조선 후기의 통신사는 임진왜란의 상처를 딛고 행해진 외교사절인데다 한일 문화교류의 공식통로 역할을 수행했다.

양국 공존 위한 현대판 조선통신사의 길

조선통신사를 보는 많은 한국인의 관심은 '자랑스러운 조선 문화의 일본 전파' 혹은 '중국을 제외한 조선 사회의 거의 유일한 자랑스러운 대외활동'이라는 데 집중되는 듯하다. 조선통신사를 통해 대륙의 선진문화 혹은 한국의 전통문화가 흘러감으로써 근대 이행기 일본의 국학운동을 일으키고 개항에 힘을 불어넣었다는 생각이 많다. 반면 많은 일본인들은 조선통신사라는 수단을 통하여 일본측의 수준 높은 서구문화에 대한 이해를 가능하게 함으로써 그동안 중국 문화에 일방적으로 종속된 조선 문화가 기존의 굴레를 벗어나는 데 기여했다는 관점에 주목하기도 한다.

이러한 입장 차이에는 역사적 자긍심의 수단으로 '일본에 한 수 가르친 조선통신사'라는 한국인의 이해방식이 내재되어 있다. 일본에서도 정치적·정략적 고려의 산물일 뿐 이미 일본문화는 조선을 넘어섰고 근대를 준비하고 있었다는 주장을 접할 수 있다. 양국의 동상이몽에도 불구하고 조선통신사는 세월이 흐를수록 폄훼될 수 없는 역사성을 담고 있음이 판명되고 있다. 그것은 중국의 패권과 세계관이 강요되던 중세 동북아 두 지역에서 조선통신사를 통하여 서로 자랑하고 교류할 만한 자국문화에 대한 끊임없는 고민을 가능하게 했다는 점이다.

에밀 뒤르켐(Emile Durkheim)의 말처럼 무릇 인간사회는 문화의 교환과 복합을 통하여 동물계와 다른 새로운 사회적 열정과 희망으로 재생산할 수 있었다. 바꿔 말해, 단순하게 자신만의 문화적 자긍심을 상대에게 강요하려는 것이 아니라 좀 더 나은 자국사회를 구축하려는 국가적 열망이 조선통신사라는 매개를 통하여 분출되었다는 점이다. 그것은 문화의 교환이 단순한 정치가 아니라 삶의 축적물의 교환이라는 점에서 더욱 그러하다.

조선통신사는 말 그대로 신뢰를 나누고 통하는 '공존의 해양루트'였다. 오랜 전란에서 조선과 일본의 양심과 교훈이 모여서 서로 공존하고 교류하여 평화로운 동북아의 국제관계를 만드는 것이 그 목적이었다. 양국은 국가적 열정과 희망, 문화적 발전의 동력을 상실할 때 서로 통신사를 통하여 새로운 열망을 부채질할 '문명 간 대화'를 시도했고, 거기서 양국만의 문화 복합과 포용이 발생하여 두 지역을 발전시켰던 것이다.

우리는 서로에게서 배웠다는 사실에 부끄러워 할 필요가 없다. 조선통신사의 이해는 한국인의 자존심이나 일본인의 전략이 만든 산물이 아니라 교환을 통한 '사회적 열정'의 재정립 과정이었다. 그리고 그 열정의 지향은 보다 나은 사회로의 개혁이었다. 실제로 한국 사회의 많은 부분이 일본과 일본인이 전파한 문화와 과학에 의존하고 있으며, 일본 역시 갇힌 지역 문화의 탄력성을 높이는 데 한국문화가 기여했다. 오늘날의 한류도 문화교류를 통하여 상호공존의 문화를 위한 문화복합을 실현하는 중요한 통로로 이해되고 있다.

혹시 한류를 일방적인 한국문화의 일본 전수라는 차원에서 이해한다면 그것은 오래갈 수 없을 뿐만 아니라 국제성을 상실할 것이다. 그러한 해석은 반(反)한류와 혐(嫌)한류를 자극하여 문화복합을 저해하고 문명의 교환을 어렵게 하는 요인이기에 늘 공존이란 무엇인가를 고민하는 한류가 되어야 한다. 조선통신사는 조선 문화가 일본이라는 새로운 대상을 앞에 놓고, 보다 고양된 조선 문화로 발전하는 중요한 힘이 되었다. 가르침을 통해서 배우는 교사처럼 일본의 수준 높은 문화가 있었기에 조선통신사가 200년 교류를 이어간 것이다.

동북아 평화·공존의 미래 열려

양국의 문화는 서로 근대를 목전에 둔 상황에서 여러 가지 고난의 행군을 통해 중요한 문화적 경험과 교훈을 주었다. 자주적으로 근대화에 성공한 일본문화는 일면 인간적 감동을 중시하는 한국적 인간관계와 아시아적 가치에 대한 충실한 고민을 바탕으로 이룩된 것이다. 조선통신사라는 역사적 사건은 조선과 일본을 함께 고양시키는 거대한 힘이었으며, 그것에 대한 숭배와 공경이 오늘날 한류로 승화되고 있다는 점을 확인할 필요가 있다. 요컨대 조선통신사 문

조선통신사 행렬도

제를 고민할 때 가져야 할 중요한 가치는 단순한 자존심이나 문화적 우월감의 재생산이 아니라 공존하기 위해선 서로 나눠야 하고, 자기를 높이기 위해선 상대를 높여야 한다는 문화 복합의 이상으로 무장하는 일이다.

세계평화도로재단이 펼치는 한일해저터널사업은 조선통신사가 왕래한 고난의 해상로를 육로로 바꾸어 내려는 것이다. 이 길을 통해 한일 두 나라는 물론 동북아의 평화와 공존을 위한 확실한 미래가 열리게 될 것이다.

동아시아·유럽 잇는 글로벌 중심국으로 우뚝 선다

세계평화도로재단은 대한해협을 가로지르는 한일터널을 건설할 것을 오래 전부터 주장해 왔다. 실제로는 주장이 아니라 정책적 제안이었다. 왜냐하면 세계평화도로재단은 터널의 필요성을 주장하면서 이미 건설과 관련된 대안을 제시해 왔기 때문이다. 이 대안에는 한국과 일본을 잇는 터널의 건설 지점과 기술적 문제점도 포함되어 있다. 터널의 경로도 세 가지 대안을 제시하여 비교분석까지 마친 상태이다. 그리고 터널의 경로에 따른 건설상의 기술적 문제도 분석하였다. 이 터널이 건설될 경우 갖게 될 지정학적, 경제적 파급 효과에 대해서도 연구하였다. 특히 이 문제를 터키의 보스포로스 해협과 비교하여 건설의 기술적 타당성도 검토하였다. 터널 문제를 두고 민간 재단이 이 정도의 대안을 만든다는 것은 놀

강 덕 수 | 한국외국어대학교 명예교수(한국-사하친선협회 회장)

라운 일이다. 국책연구 기관이 몇 년을 걸려 만들어야 하는 용역을 민간 재단이 이미 만들어 놓은 것이다.

그러나 한일터널 건설 주장은 공론가들의 주장으로 치부되어 주목을 받지 못하였다. 더구나 한일터널의 건설과 관련해 아주 편협한 시선이 있다는 것도 경험하였다. 마치 일본에만 이익을 주는 것처럼 얘기하거나 친일적인 것으로 매도되었다. 그럼에도 불구하고 한일해저터널에 관해 구체적 대안을 준비해 온 세계평화도로재단에 경의를 표하지 않을 수 없다.

이와 더불어 세계평화도로재단은 베링해협에도 해저 터널을 건설하여 세계를 하나로 잇고자 하는 비전을 가지고 있다. 시베리아와 알라스카 사이의 베링해협 해저터널은 대륙과 대륙을 잇는 세계사적 비전이다. 이것이 실현된다면 13세기 징기스칸이 유라시아 대륙을 하나의 권역으로 만든 이래 최대의 역사적 사건이 될 것이다. 이러한 비전은 하나의 꿈으로 끝날 수도 있다. 그러나 비전이 없다면 새로운 미래도 없다. 21세기에 이러한 비전이 실현될 수 있을까 하는 것은 필요성과 당위성의 문제이지 기술적 문제는 아니기 때문이다. 베링해협 해저터널이나 한일해저터널이 기술적으로 문제가 될 것은 아무 것도 없다. 베링해협 해저 터널은 경제적 타당성에서 회의적인 관점을 극복하기 위한 시간이 필요할 뿐이다. 반면에 한일해저터널은 필요성과 타당성에서도 아무런 문제가 없다. 이것은 한국과 일본에게 똑같은 혜택을 주는 사업이다. 정확하게 말하면 한국이 더 큰 혜택을 누릴 수 있는 사업이다.

한일해저터널이 건설된다면, 지역적으로 제일 큰 혜택은 부산에 돌아갈 것이다. 부산이 시베리아를 거쳐 유럽으로 가는 모든 물류의 집산지가 될 것이기 때문이다. 이 터널은 부산에 항만기지로서, 물류 집산지로서 세계적인 경쟁력을 줄 것이다. 현재 부산의 경쟁 항구들이 상하이, 싱가포르라고 한다면, 터널 건설 이후에는 부산의 지경학적 우위를 따라올 수 있는 항구가 세계 어디에도 없게 될 것이다. 일본은 모든 물류를 부산을 통해 유럽으로 보낼 것이다. 그러면 부산은 일본 전체를 배후 공업지로 만드는 전략적 항구가 될 것이다. 그뿐만 아니라 동남아시아 지역도 부산을 통해 유럽과 연결되는 것이 유리할 것이다. 그러면 자연히 부산을 기점으로 한국은 유럽과 동아시아를 잇는 중심국가가 될 것이다.

천재일우라는 말이 있다. 부산에서 갑자기 시장 보궐선거가 있으리라고 누가 예상했겠는가? 그 선거에 한일해저터널 이슈가 제기될 것이라고 누가 예상했겠는가? 한일해저터널은 가덕도 공항 건설보다 몇 배 더 실효성있고 경제적 이익을 주는 현실성이 있는 정책이 될 것이다. 해저터널과 함께 부산은 물류 집산지로 다시 태어나 세계적인 항구도시로 발전하게 될 것이다. 어쩌면 부산이 한국에서 제일 큰 도시가 아니라 동아시아권에서 제일 큰 도시가 될 수도 있을 것이다. 이것이 부산시에 하늘이 주신 단 한 번의 기회가 아니라면 무엇이겠는가?

한일해저터널을 현실로 만들 수 있는 이 천재일우의 기회를 부산시가 놓치지 않기를 바란다. 그리고 세계평화도로재단이 지금까지 간직하며 쌓아온 비전을 현실로 만드는 데 선도적 역할을 하기 바란다.

논란 35년…이젠 공론의 장서 토론해야

한일 해저터널에 대한 국가적 관심과 철저한 연구 분석이 요구된다. 일본은 한일 해저터널 건설에 국가가 직접 나서고 있으나 우리나라는 연구성과 없이 지역갈등만 부추기고 있다. 한일해저터널을 두고 국가적, 시민적 관심이 35년 동안 지속됐지만, 가시적인 성과는 나타나지 않고 '조성하느냐, 마느냐'를 두고 논란만 빚고 있다. 이제는 건설의 찬반을 떠나 연구와 예측이 먼저이다. 이를 위해 몇 가지를 제안한다. 첫째, 한일 해저터널을 원점에서 검토할 수 있는 서병수 부산시장의 의지와 연구자들의 의견을 수렴하고 반영할 수 있는 공론의장이 필요하다. 둘째, 한일 해저터널을 두고 부산과 경남이 경쟁하지 않도록 국가가 앞장서서 단일 창구를 만들어야 한다. 셋째, 전문가들이 한일 해저터널을 연구할 수 있도록 환경을 조성해 주고, 연구결과에 대해 책임을 질 수 있는 장치를 마련해야 한다.

강 무 길 | 부산시의회 의원

과거보다는 미래를…
지구촌 번영 큰 틀서 조망을

한일 해저터널 논의는 1917년 일본에서 시작되었다. 일제강점기 때 더욱 구체적으로 추진되었다가 2차 세계대전의 패배가 짙어지던 1943년 중단되면서 없었던 일이 되었다. 그 후 1980년대부터 한일 양국 지도자 사이에서 선린우호 측면에서 해저터널 구상에 대한 제안이 다시 오가기 시작한다.

그러나 한일 해저터널에 대해서는 한일관계의 역사적 앙금에 의해 부정적 국민감정과 시대적 흐름에 따른 긍정적 반응이 혼재된 상태로 논의만 계속되고 있는 실정이다.

하지만, 국가와 국가 또는 자국 내의 도시들을 잇는 해저터널의 효과와 이익은 지대하다고 한다. 예를 들면, 영국과 프랑스의 유러터널, 덴마

고 래 억 | 연세대학교 교수

크와 스웨덴을 잇는 외레순 다리, 에스토니아와 핀란드를 잇는 터널, 일본의 세이칸 터널, 우리나라의 거가대교 해저터널 등이 그 예이다.

한일 간 해저터널로 인한 경제적 이익이 예견됨에도 불구하고 찬반 논의가 끊임없이 이어지는 데는 주지된 바와 같이 한일 간 치욕의 역사적 감정이 여전하기 때문이다. 여기서 논의의 긍정적인 면과 부정적인 면을 살펴보자.

긍정적인 면은 경제, 관광, 심리 효과는 물론 남북통일과 세계평화라는 명분과 21세기 신문명권의 주도효과를 가져올 수 있다는 점이다. 또한 양국의 돈과 물건, 사람과 기술 등 모든 것이 장애를 받지 않고 교류하게 되면 양국 모두 안정과 번영을 누릴 수 있게 되고 과거사의 아픔도 치유될 수 있다고 보는 것이다.

부정적인 면은 일본이 세계중심으로 가기 위한 전략으로 보는 시각이다. 또한 일본이 유라시아횡단철도의 종착지가 되기 때문에 일본만 더 이익이라고 보는 관점이다. 나아가 일본이 일제 강점기 시대부터 계획해 왔던 대륙진출의 야욕이 실현된다는 것도 한 이유이다. 이해되는 부분이다.

하지만 한일터널에 대한 중론은 각국의 이익에 따른 전략이나 '지구촌 번영'이라는 큰 틀에서 조망한다면 유익한 일임에 틀림없다. 이제 한일 관계도 과거와 현재보다는 미래를 내다봐야 한다는 중론 또한 간과해서는 안 된다.

국제질서는 언제나 힘의 논리였다. 힘이 균등할 때는 상호 협력과 교린의 관계가 유지되었지만, 그 균형이 무너지면 침략과 강탈로 이어진 것이 사실이다. 그렇다고 해서 번영과 평화를 갈구하는 오늘의 시대에서 힘의 균형 타령만을 하고 있을 수는 없다.

희망과 우려라는 기로에서 국가와 국가 간 윈윈할 수 있는 방안이 좀처럼 나오지 못하고 있는 이때, 오직 하늘의 입장에서만 가능한 일임을 간파한 통일교 문선명 총재께서 과감하고 신선한 방안을 제시한다.

소위 국제평화고속도로, '신통일평화로(神統一平和路)'이다. 즉, 신(하늘)이 주관하는 세계통일의 평화적 길이라는 명분을 내세운 것이다. 다시 말해 어느 국가도 힘의 지배가 작동되어질 수 없는 치외 법적 영역을 제시한 것이다.

일본~한국~북한~중국을 거쳐 시베리아를 통해 유럽과 전 세계를 연결하는 하나의 초고속 교통망을 형성하자는 제안, 사람과 물자의 교류뿐 아니라 국가, 인종, 언어, 문화 더 나아가 종교의 장벽까지 허물어야 한다는 초 인류적 세계평화에 기반한 구체적이고 명징적인 제안을 한 것이다. 실로 세계사에 우뚝 선 획기적·문명사적 주제의 선포가 아닐 수 없다.

인류의 진정한 평화세계는 참사랑을 기반으로 국경이 없는 '인류 한 가족' 사회가 될 때 실현된다는 문선명 총재의 평소 깊은 철학의 발로에서 시작된 것이라고 본다. '한일 해저터널'의 당위성은 이러한 하늘이 인류를 바라보는 입장에서 발현된 것으로, 문선명 총재는 이를 만방에 선포하고 추진 의지를 강하게 표명한 것이다. 각국이 그 제안에 공감과 지지를 보내면서 한일 해저터널 공사 논의는 한층 활발하게 진전되고 있다.

이제는 하루속히 자국민 이익 우선이라는 국가주의와 민족주의에서 벗어나 보편주의와 국가 간 협력주의가 핵심이 되는 국제적 신질서가 형성되어야 한다. 문선명 총재가 선포한 '피스로드(Peace road)' 즉, 한일간 해저터널인 '神統一平和路'가 건설되어 세계평화와 지구촌 번영의 무변광대한 비전이 실현되기를 소망한다.

후대를 위한 협력사업…
국민공감 해법 찾아야

한일관계가 의외로 심각하다. 국민이 공감하는 공통된 해법과 미래 지향적인 방법이 도출돼야 한다. 지금부터 110여 년 전 조선말기 우리 국력이 어떠했는가. 세계정세는 캄캄했고 국내사정도 어지러웠다. 이때 일본은 개발촉진과 철도건설 등을 미끼로 이완용을 앞세워 조선을 강점했다. 나라를 잃고는 할 수 있는 것이 아무 것도 없다. 역사 교훈을 통해 '소 잃고 외양간 고치는' 우를 다시는 범하지 말아야 한다. 과거 국정사태도 부끄러워하고, 과거 억울함도 해소돼야 하겠지만 미래가 더욱 중요함을 판단해야 한다.

우리는 우방인 미국과 일본을 멀리해서는 안 된다. 국회 중심으로 한일관계협력단을 구성해 한일관계 개선에 적극 나서야 한다. 재일동포와

고 민 수 | 남북통일운동국민연합 제주지부 공동회장
(전 제주시장)

민간경제단체 대표들은 일왕도 방문하고, 총리 측근도 면담하면서 실마리를 풀어야 한다. 갈등은 상호 배려와 양보 없이는 풀릴 수가 없다. 우리가 일본에 억울한 점이 많지만, 한일 해저터널과 같은 협력사업을 통해 미래를 준비하는 게 현명하다. 후세를 위해 한 일이기 때문이다.

인류가 경험해 보지 못한 금세기 최대 창조 프로젝트

지금 우리나라는 선진국 반열에서 누대(累代)의 가난을 벗고 물질적 풍요를 누리고 있다. 지난 반세기에 걸쳐 이룩한 급속한 산업화와 경제성장 덕분이다. 세계 10대 무역대국(貿易大國)과 소득 3만 달러가 그것을 대변하고 있다. 원조 받던 나라에서 원조 주는 세계 유일한 나라는 우리의 큰 자랑이다.

이와 같은 발전은 수출 주도형 경제성장을 뒷받침한 대규모 산업단지와 무역항 건설, 전국을 반나절에서 두세 시간대 생활권과 물류권으로 탈바꿈 시킨 교통망의 확충, 풍족한 용수공급을 위한 수자원 개발 등 사회간접자본(SOC)을 대규모로 빠르게 공급했기 때문에 가능하였다.

그러나 우리 경제가 언제까지 지속적인 성장세를 유지할 수 있을 것인

곽 결 호 | 한양대 석좌교수(전 환경부장관)

가. 포화상태인 내수 시장, 국제경쟁에서 빠른 속도로 우리를 따라잡고 있는 중국을 포함한 선발 개도국의 발전 속도 등에 비추어 전망은 그리 밝지 못하다.

내수시장 포화상태…해외서 활로 찾아야

그러면 어떻게 해야 할까. 남북한을 넘어 중국과 러시아, 유럽을 관류하는 교통·물류망을 형성하여 광역경제권을 구축하게 되면 새로운 성장 기제와 동력이 될 수 있다. 그 출발점이 한일터널이라고 본다. 한일 간에 경제와 산업, 무역, 금융, 교통, 물류, 문화, 관광 등 다양한 분야에서 새로운 수요를 창출할 수 있기 때문이다. 이 사업은 한일 양국의 역사적이고도 숙명적인 과제이며, 수출주도형 경제구조나 해외시장에서 그 활로를 찾을 수밖에 없는 우리의 미래를 놓고 볼 때 필연적 선택일 수밖에 없다.

종래 우리나라의 고도경제성장이 가능했던 정치·문화적 요인을 꼽는다면 경제개발과 산업화에 국력을 집중한 탁월한 리더십과 높은 교육열, 민간기업의 도전정신, 잘 살아 보자는 국민 염원을 들 수 있다. 이제는 그 눈을 밖으로 돌려 우리나라가 거대 경제권을 창출하는 주역이 될 수 있도록 한일터널 건설에 특별히 관심을 가져야 할 때이다.

역사는 만들어지기도 하거니와 만들어 내기도 하는 것이다. 2012년 5월 2일 한·중 자유무역협정(FTA) 협상이 개시된데 이어, 한·중·일 협상 개시가 논의되면서 동북아경제권 형성의 가시화와 함께 한일터널 건설의 당위성이 한층 더 높아지고 있다. 동북아 경제의 흐름을 바꾸게 될 세기적 프로젝트로서 한일터널을 토목공학 관점에서 논의해 보고자 한다.

21세기 들어 정보와 과학기술, 지식의 진보 속도가 눈부시다. 글로벌 경제체제로 급속히 전환되면서 국경이란 장벽이 무너지고 있다. 토목기술 발전 또한 과학기술 발전과 궤를 같이 하면서 종래 불가능했던 장대한 구조물과 건축물의 건설이 가능하게 되었다. 일찍이 프랑스의 광산기술자 앨버트 파비에르(Albert Favier)는 1802년 최초로 영국과 프랑스를 잇는 해저터널을 제안하고, 영국의 토목기술자였던 존 호크쇼(John Hawkshow)가 1866년 도버해협에 해저터널 시공이 가능하다고 주장했을 때만 해도 세상의 이목을 끌지 못하였다.

그러나 한 세기 남짓한 1994년 5월 6일 유러터널(Channel Tunnel, 총연장 50.45㎞, 해저구간 38㎞)이 개통을 보게 되었다. 한일터널도 때가 무르익었다.

한일터널 추진 역사를 살펴보자. 일본제국주의 군부가 1920년대 대륙진출의 길로 한일해저터널을 구상한 바 있고, 1939년 일본 국영철도 주식회사의 간부가 중앙아시아 횡단철도 구상과 함께 한일터널 건설을 제안하였으니, 벌써 한 세기가 다 돼 간다. 그러다가 1981년 11월 '제10차 과학통일에 관한 국제회의' 기조연설에서 문선명 총재가 '국제 하이웨이망 구축'을 발표하면서 한일터널 논의에 다시 불을 댕겼다. 그는 한일터널이 동북아와 유라시아를 하나의 공동체로 만들고, 더 나아가 세계를 동일생활권으로 묶어 인류의 행복과 세계 평화에 기여할 것임을 내다본 것이다.

동북아 공동체 형성·유라시아 번영 줄 선물

우리나라와 일본이 한일터널 건설 노하우를 기반으로 세계적으로 계획되어 있는 대규모 해저터널 프로젝트에 우선적으로 참여하게 된다면, 두 나라 공히 국내 건설수요가 한계에 다다른 입장에서 새로운 성장기회가 될 것이다. 한일 양국의 해저터널 역사(驛舍)와 그 주변에는 종합물류와 무역 및 금융, 쇼핑과 관광, 연관산업 등이 속속 개발돼 새로운 미래형 도시가 건설될 것이다.

이 도시는 한일양국이 경쟁적으로 투자해 사람과 환경 간의 조화와 공생(共生)을 극대화하는 현대도시로 그 모습을 나타낼 것이다. 한일터널이 성공적으로 추진되면 일본의 도쿄~후쿠오카항을 거쳐 부산~서울~평양~신의주~중국으로 연결되는 1번 아시안하이웨이(AH1)가 완성될 것이며, 부산~강릉~원산~러시아(하산)로 이어지는 6번 아시안하이웨이(AH6) 또한 번영의 길로 탈바꿈할 것이다.

1981년 11월 10일 서울 세종문화회관에서 열렸던 '제10차 국제과학통일회의' 모습. 이날 문선명 총재는 국제하이웨이와 아시아권 대평화고속도로 건설을 주창했다.

인류문명의 흔적은 인간이 자연의 한계를 극복해 온 도전의 역사임을 보여주고 있다. 거대한 고대 인류문명의 유적은 우리의 상상력 범위밖에 있는 불가사의 그 자체이다. 피라미드와 스핑크스로 대표되는 고대 이집트의 최고 건축물, 해발 2,490m의 깎아지른 절벽에 세워진 잉카제국의 수도였던 공중도시 마추픽추가 대표적 예이다. 인간의 지식과 지혜 앞에 불가능이 있을 수 없음을 증명하고 있다. 다른 한편 어떠한 문명도 미래를 준비하지 않으면 사라지고 만다는 것 또한 역사적 진실이다. 20세기 이래 초강대국 미국의 경제도 2050년 쯤에는 중국에 1위 자리를 내어 줄 것이라는 전망이 우세하다.

지난 반세기에 걸쳐 시간적 압축성장과 공간적 거점개발, 그리고 공업화 중심의 경제개발로 이룩한 우리나라의 눈부신 발전은 세계 각국으로부터 경이로움의 대상이 되고 있으나, 앞날은 대단히 불투명하다. 경제대국 일본 역시 1990년대 이래로 장기 불황의 늪에 빠져 헤어 나오질 못하고 있다. 일본은 2005년 '일본 21세기 비전' 보고서에서 2030년 장기 비전으로 '동아시아 공동체구성 등 세계경제와의 통합을 추진한다'고 천명하고 있다. 한일 두 나라 모두 국가경제발전 제고에 절박한 상황이다.

"지금 이 순간 우리의 선택이 앞으로 다가올 50년 후의 미래를 결정짓는다…후손들에게 아름다운 세상을 물려주기 위해서는 미래가 어디에서 오며, 미래를 맞이하기 위해서 어떻게 행동해야 할지 고민해야 한다." '미래의 물결'의 저자 자크 아탈리(Jacques Attali)의 말이다. 우리가 지금 왜 한일터널을 준비해야 하는가. 아탈리의 말에서 그 답의 일단을 찾을 수 있지 않을까.

한일터널은 향후 도래할 해양경제권과 대륙경제권을 잇고, 남북한 간의 실질적인 교류협력의 길을 트며, 동북아 공동체 형성과 유라시아의 공동번영과 공존을 가져다 줄 선물이 될 것이다. 전자정보통신 체제가 글로벌 경제를 주도하는 오늘날에도 생산과 소비가 지역적으로 집중되면서 교통운송수단은 날로 그 수요가 커지고 있다. 이에 따라 사람과 물류의 신속하고 안전한 이동을 위한 녹색친환경 교통수단으로서 철도, 특히 고속철도의 르네상스 시대가 열리고 있다. 최근 우리 기술로 이미 시속 430㎞의 차세대 고속열차도 선보였다.

한일 간을 해저터널 철도로 잇는 한일터널 건설의 당위성은 누구도 부정할 수 없다. 대안노선에 따라 총연장 209~231㎞, 최대수심 155~220m에 달하는 한일터널은 토목공학적 관점에서도 의욕적으로 도전해 볼만한 프로젝트이다. '인류가 꿈꾸는 모든 것은 이루어진다.' 세계 해저터널의 역사를 바꾸고, 토목공학 기술 발전을 크게 앞당기게 될 한일터널은 지금껏 인류가 경험해 보지 못한 금세기 최대창조 프로젝트요, 기념비적인 대역사(大役事)가 될 것임이 분명하다.

다양한 최첨단 공법 동원 인류문명 끌어올려

18세기 중엽 영국에서 일어난 산업혁명이 유럽제국과 미국, 러시아 등으로 확대되면서 토목공사의 범위를 크게 넓혔다. 원료의 공급과 상품의 교역량이 늘어나면서 숨가쁘게 이뤄진 광산개발, 철도건설, 도로건설, 항만건설을 비롯해 인구증가와 도시화에 따른 도시와 주택건설, 위생적인 상하수도의 보급, 댐건설 등이 그것이다.

1869년 11월 개통된 수에즈운하(Suez Canal)는 영국 런던에서 싱가포르까지 아프리카 남단의 희망봉을 돌아가는 2만 4500㎞ 항로를 그 절반 이하인 1만 1472㎞로 단축하였다. 1914년 8월 파나마 운하

(Panama Canal)의 개통으로 뉴욕과 샌프란시스코 간의 항로는 남아메리카 남단 마젤란 해협을 돌아가던 2만 4300㎞에서 9750㎞로 짧아졌고, 뉴욕과 요코하마 간 항로도 약 1만 2700㎞나 단축되었다.

"신은 세계를 창조하였지만 네덜란드인은 네덜란드의 국토를 창조하였다."라는 말과 같이 네덜란드인들은 7세기경부터 북해의 억센 파도와 해일을 제방으로 막기 시작하였다. 15세기에는 배수용 풍차가 출현하면서 간척사업을 활발히 진행하여 국토의 4분의 1을 평균해수면보다 낮은 옥토로 만들었다. 'kingdom of the Netherlands, 저지대(低地帶)의 왕국'을 창조한 것이다.

1936년 완공된 후버댐(Hoover Dam)은 기저부 너비 200m, 높이 22m, 저수량 320억t(국내 최대 규모인 소양강댐 저수량 29억t의 11배)에 달하는 20세기 최대의 토목공사로서 가장 뛰어난 성과를 이루어 내었다. 후버댐 토목공사는 테네시 강 유역개발사업(TVA)과 함께 1930년대 경제대공황으로 고통 받던 미국경제를 부흥시키는 계기가 되었다. 오늘날 선진국들은 토목공사로 건설된 사회간접자본(SOC, Social Overhead Capital)을 완비하고 있다.

두바이 서쪽 걸프해에 야자수 모양으로 건설된 거대한 인공섬 신도시는 세계적인 관광휴양도시로 각광받고 있다. 1996년 착공하여 2010년 10월 관통된 스위스 남부 알프스지역을 통과하는 총연장 56.7㎞인 고트하르트 베이스 터널(Gotthard Base Tunnel) 철로 설치공사가 완료되어 스위스 취리히와 이탈리아 밀라노를 시속 250㎞의 고속열차로 1시간 30분 만에 오갈 수 있게 되었다. 토목공사가 인류문명을 끝도 없이 변화발전시키는 데 기여하는 몇 가지 예일 뿐이다. 인류가 생존하는 한 토목공사는 계속될 것이며 인류문명이 더 진보하려면 더 새로운 토목공사를 필요로 하게 될 것이다.

한일터널 건설에는 다양한 기술이 선보일 것이다. 우선 사전조사와 설계엔지니어링 분야에서 최첨단 기법이 개발되고 적용될 것이다. 최신 과학기술을 응용한 정밀항공측량, 탄성파모노그래피 탐사 등을 이용한 선진적인 지질 예측 탐사기법의 적용, 시추조사와 각종 물리탐사결과의 비교분석, 실규모의 시험 발파, 시추공 시험 발파 등을 위한 정밀한 사전조사가 시행될 것이다. 공사비 절감을 위한 여굴(余堀)의 최소화, 미진동·무진동 암반 파쇄 공법 도입도 예상된다. 지보공(支保工)과 보조 공법 설계에서 보강재, 주입재 및 주입장비의 발달로 초고강도 시멘트와 유리섬유, 탄소섬유 등의 첨단재료가 사용될 것이다. 대규모 지진 발생에 대비하여 유사정적 해석, 응답변위 해석, 동적 해석법 등을 적용한 완벽한 내진(耐振) 설계도 이루어질 것이다.

국경 개방하는 세계사적 토목공사 될 것

또한 사고피해 예측모델링을 실시하는 '정량적 산사태 위험도 산정(QRA)'을 통한 각종 방재시설과 설비 배치로 지진을 비롯해 지하수 유출과 누수, 배기가스 등 자연적·인위적 재난에도 방재안전도가 확보될 것이다. 공사 과정은 물론, 완공 후 운영단계에서 터널공간의 환경 쾌적성을 유지할 수 있도록 친환경 설계는 필수적 요구이다.

지하철 9호선 고속터미널 정거장의 경우 불과 15㎝ 위에 25년 전 건설된 3호선과 강남지하도 상가가 있어 가장 난공사로 꼽혔는데, 우리나라가 세계 최초로 최첨단 굴착공법인 '대구경 강관 추진 공법(TRcM, Tubular Roof construction Method)'과 '대단면 터널 공법(CAM, Cellular Arch Method)'을 병행해 충적층으로 구성된 복잡한 도심지의 지하 구조물을 무리 없이 완성시켰다. 침매터널로는 세계최장인 가덕도 해저터널 건설 경험 또한 한일터널 시공에 큰 도움을 줄 것이다. 우리는 대심도 도심터널인 서울시 지하도로(USMARTWAY)와 수도권광역 급행철도(GTX), 대규모 도심지하 우수저장시설 등 다양한 지하터널 시공을 앞두고 있다. 그런가 하면 지난 2011년 10월 개통된 이래 무사고로 원격시스템에 의해 무인 운전되고 있는 신분당선의 첨단 운용기술도 한일터널의 운영경비를 줄이는 데 기여할 것이다.

세계평화도로재단이 주축이 되어 논의하고 있는 한일터널과 베링터널은 국경선이 갖는 폐쇄적 고립을 넘어 국가 간 지역공동체, 나아가서 지구촌공동체라는 개방적 협력의 공간을 여는 세계사적 토목공사가 될 것

TBM 굴착기를 이용해 해저터널을 굴착하고 있다.

이다. 인류의 상상력과 과학기술의 발달은 인류문명의 흐름을 새롭게 바꾸는 초국경적 프로젝트를 끊임없이 창출할 것이며 그 결과로서 인류공동의 번영과 평화가 실현될 것임이 분명하다.

어느 나라 국민이든 남의 나라 국경을 쉽게 넘나들 수 있다면, 인류의 역사는 분명 공동 번영과 평화로 나아가게 될 것이기 때문이다. 그 출발점이 한일터널이요, 베링터널이다. 인류의 공동번영과 평화로 채워지는 인류문명, 그것은 인류의 축복인 것이다.

북방진출 절호의 기회…
결코 늦출 수 없는 사업

한일터널은 한반도종단철도와 남북러 가스관 사업, 베링해협 프로젝트 등과 더불어 북방진출의 연장선상에 있다고 본다. 이것은 개별적인 사업임과 동시에 상호 긍정적인 상승효과를 가져다 줄 것이다. 역사적으로 볼 때 교통의 중심지에 있는 나라는 발전하였고, 교통이 불편한 변방국가들은 발전 속도가 늦어졌다. 이 점을 감안할 때 한일터널은 한국을 아시아의 중심으로 부상시킬 수 있는 절호의 기회라고 생각한다. 한일 간 해저터널을 건설하는데, 약 92조 원의 건설비용과 10여 년의 공사기간이 소요되므로 당장은 엄두를 내지 못하겠지만, 현재가 아닌 미래 관점에서 바라본다면 결코 늦출 수 없는 사업이다.

이와 함께 호남~제주 간 해저터널 사업도 지속적으로 살펴볼 필요가

권 태 신 | 전 국가경쟁력강화위원회 부위원장
(전 국무총리 실장)

있다. 최근 경제적 타당성이 낮다는 발표 등으로 이해관계자 간의 논란이 있는 것으로 알고 있다. 그렇지만 제주해저터널의 추진 가능성이 사라진 것은 아니라고 보는 의견도 많다. 한일터널은 이러한 경제적 장애뿐 아니라, 한일 간의 국민정서 등 다양한 논란거리를 내포하고 있다. 한일 간 장애 극복과 관련해서는 최근 한일군사정보 보호협정과 상호 군수지원 협정을 둘러싼 정보의 공개와 절차적 논란이 약간의 실마리를 제공할 것으로 보인다. 즉, 국가 간의 이익을 위한 조용한 협력도 중요하지만, 국내의 다양한 정치집단과 국민들 간 정확하고 공개된 정보의 소통을 통한 투명성 확보가 요구된다. 그리고 목적뿐만이 아닌, 결과에 이르는 절차와 과정의 정당성도 더욱 중요하게 다뤄져야 할 것이다.

근래 우리나라는 과거와 달리 SNS 등 IT를 통한 높은 정보의 확산과 공유로 정부 정책에 대해서 누구나 참여할 수 있는 정치·사회적 환경을 만들었다. 너무나 원론적인 제안이지만, 한일터널 문제는 더 많은 정보의 제공과 이슈의 확산을 통한 공감대 형성이 필요하다고 생각한다.

홋카이도서 유럽…미래의 꿈 이루자

한일 간에 해저터널이 생기면 홋카이도(北海道)에서 유럽까지 연결된다. 미래의 꿈으로 생각해 볼 문제이다.

- 2000년 9월 일본을 방문해 모리 요시로 총리와 정상회담을 진행하면서

김 대 중 | 전 대한민국 대통령 (1924~2009)

이웃과 달란트 나누며 사이좋게 사는 길

세계평화터널재단이 추구하는 피스로드가 나의 인생길과 같다는 생각이 든다. 하나님의 은혜에 감사하고, 인생길에서 만난 모든 이들과 달란트를 나누며 사이좋게 사는 그 길이 피스로드라고 본다.

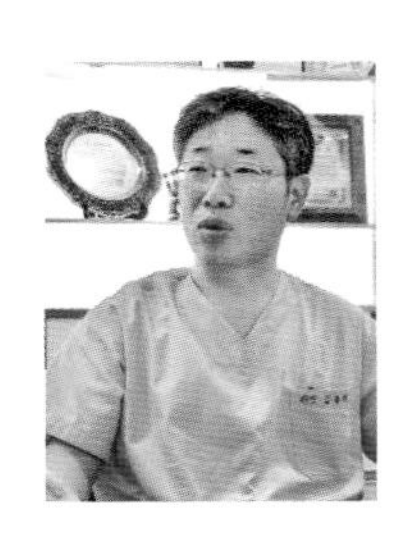

김 동 해 | 비전케어 이사장(의학박사)

“세계를 하나의 길로” 현실화된다

세계평화도로재단이 추진 중인 국제평화고속도로 건설 계획, 일명 피스로드 프로젝트는 위대한 프로젝트다. 세계가 항구적 평화를 유지하려면 ‘한 가족 사회’로 나가야 한다. 그러기 위해 절대 필요한 것이 교통이다. 문선명 총재가 국경을 없애고, 세계를 하나의 길로 연결하려는 것은 위대한 발상이다. 한국정부의 유라시아 이니셔티브, 중국의 일대일로(一帶一路) 정책, 러시아의 시베리아횡단철도와 한반도종단철도 연결구상을 보면 문 총재의 피스로드 프로젝트 구상이 현실화되고 있다는 느낌이다. 남북철도가 연결되면 한반도 평화와 지구촌 번영에도 크게 이바지할 것이다. 피스로드 프로젝트는 반드시 성공해야 하고, 또 성공할 것으로 믿는다.

김 민 하 | 전 중앙대학교 총장

세계평화도로재단은 지구촌 미싱링크인 한일터널과 베링해협 터널 건설에 필요한 많은 연구와 프로젝트들을 진행해온 것으로 알고 있다. 근래에는 한반도종단철도 연결에 온 힘을 쏟고 있는 것 같다. 또한 '피스로드포럼'을 통해 국제평화고속도로 건설에 필요한 중요한 이슈들을 다루고 있다. 세계평화도로재단이 남북철도 연결을 위한 연구 활동을 지속하고, 국내외 지도급 인사들의 참여를 유도하는 것은 장차 한반도 평화 정착과 통일에 큰 도움이 될 것이다.

한반도와 유라시아 평화의 견인차

대다수 한국인에게는 일제강점기 피해의식이 깊이 자리 하고 있다. 이 때문에 한일터널이 일본의 한국침략 도구가 될 것이라고 우려하는 시각이 적지 않다. 일본은 일본대로 극우 정치세력들이 한일터널 논의에 찬물을 끼얹고 있다. 네이버 '지식iN'에 누군가가 '한국과 일본이 전쟁이 나면 누가 이기느냐'고 물었는데, '한국이 일본을 제패한다'는 답변도 있었고, '일본이 한국을 이긴다'는 상반된 답도 제시됐다. 양국의 군사력은 한국이 해군력을 제외하고 전반적으로 우세한 것으로 분석되고 있다. 군사전문가들은 일본이 한국이나 중국을 상대로 전쟁을 일으키는 것은 무리라고 말한다. 한일터널이 양국 간 전쟁과는 아무런 관련이 없다는 의미다. 이런 관점에서, 한일터널이 일본의 침략루트가 될 수 있다는 발상

김 병 수 | 전 세계일보 사장

은 옳지 않다.

문 총재는 기회 있을 때마다 한일터널 건설의 당위성을 설파했다. 문 총재에 따르면 한일터널은 양국에 혜택이 고루 돌아가는 상생의 통로다. 일본이 향후 중국으로부터 원자재를 보급 받는데, 한일터널은 긴요하다. 이것은 중국도 환영하는 바다.

한일터널은 유럽연합처럼 양국의 국경을 철폐하는데도 긴밀히 작용할 수 있다. 세계평화를 위해서는 반드시 국경이 철폐돼야 한다. 또한 한일터널이 건설되면 서양의 물자들이 일본으로 들어와 한반도를 거쳐 대륙으로 운반될 수 있다. 러시아 북부와 중국을 관통해 중동과 영국까지 갈 수 있다. 이 경우 한국은 거대한 수송로로서 막대한 이득을 챙길 수 있다. 한반도는 세계 선진국들의 화물과 사람이 왕래하는 세계적인 교통 요충지가 될 수 있다.

한일터널은 일본에게도 희망이며 전 아시아권에 긍정적인 영향을 미칠 수 있다. 일본은 한일 해저터널만 뚫으면 쉽게 대륙과 연결된다. 일본이 한국을 통하지 않고 블라디보스토크나 대련을 통하려면 그만큼 멀다. 유럽과 아시아, 나아가 지구촌이 이 루트를 통해 활발하게 움직이게 될 것으로 예측된다. 세계 56억 인구 가운데 40억(73%)이 유라시아 대륙에 분포하고 있다. 유라시아 대륙에 평화가 정착되면 세계평화는 멀지 않다. 한일터널은 한반도와 유라시아 평화의 견인차다.

벽 허무는 터널…문명 소통 중요한 수단

터널은 사람과 사람, 세상과 세상을 소통시켜 지역적·문화적 벽을 허물어줄 뿐만 아니라 문명의 소통을 가져다주는 중요한 수단이다. 뿐만 아니라 터널건설은 다양한 분야에 다양한 영향을 끼친다. 우선 초대형 해저터널 건설에는 첨단과학의 발전과 적용이 요구된다. 터널굴착의 첨단화는 중공업의 발전과 육성에 매우 많은 영향을 미친다. 또한 대형 저장장소 건축으로 재난 대피수단으로 활용될 수 있다.

그런가 하면 미래 교통망으로서 해저터널은 물류시스템을 발전시켜 교역을 확대하고 물류 교통량과 여객을 증가시키며, 관광서비스를 획기적으로 개선시킬 수 있다. 특히 미지의 지하공간의 창출로 인류문화 발전에 놀라운 변화를 몰고 올 것이다.

김 상 환 | 호서대 토목공학과 교수

한일터널 건설과 관련해 일본에서 조사한 현지탐사 결과, 터널을 굴착하는 데 기술적인 문제는 없는 것으로 파악됐다. 터널 구간은 일본 후쿠오카~이키섬~대마도(쓰시마섬)~남형제도~가덕도~강서국제물류산업도시로 이어지는 222.6㎞ 노선안과 일본 가라쓰~이키섬~대마도~거제도~가덕도~부산을 잇는 220㎞ 노선안 등이 거론되고 있다. 한일양국 정부 최고지도자 간에 합의만 이뤄지면 언제든지 착수할 수 있을 것으로 본다.

꿈은 반드시 이루어진다

토목을 전공했는데, 한일터널 건설 장비와 공법을 실무적으로 챙겨보고 싶은 마음에서 한일터널 건설을 추진해온 세계평화도로재단에 자문위원으로 참여하게 됐다. 동료 자문위원들과 터키 보스포루스 해저터널 건설 현장 등을 견학하며, 꿈은 이루어진다는 사실을 실감하게 됐다. 내 생전에 한일터널 등 재단 프로젝트의 첫 삽이 떠지는 것을 볼 수 있을 것으로 생각한다.

김 용 호 | 여의도연구소 정책 고문

21세기 평화시대 여는 상징적 사업

지금까지 국내에서는 한일터널 건설이 갖는 성격을 본격적으로 규명한 적이 없다. 다시 말하면 한일터널이 정치적 프로젝트라고 할 때 이에 대해 똑 떨어지게 설명한 연구가 없었다는 것이다.

이번에 본원의 연구에서 한일터널 건설이 갖는 정치적 프로젝트로서의 성격을 명백히 규명한 것은 큰 성과라고 볼 수 있다. 한일터널 사업을 성공시키기 위해서는 필요충분조건이 반드시 뒤따르게 된다. 한일터널의 필요조건으로는 경제성과 기술성은 물론 정치안보적 측면 등에서 타당성을 갖춰야 하며, 결국 한일터널 건설이 왜 필요하냐 하는 문제를 규명해야 한다. 그리고 충분조건으로는 국민적 공감대와 정치적 결단이 뒷받침돼야 한다.

김 인 호 | 시장경제연구원 이사장(전 한국무역협회장)

본원의 연구는 이러한 조건을 갖추기 위해 무엇을 어떻게 해야 하는가 하는 문제를 분명히 규명했다. 그리고 경제와 기술, 외교안보, 역사문화, 국민 의식 등 각 분야에 걸친 학제적 연구가 우리나라에서는 처음으로 이뤄졌다. 요컨대 시행에 앞서 정치적 결단에 필요한 모든 과제들을 심층적으로 짚어봤다는 점에서 이번 연구는 큰 의미를 갖는다.

한·일 환태평양시대 주역으로 부상

첫째는 최적의 기술 대안을 제시하고 최적 노선을 검토했다. 그리고 터널 구조와 공법을 연구했으며, 각 노선 별로 터널 구조에 따른 건설비용을 추정했다. 둘째는 경제적 타당성과 사업 추진 방식을 연구했다. 경제적 타당성은 선행 연구에서는 직접적 편익만 연구했지만 이번에는 환경이나 항만·공항 비용 절감 등에 따른 간접편익도 계산했다. 그리고 사업 주체 문제와 재원 조달 방안도 구체적으로 살펴보았다. 셋째는 정치외교 측면에서 한일터널 건설의 타당성을 연구했고, 반대로 한일터널이 건설됐을 경우 정치외교적 영향을 분석했다. 넷째는 한일터널 건설의 장애요인과 그 제약 요인 극복 방안을 제시했다.

한일터널은 양국관계 발전의 최대 장애물이라고 할 수 있는 역사적 갈등과 대립을 해소하고 화해 협력 시대의 개막을 알리는 상징적이고 실천적 프로젝트로서의 의미를 지니고 있다.

지금은 혼자 살 수 없는 시대이다. 강한 나라도 마찬가지이다. 세계의 흐름, 즉 남북한과 일본, 그리고 중국의 부상을 중심한 동북아 전체를 두고 보았을 때 지역 간 협력 체제 강화는 절실한 과제이다. 특히 한국과 일본은 더욱 협력관계를 유지하고 가까워지지 않으면 안 된다. 그러려면 21세기 한일 신시대를 열어가는 새로운 비전을 세워야 하고, 국가적으로도 더 많은 관심을 가져야 한다. 만일 양국이 한일터널 건설을 합의하거나 결론에 이를 수 있다면 한일 협력 강화에 있어서 실질적, 상징적, 역사적 사업이 될 것이라고 본다.

이 프로젝트는 양국에서만 끝나는 것이 아니라 논의하는 단계부터 건설, 운영 단계에 이르기까지 국제적 협력 관계가 강화될 수밖에 없는 사업이다. 이 프로젝트는 양국을 뛰어넘어 세계와의 소통은 물론 교류를 확대할 수 있는 계기를 마련해줄 것이다.

특히 베링해협을 통해 미주대륙과 연결되고, 시베리아를 거쳐 유럽 대륙과 연결되면 한일 양국은 한일터널을 통해 환태평시대의 주역으로 부상하리라고 본다.

그런 의미에서도 한일터널은 지역 간 갈등 해소는 물론 평화시대를 열어가는 상징적 사업이 될 것이다. 한일터널이 역사상 최대사업임에는 틀림없지만, 어떻게 추진하든 많은 자금이 들어가기 때문에 많은 사람들이 지레 겁을 먹고 있는 것은 사실이다.

그러나 한일터널이 상업적 동기에서 돈벌이가 된다면 민간자본을 동원해 건설하는 것도 가능하다.

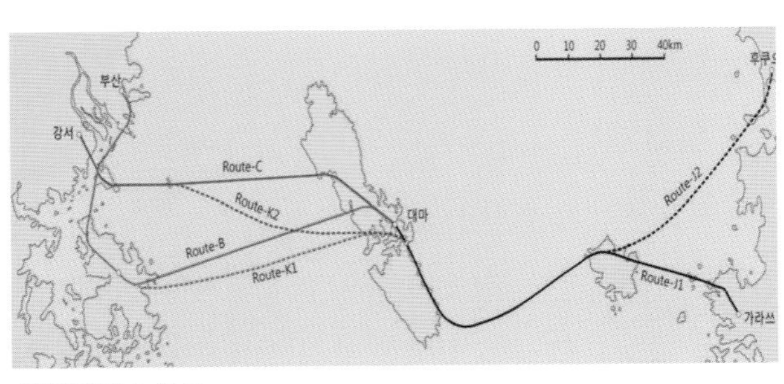

한일터널 노선도

시장경제연구원이 제시한 한일해저터널 예상 노선도

유러터널이 그러한 방식을 채택해 정부 지원 없이 시작했다. 한일터널의 경우도 비용·편익 비율이 1 이상이 되고 기업들이 투자할만하다고 생각되면 민간 자본만으로 건설될 수 있다.

물론 양국 정부의 지원이 필요하다. 다만 정부의 역할에는 여러 가지 방법이 있다. 예를 들면 정부가 자금을 대는 것도 있을 수 있고, 자금을 빌려주는 방법도 있다. 그리고 정부가 보증을 함으로써 기업이 낮은 금리로 빌리게 할 수도 있다. 또 정부가 건설을 맡되, 민간이 운영을 책임지면서 사용료 형태로 건설 자금을 회수하는 방법도 있다. 개인적으로 이 방법이 현실성이 높다고 본다.

언론에는 건설비 100조원을 한국 정부가 부담하는 것으로 오해할 수 있는 기사가 나왔지만 이것은 말이 안 된다. 이번 연구에서는 건설 방법에 따라 65조에서 90조까지 소요되는데 이중 한국이 부담하는 것은 65조원이 들어간다고 가정할 경우 약 3분의 1로 보고 있다. 이 역시 10년에 걸쳐 국제 금융이나 민간 자본으로 투자된다면 정부 재정 부담은 그렇게 크지 않을 것이다.

돈으로 따질 수 없는 엄청난 부수 효과

이번 연구에서는 간접 편익까지 고려한다면 노선이나 공사 방법에 따라 비용·편익 비율이 1 가까이 나올 수 있다는 결론이 나왔다. 물론 비용·편익을 정확히 예측한다는 것은 사실상 어렵다. 앞으로 기술적으로도 어떤 변화가 오리라는 것도 알 수가 없다.

유러터널도 처음에는 민간 자본으로 가능하다고 생각했는데 결국 그

것이 어렵다는 사실로 판명됐다. 문제는 이 프로젝트를 추진하는데 왜 정부가 돈을 대야 하는지 분명히 짚고 넘어가야 한다. 한일터널 사업은 단순히 양국의 교통망을 건설하는데 그치지 않고, 한일 양국의 신시대를 열어가는 미래 지향적인 프로젝트이자 이로 인해 간접 편익, 즉 돈으로만 따질 수 없는 부수적인 효과가 엄청나게 유발될 수 있다. 그것을 단순히 상업적 가치로만 따져 티켓을 팔아 회수한다는 것은 쉽지 않기 때문에 재정 부담은 불가피하지만 그 방법은 여러 가지가 있다는 것이다.

그리고 이 프로젝트는 단순히 경제 논리만으로 추진할 수 없는 사업이다. 물론 비경제적 효과는 정부가 추구하는 목표이고, 그 목표를 달성하고자 하는데 정부가 적정한 선에서 재정을 부담하는 것은 합리적이라고 본다. 설사 민간이 감당할 수 있는 사업이라고 하더라도 이 프로젝트의 성격상 정부가 일정 부분을 담당하는 것이 옳다는 것이다.

또한 정부는 배후 신도시나 부대시설을 건설함으로써 터널의 이용도를 높여주거나 기존의 철도와 연결시키는 것, 더 나아가 지질조사나 터널 관련 신기술 개발을 지원하는 것도 한 방법이 될 수 있다.

한일 FTA를 체결한다든가 동북아 협력 체제를 강화하는 것도 정부가 한일터널 활성화를 도와주는 방법이 될 수 있다. 터널 건설 행정을 간소화하거나 인허가 기간을 단축해주는 것도 이 프로젝트를 활성화하는 길이다.

이번 연구에서는 정부가 해야 할 내용을 모두 제시해 놓았다. 정부가 한일터널과 관련된 청사진을 밝힘으로써 민간이 이 사업을 추진하더라도 결코 손해 보지 않는다는 전망을 심어줘야 한다. 결국 정부는 돈을 들이지 않더라도 다양한 방법으로 도울 수 있는 길이 있다. 정부가 이 프로젝트를 추진하겠다는 의지만 있다면 재정 능력은 큰 문제가 아니라고 본다.

그동안 한일 양국 정상들이 여러 차례 한일터널 건설의 필요성에 대해 언급하면서도 진전이 없었다. 한일터널 건설에 대한 정책적 결단이 없었고 이를 위한 충분한 연구가 이뤄지지 못했기 때문이다. 물론 일본은 기술적 측면에서 정밀한 조사를 펴왔지만 경제성 문제 등 심층적 연구가 부족했다. 요컨대 그동안 정치인들이 선언적 차원에서 발표한 탓에 그동안 아무런 진전이 없었던 것이다.

그러나 한일 양국은 한반도 문제나 중국의 부상 등 동북아 질서 재편에 따라 협력 관계를 강화하지 않으면 안 된다는 인식을 공유하고 있다. 현재보다 더 협력관계를 강화할 실마리를 어디서 풀 것인가, 양국이 윈·윈할 수 있는 새로운 협력의 모델을 어디서 찾을 것인가 할 때 한일터널은 양국의 협력 관계를 강화하는 상징적 프로젝트가 될 수 있을 것이다.

지난해 두 나라 정상은 전문가들이 참여한 가운데 한일 신시대 선언문을 발표했다. 여기서 발표한 21개 과제 가운데 한일터널 건설이 포함돼 있는데, 이는 아주 의미 있는 진전이라고 볼 만하다. 나아가 금년 양국 정상회담에서는 이 문제를 정식 의제로 채택하리라고 본다. 그동안 양국 정상들의 발언과는 다른 차원의 합의가 나오길 기대한다. 다시 말하면 한일터널을 포함한 21개 과제가 채택될 경우 한일터널도 상당한 진전이 있게 될 것이다.

한일터널 건설 요건은 남북관계 개선

이번 연구보고서는 앞으로 한일터널에 관계된 사람이라면 누구나 읽어 볼 만한 가치가 있다. 남북만 비교할 경우 통일이 안 될 이유가 없다. 예를 들면, 남북한 경제 격차가 50배에 이르고, 특히 북한은 국민들을 먹여 살릴 능력조차 갖추지 못하고 있다. 국제사회의 도움 없이는 지탱하기가 어려운 나라인데 왜 통일이 되지 않는 것일까.

남북문제는 강한 국제성을 지니고 있다. 미국과 중국, 러시아, 일본 등 4강이 남북을 둘러싸고 첨예한 이해관계를 갖고 있기 때문에 서로 간 이해의 조화를 유지할 수 있는 조건이 성립되어야 남북한의 통일이 현실화될 수 있다. 따라서 남북통일은 그 당위성을 확보하는 게 매우 중요한 과제다.

이번 연구는 2020년에 착공해 2030년에 완공한다는 가정 아래 건설자금이나 경제성을 살펴보았는데, 과연 그 기간에 남북 관계가 어떻게 달라질 것이냐가 중요한 변수다.

남북통일이 됐을 때 상황은 달라질 수 밖에 없으며, 2030년은 지금과는 다를 수밖에 없다. 한일터널은 한반도를 거쳐 대륙으로 연결될 때만이 효과와 의미가 있다. 2030년 남북관계가 개선되고 남북통일이

가시권에 들어온다면 한일터널을 추진하는데도 좋은 환경이 조성되는 것이다. 반대로 남북의 긴장관계가 계속될 경우 국제금융이 한일터널 투자를 꺼릴 수 밖에 없을 것이다.

물론 북한은 한일터널이 개통돼 북한을 통과할 경우 수수료만 챙기더라도 엄청난 경제적 이익을 보게 될 것이다. 그리고 한반도의 분위기가 달라진다면 국제적 관심도 쏠리게 될 것이고, 남북통일의 계기도 찾아오리라고 본다. 남북관계가 좋아지고 통일이 가까워지면 한일터널 건설에도 영향을 주게 되고, 반대로 한일터널이 건설된다면 남북통일을 촉진하게 될 것이다.

따라서 통일문제를 생각하더라도 한일터널은 반드시 필요하다고 본다. 그리고 한일터널을 통해 한반도에 국제적 관심이 쏠리는 상황이 된다면 전쟁도 일어날 수 없다. 한일터널 건설을 계기로 동북아 경제공동체가 형성된다면 북한의 개방이 촉진되고 통일도 앞당기게 될 것이라고 생각한다.

열차는 갈수록 친환경적 교통수단으로 각광받고 있다. 물론 에너지 문제 해결에도 기여하고 있다. 각국이 경쟁적으로 철도산업에 투자하고 있다. 여기에 국경을 초월한 블록화 경제권이 형성되고 있는 추세이다. 국가보다는 지역의 중요성이 부각되면서 지역 간을 연결하는 철도나 해저터널 건설이 세계 곳곳에서 진행되고 있다. 외레순드터널 개통으로 스웨덴의 코펜하겐과 덴마크의 말뫼는 서로 윈·윈하고 있다. 코펜하겐 주민들은 비싼 임대료를 피해 말뫼에 집을 얻어 살고 있다. 여기에 국경이라는 것은 아무런 의미가 없다.

한일터널이 건설될 경우 부산을 중심한 동남권과 큐슈 일대는 하나의 경제권으로 묶어지게 될 것이다. 그러면 어느 한쪽만 덕을 보는 게 아니라 모두에게 이익이 될 수 있다.

그리고 유러터널은 런던과 파리, 로테르담, 브뤼셀, 밀라노 등 유럽의 정치와 경제 중심지를 연결하는 역할을 하고 있다. 마찬가지로 한일터널도 도쿄, 오사카, 서울, 평양, 베이징, 톈진 등의 회랑을 형성하는데 큰 역할을 하게 될 것이다.

결국 한일터널은 남북문제 해결과 세계평화 실현과 직결된다고 본다. 그럴 때 중심지는 한국이 될 수밖에 없다. 이것은 꿈이 아니고 현실이 될 것이며, 빠르면 우리가 살아있는 동안에 실현될 수 있을 것이다.

동북아 평화정착·경제통합 기폭제 될 것

지난 2017년 세계평화터널재단 자문위원으로 위촉될 때만 해도 지금쯤이면 한일해저터널의 꿈이 실현단계에 들어설 것으로 기대했다. 그러나 지구촌의 평화와 번영을 위해 이미 30여 년 전부터 선각자들이 제시해온 비전인 한일터널이 '피스로드' 창간 10주년을 맞는 지금까지도 착공될 전망을 보이지 못하는 현실은 너무나도 안타깝다.

특히 4월 7일 부산시장 보궐선거에서 여야후보가 가덕도 신공항 건설계획에는 한목소리를 내면서도 여당후보가 한일터널에 반대하는 현실이 대단히 통탄스럽다. 그는 터널건설로부터의 경제적 이익이 거의 모두 타지방으로 가고 정작 부산에 떨어질 실익은 지극히 미미할 것이라고 주장한다.

김 재 범 | 한미협회 부회장(전 우르과이 대사)

그러나 지구 정반대쪽에 위치한 우루과이 두차례를 비롯하여 여러 나라에서 1973년 이래 외교활동을 줄곧 수행해온 경험에 비춰보더라도 각국이 평화를 달성하면 평화배당금(peace dividend)을 골고루 나눠 갖게 될 것이다. 터널건설의 효과 역시 터널에 가까울수록 오히려 더 크다는 사실을 간과하지 말아야 한다.

우리가 오래 갈구해온 한일해저터널이 정쟁의 주제로부터 벗어나 동북아지역 평화정착과 경제통합의 기폭제가 되고 인류공영에 이바지하는 날이 하루빨리 오기를 간절히 기원한다.

문선명 총재가 100년 앞을 보고 추진한 프로젝트

한국과 일본은 예로부터 가깝고도 먼 나라였다. 우리가 36년 동안 일본의 식민통치를 받아온 바가 있어서 쌓이고 쌓인 원한이 많다. 그것은 국제적으로 슬기롭게 풀어나가야 할 것이다. 한일관계는 지정학적으로 떼려야 뗄 수 없는 관계다. 그동안 한일관계는 많은 앙금과 갈등이 있었지만, 역대 정부에서 슬기롭게 풀어왔다. 다만 현 정부 들어 서로 엇갈리는 정책으로 비뚤어져 가는 게 안타깝다. 이 때문에 남북한 관계도 더 풀리지 않고 있다고 본다. 한일관계는 어떻게든지 복원돼야 한다.

한일터널은 문선명 총재가 100년, 200년 앞을 내다보고 계획하고 추진한 일이다. 일본 측에서도 상당히 좋은 반응을 보이고 있다. 일본 남단 큐슈쪽 사람들은 한일터널에 지대한 관심을 가지고 있다. 내가 여러 차

김 재 봉 | 전 충청남도 도의회 의장

례 일본을 방문해서 잘 안다. 우리나라도 마찬가지다. 아시아 전체를 봤을 때도 상당히 바람직한 플랜이다. 한일터널이 뚫리면 남아공에서 출발한 열차가 아프리카와 유라시아, 한반도를 거쳐 일본까지 갈 수 있다. 한국은 종착지이자 통과지점으로 이점이 크다. 한일 간 해저 길이가 그리 긴 거리도 아니다. 200㎞ 남짓 될 것이다. 연결만 되면 부산에서 일본까지 1시간이면 주파할 수 있다. 한일 간 육로연결로 양국 간 교역도 증가되고, 인적·물적 교류며 역사와 문화 교류도 활발하게 전개될 것이다. 한반도는 아시아 교역의 중심지가 될 것이다. 한일터널은 꼭 성사돼야 할 글로벌 프로젝트이다.

한일터널을 반대하는 사람도 있겠지만, 좋은 일이건, 나쁜 일이건 반대하는 사람이 나오게 마련이다. 지나간 얘기지만 서울~부산간 고속도로 놓을 때, 대한민국에 고속도로가 무엇이 필요하냐고 반대하는 사람이 정치권에서도 많이 있었다. 그때 고속도로를 놓지 않았다면 대한민국이 이만큼 발전하지 못했을 것이다. 미래를 내다보는 혜안이 필요하다. 한일터널은 우리에게 이점이 많은 프로젝트다.

세기적 프로젝트…파급 효과 엄청날 것

문선명 총재께서는 '중국에서 한국을 경유하여 일본에 이르는 아시아권 하이웨이를 건설하자'고 제의했고, 문 총재의 유지를 받든 한학자 총재께서는 2006년 '아프리카 희망봉에서 칠레의 산티아고까지, 영국 런던에서 미국 뉴욕까지 전 세계를 질주할 수 있는 세계평화고속도로를 뚫자'고 제안했다. 그 가장 중요한 도선 상에 있는 것이 한일 해저터널이다.

한반도 통일과 세계평화를 위해 매년 세계 각국에서 한마음으로 펼치고 있는 '피스로드 통일대장정'은 한 총재가 지구촌 평화구현을 위해 직접 지어준 이름이다. 나 자신도 한국에서 주체적으로 참여하고 있는 점을 영광스럽게 여긴다. 피스로드 운동을 하면서 한반도 통일은 우리민

김 주 섭 | 전 국무총리 의전실장

족 뿐 아니라 세계인의 염원이라는 사실을 실감한다. 남과 북이 75년 동안 서로 총부리를 겨누고 있는 비극적 현실을 하루속히 종결짓기 위해서 국가는 물론 국민 전체가 피스로드 운동에 관심을 기울이고 참여해야 한다. 우리 국민 가운데는 막대한 통일비용의 발생으로 인해 통일을 원치 않는 사람도 있겠으나, 통일이 되면 통일비용을 능가하는 결과를 얻을 수 있다. 우선 통일이 되면 남한의 자본력과 북한의 지하자원 및 인적자원이 시너지 효과를 내 선진국으로 발돋움할 수 있을 것이다. 한반도 평화는 세계평화의 축소판이어서 통일은 이를수록 좋다.

한일 해저터널 역시 반대하는 국민도 있지만, 달리 생각해야 한다. 한일터널은 인적교류의 증가 뿐 아니라 물류수송이 양방향으로 긴밀하게 이뤄져 양국의 경제효과가 크게 상승하게 될 것이다. 한일터널은 한일간 연결과 더불어 장차 남북철도와 연결되고, 중국 북동부 철도망을 통해 러시아와 유럽까지 관통할 것이다. 한일터널은 경제적 측면은 물론 안보적 측면에서도 대한민국이 발전할 수 있는 세기적 프로젝트이므로 조속히 진행돼야 할 것이다.

인류 대도 차원의 큰 길…전 세계가 나서야

저는 세계평화도로재단을 창시한 문선명 목사가 한일해협과 베링해협에 해저터널을 놓아야 한다고 했을 때 '이분이 세계에 제대로 큰 메시지를 던지고 있구나!'하고 바로 공감했다. 두 곳은 지구촌의 중요한 단절구간이다. 그래서 전 세계에 던지는 상징적인 의미가 굉장히 크다. 세계에서 가장 큰 유라시아 대륙과 아메리카 대륙을 합치는 의미도 있고, 유럽이란 구세계와 미국이란 신세계가 하나 되는 의미도 있다. 한편으로 과거 공산주의 종주국인 소련과 자본주의 종주국인 미국이 진정으로 화해하는 의미가 있다. 베링해협을 육로로 연결해 인류가 왕래하기 시작하면 지구상 통일이 완성된다고 본다.

그러한 큰 의미가 있는 거다. 따라서 베링해협은 물론이고 한일해협에

김 진 명 | 소설가

해저터널을 건설하는 일에 전 세계가 나서야 한다고 본다. 이 프로젝트는 당연히 노벨평화상 감이다.

지금 일본은 우경화로 치닫고 있다. 아베 신조 전 총리는 과거로의 회귀를 통해 정치적인 인기를 만회하고자 했다. 아베노믹스는 엔저(円低)가 목표였다. 결국 엔고 때문에 일본을 다 말아먹었다. 수단방법을 가리지 않고 엔저를 불러오면서 일본인들을 강력하게 과거 속으로 끌고 들어갔다. 우리 한국은 당연히 감정이 나빠질 수 밖에 없었다. 한일해저터널 문제가 현재는 난관에 봉착한 것으로 보이지만, 이것을 두고 경제적 타당성을 운운할 필요가 없다. 그럴수록 콘셉트를 넓혀야 한다.

우리가 일본에 카운터오퍼(Counter offer)를 할 필요가 있다. 일본이 지진이 잘 나는 나라 아닌가. 앞으로도 지난 2011년에 발생했던 동일본 대지진을 능가하는 강력한 지진이 일어날 가능성이 크다. 그러한 경고가 계속 일본을 때리고 있다.

양국관계가 좋을 때 한일터널을 이슈화한다는 범주에서 벗어나 앞으로 '일본 열도 전체가 대재앙, 대지진에 휩싸일 우려가 있다. 그때에 쉽게 오갈 수 있는 육로가 뚫려 있으면 어려울 때 도움을 주고받기가 쉽다'는 뜻으로 한일터널을 제안하는 거다. 역사왜곡이 어떻고 하는 좁은 범주가 아니라, "인류 대도(大道) 차원에서 상호협력의 큰 길을 열어 놓으려니 한일터널이 필요하다"고 일본에 크게 카운터오퍼할 필요가 있다. 그것이 정말 필요하다. 특히 양국관계가 어려울 때 민간단체가 나서서 돌파구를 열 필요가 있다. 과거사에 얽힌 세대들이 다 떠나가면 신세대 사이에서 자연스럽게 한일 문제가 풀리지 않을까 하는 견해도 있지만, 그것은 단견이다. 역사 유산이라는 것은 세대가 바뀌어도 이어지는 법이다.

지금 20~30대가 일본을 싹 잊어버리는 건 아니잖은가. 우리가 한일터널을 놓으려는 것이 한국경제에 당장 이익이 되는 건 아니잖은가. 인류애가 바탕이고, 지구촌 화합이 목표이다. 지금 정부이건 민간이건 과거사 문제로 싸우고 있는데, 재단이 품고 있는 위상과 포부를 적극 알릴 필요가 있는 거다. 문선명 총재께서 그 일을 하다가 돌아가셨으니 재단은 그 유업을 현실에 맞게 계속 증폭시켜 나가야 한다고 본다.

한일 상생해법이자 통일 추동할 동력

오랜 역사를 되돌아보면 지리적으로 가까운 나라들 간에는 좋은 관계 속에서 협력하고 함께 발전해 나간 시기도 있었지만, 갈등과 분쟁을 겪은 시기도 있었다는 것은 동서양을 막론하고 유사한 것 같다. 현재의 상황은 결국 오늘을 살아가는 두 나라의 국민들이 어떻게 노력하느냐에 달려있다고 본다. 일본 정부나 국민들이 한반도 통일과 평화를 위한 우리 국민들의 노력을 지지하고 적극적으로 돕는다면 가까운 미래에 좋은 관계 속에서 두 나라가 함께 발전해 나갈 수 있다고 생각한다. 한일관계가 좋아야 남북은 물론 동북아시아의 평화도 조성될 수 있다. 그러한 관점에서 볼 때 한일터널은 한일 상생관계의 한 해법이 될 수 있고, 더 나가 한반도 통일을 추동할 동력이 될 수 있다고 생각한다.

김충환 | 남북사회통합연구원 원장
(전 통일부 남북회담본부 기획부장)

'실크로드 단절'의 교훈 잊지 말아야

실크로드는 중국과 서역이라는 두 개의 심장에서 생산된 혈액에 욕망과 권력 그리고 문화라는 자양분을 실어 나른 문명의 대동맥이었다.

이 동맥 실크로드가 살아있을 때는 양쪽 심장 역시 건강하게 박동했다. 당나라는 당시 동양세계의 스탠더드로 작동했다.

찬란한 문화를 주변 나라들에게 전파하는 심장의 역할을 함으로써 중국 역사상 가장 강력한 국가로 기록되고 있다.

그러나 이후 실크로드가 단절되면서 중국의 역사도 축소됐다. 명나라 이후로는 그나마 열려있던 바닷길마저 닫았다.

그리고 폐쇄된 제국으로 남았다. 명을 이은 청나라의 강희제는 서역 지역을 다시 국토에 포함시키며 외연을 확대하려고 애썼다.

김 한 수 | 조선일보 종교전문기자

하지만 한번 기울기 시작한 운명은 되살아나지 못했고 결국 동서양은 오해와 불신 그리고 침략과 피침략으로 서로를 보기 시작했다. 결국 모든 길은 생명을 살리는 핏줄임을 실크로드의 역사는 웅변하고 있다.

남북통일시대 여는 한일 미래지향적 사업

한국과 일본은 가깝고도 먼 사이라고들 한다. 지리적으로 가깝지만 역사적 상흔으로 인해 정서적으로는 멀다는 의미이다. 한일 간에는 위안부 문제, 근로자 강제 징용문제 등 계속되는 갈등 사안이 있지만 관광·교역·문화 교류 등 상호 협력 사안도 있다.

최근 정치권에서 논란이 되고 있는 한일 해저터널(이하 한일터널) 건설 문제도 한일관계의 복잡성을 내포하고 있다. 부산~대마도~후쿠오카로 연결되는 한일터널을 일본 큐슈지역 중심으로 강하게 희망하고 있는 것으로 알려진다. 반면 우리는 시베리아횡단철도(TSR) 연결 등 한반도가 동북아 물류 센터가 되고 일본과의 경제협력이 기대된다는 긍정적 입장도 있지만, 영국과 프랑스를 잇는 유러터널과는 달리 섬나라에서 대륙

김 형 석 | 남북사회통합연구원 이사장(전 통일부 차관)

으로 진출하고자 하는 일본의 꿈만 실현시켜 주어 결국 한국은 '패싱'된다는 부정적 입장도 있다. 앞으로 한일터널 사안은 현실적이고 실용적인 관점에서 전문가 집단과 경제계가 심층적으로 분석 평가하고, 이를 토대로 국민적 공감대를 형성하는 것이 중요하다 하겠다.

실용적 관점서 접근 국민 공감대 형성해야

일본은 남북한 분단과 한반도 통일 과정에 자리잡고 있다. 남북 분단은 1945년 8월 15일 2차 세계대전 종식과 함께 발생하였다. 일본 식민지배에서 해방되어 단일 국가를 이루고자 했던 우리 민족의 꿈은 당시 미국과 소련으로 대표되는 강대국의 간섭으로 이루어지지 못하고 남과 북으로 분단되었다. 당시 일본에 거주하던 한국인들은 조국의 분단으로 인해 민단과 조총련으로 양분되었고 갈등 관계가 지금까지도 이어지고 있다.

북한은 '항일빨치산 활동'을 통치 명분으로 삼고 있어 일본에 대해서는 기본적으로 적대적이지만 상황에 따라 조총련을 활용한 실리적 접근도 취하고 있다. 북한 김정은 총비서 생모는 재일 북송교포로 알려져 있으며, 북한은 제한적 개방조치의 하나로 1984년 합영법을 채택하고 조총련계 기업의 북한 투자를 유치해서 경제 발전을 도모하기도 하였다. 북일 간 관계 개선 움직임이 있을 때마다 일본의 식민지 지배에 대한 막대한 배상금 문제가 거론된다.

북한은 자력갱생을 강조하고 있지만 국제사회 제재 등 어려운 여건에서 경제건설을 희망하고 있어 소위 '일본 카드'를 쉽사리 포기하기는 어려울 것이다.

일본에게 북한 문제는 무시하거나 손 놓을 수 있는 사안이 아니다. 북한의 핵·미사일 개발 등 군사적 위협은 일본에게는 안보 위협이지만 한편으로는 일본 자위대 성격 변화로 패전국가에서 보통국가로 가기 위한 좋은 명분이기도 하다. 아울러 경제성장에 어려움을 겪고 있는 일본으로서 북한과의 관계 개선으로 새로운 경제성장 활력을 도모할 필요도 있을 것이다. 그래서 일본은 북한의 핵과 미사일에 강경한 입장을 보이면서도, 일본인 납치피해자 문제를 내세워 북한과의 대화를 적극 모색하고 있다. 아베 신조 전 총리나 스가 요시히데 현 총리 모두 언제든지 김정은 총비서와 만날 용의가 있다는 입장을 보인 바 있다.

다만, 2000년 고이즈미 총리 시절 북·일 정상회담 이래로 북한과 의미 있는 소통이 이루어지지 않아 한국이나 미국을 통해 일본 의사를 북한에게 간접적으로 전달하고 있는 상황이다.

러시아철도공사 직원들이 극동지역 개발을 위해 철로를 가설하고 있다.

한국과 일본은 북한 문제를 다루어 나가는 데 있어 기본적으로 협력관계를 유지해 왔다. 한·미·일 동맹 관계를 토대로 북한에 대한 정보 공유와 북한의 군사적 위협을 공동 대응하는 등 북한의 변화를 가져오기 위한 노력을 함께 기울여 왔다.

특히 한국과 일본은 다자대화 틀 속에서 북한 문제에 공동으로 대응해 왔다. 1990년대 중반 북미 제네바 합의에 따라 설립된 한반도에너지개발기구(KEDO)에 한국과 일본은 미국, 유럽연합과 함께 원회원국으로 참여하면서 북한의 경수로 원전 건설 사업을 함께 추진하였다. 당시 KEDO는 미국인 사무총장을 두고 한국인 사무부총장이 정책과 건설 부문에서 주도적 역할을 하였고, 일본인 사무부총장은 재정과 법률 문제에 깊이 관여를 하는 등 한국과 일본은 상호 협력하였다.

2002년 북한의 2차 핵위기로 인해 KEDO 사업이 중단된 이후 미국 주도로 북한 문제 해결을 위한 다자 틀로 남북한과 미국, 일본, 중국, 러시아가 참여하는 6자회담이 새로이 대두됐다. 한국과 일본은 6자회담 틀 내에서도 북한의 비핵화와 변화를 가져오기 위한 노력을 함께하여 2005년 9.19 공동성명을 채택하기도 하였다. 비록 북한의 비협조로 인해 9.19 공동성명 합의사항이 제대로 이행되지 않고는 있지만 지금도 한일 6자회담 대표 간 협의를 통해 북한 문제에 대한 공동 인식과 상호 협력을 도모해 나가고 있다.

양국 발전·인류 보편적 가치에서 접근해야

한일관계는 과거 문제에 매몰되면 앞으로 나아갈 수 없다. 과거 문제는 과거 문제대로 역사적 사실과 인류 보편적 가치에 근거해서 풀어나가는 한편, 양국 공통의 발전과 번영을 위해 미래지향적으로 협력해 가는 것이 중요하다. 남북분단 구조를 청산하고 한반도 통일시대를 만들어 가는 노력은 한일관계의 미래지향적 협력 사안이 되기에 충분하다.

필자가 2000년 초반 KEDO에서 근무하던 시절 북한의 비핵화와 변화를 위해 고민하고 해법을 찾기 위해 함께 노력하던 일본 동료들의 모습이 아직도 눈에 선하다. 핵 잠수함 등 국가방위력의 지속적 강화를 제시하면서도 인민 경제생활 향상 등 사회주의 건설의 획기적 진전을 도모하고 있는 북한 김정은 정권이 중국, 베트남과 같이 국제사회 개방 체제로 변화해서 한반도에 평화번영의 시대가 도래하는 데 있어 한국과 일본이 적극적으로 협력해 나가길 기대한다.

지질조사 결과 터널 건설 문제없어

과거 한일 해저터널 구상은 은퇴를 앞둔 일부 교수들 사이에서나 논의된 '한가한' 주제였으나 최근 들어 이 학회 부회장인 교토대 아시다 교수를 비롯한 현역 교수들을 중심으로 다시 추진하자는 움직임이 일고 있는 점이 눈에 띄는 대목이다. 현재까지의 지질 조사 결과로는 기술적으로 전혀 문제가 없다.

김 희 준 | 부경대학교 지구물리학과 교수

일·한·러 철도연결 한일 더 가까워질 수도

한일 간 해저터널을 뚫어야 한다는 의견이 있지만, 북한 때문에 실감을 잘 못하는 것 같다. 북한 문제가 해결되면 해저터널 착공 문제가 경제인들 사이에서 다시 나올 것이다. 한일 간 해저터널을 만들어 일본과 한국, 러시아를 기차로 달릴 수 있게 된다면 경제적 의미뿐 아니라 한일이 더욱 가까워지는 계기가 될 것이다.

- 2003년 2월 취임 직후 고이즈미 준이치로 일본 총리와의 한일 정상회담에서

노 무 현 | 전 대한민국 대통령 (1946~2009)

정부·민간 공동협력으로 경제적 걸림돌 제거해야

해저터널 건설의 타당성에 대한 평가는 경제성뿐만 아니라 정치적이고 문화적인 이익에 관한 다양한 측면들을 고려하는 것이 바람직하다. 하지만 해저터널과 같은 대형사업의 가부여부를 판단함에 있어 일반인들이 가장 관심을 가지고 보는 것은 역시 경제적 타당성에 관한 것이다.

본고에서는 대형사업의 경제적 타당성 평가에서 표준적으로 사용되는 편익과 비용의 측정항목들을 살펴보고, 해저터널의 경제성 평가를 해석하는 데 있어 어떠한 것들을 추가로 염두에 두어야할 지에 대해 서술하였다. 특히 본고는 건설로 인한 파급효과, 산업 및 고용효과, 배후지역효과 등 경제성 평가에 일반적으로 포함되지 않는 항목을 중심으로 검토하였다. 또한 사업추진을 어떻게 할지에 따라 경제성에도 큰 영향을 미

마 강 래 | 중앙대학교 도시계획부동산학과 교수

칠 수 있음을 설명하였다.

경제적 파급효과 한국보다 일본이 커

경제성 평가란 터널건설로 인해 발생할 수 있는 여러 가지 편익의 합과 터널건설로 인해 지출되는 여러 가지 비용의 합을 비교하는 것을 의미한다. 이러한 경제성 평가는 '비용편익분석(Cost Benefit Analysis: CBA)'이라고도 불리며, 이 분석에서 편익과 비용의 비교를 용이하게 하기 위해서 모든 단위를 특정시점의 화폐 가치로 통일하는 과정을 거친다. 경제성분석에서는 어떠한 항목이 편익 창출에 도움을 주는지, 혹은 어떠한 항목이 비용부담 원인으로 작용하는지에 대한 신중한 판단이 요구된다. 비용과 편익항목을 선정할 때 화폐 가치로 환산하기 어려운 편익항목이나 비용항목이 많이 있다는 점도 고려해야 한다. 연구자에 따라 비용과 편익의 선별과 산정 기준이 상이할 수 있기 때문이다.

철도투자 사업의 경우 정부에서는 타당성 분석에 포함될 수 있는 항목들을 제시하기 위해 '교통시설평가지침'을 사용한다. 먼저, 한일터널과 관련된 경제성 분석에서 가장 중요하게 고려되는 편익은 어느 정도의 사람(혹은 화물)들이 기존의 교통수단을 포기하고 고속전철을 이용할 것인지에 관한 것이다. 기존의 교통수단 즉, 비행기나 연락선에서 고속철도로 옮겨 올 사람들을 '전환수요'라 부르고, 이렇게 전환된 수요로 인해 발생하는 금전적 비용 및 시간적 절감분은 해저터널로 인해 발생하는 직접적 편익으로 간주된다.

또한 새로운 루트의 개척과 시설 제공으로 발생하는 교통수요 그리고 통일한국의 상황을 고려해 일본과 중국에서 한반도종단철도(TKR)를 이용하는 수요도 직접편익으로 산정한다.

경제적 타당성분석에서 비용은 이러한 고속철도를 건설하기 위해 어느 정도의 공사비가 소요될 것인가, 차량구입이나 운행·유지관리에 어느 정도의 비용이 들 것인가가 주요한 항목으로 취급된다. 해저터널 건설로 발생하는 집적 편익과 비용은 이해가 쉽고 계산이 상대적으로 용이한 반면, 간접적으로 발생하는 편익과 비용은 그 종류가 매우 다양하고 계산이 복잡한 경우가 많다. 고속철도 전환수요로 인한 대기오염 및 소음의 절감분과 해저터널 건설로 더 이상 추가 확장할 필요가 없게 된 공항이나 항만 시설 등이 간접편익으로 포함될 수 있다. 이외에 터널건설로 파생되는 문화적 효과, 국위선양 효과, 지역경제파급 효과 등은 또 다른 간접편익 항목으로 포함시킬 수 있지만, 추산이 쉽지 않아 타당성 분석에 포함시키지 못하는 한계가 있다.

최근에는 세계평화도로재단 의뢰를 받아 시장경제연구원에서 경제적 타당성 분석결과를 발표하였다. 여기서 사용된 분석은 2011년을 기준시점으로 할인율 5.5% 혹은 6.5%를 적용하였다. 분석결과, 직접편익만을 고려했을 때에는 건설비 대소(大小)와 관계없이 모든 시나리오에서 B/C 비율이 1이하로 나타나 경제적인 실익이 그리 크지 않음을 보이고 있다. 특히, 건설비 측면에서는 공법과 루트에 따라 비용변동이 크게 나타났는데, 만일 건설비가 100조 내외 수준으로 증가하게 될 경우, 0.5에 가까운 B/C 비율을 얻게 되는 것으로 분석되었다. 간접편익을 함께 고려했을 경우에도 대부분의 시나리오에서 B/C 비율이 1이하로 나타나지만, 건설비가 65조로 가장 최소화하였을 때는 비용과 편익이 가까스로 유사해지는 것으로 분석되었다.

간접편익으로는 해저터널 운영으로 인한 환경비용 감소, 공항 및 항만 확장 절감비용 등이 포함된 결과이다.

만일 이러한 편익비용에 터널건설 자체로 인한 경제적 효과와 개통 및 운영에 따른 파급효과를 별도로 고려한다면, 터널건설의 타당성은 빠르게 높아질 여지가 있다. 앞서 언급된 경제성 분석은 터널건설이 가져오는 경제적 파급효과에 대한 고려가 제외되어 있다.

시장경제연구원에서 산업연관분석을 통해 산정한 터널건설에 따른 한일 양국의 경제적 파급효과는 한국의 경우 39.4조원의 생산유발효과, 15.0조원의 부가가치유발 효과, 25.9만 명의 고용유발효과를 가져다줄 것으로 나타났다. 일본은 생산유발효과 약 107.5조원, 부가가치유발효과 50.0조원, 고용유발효과 64.6만 명으로 한국보다 훨씬 높게 나타났다. 일본은 건설비 분담도 그만큼 큰 것으로 알려져 있다.

경제 효과를 극대화할 수 있는 방안 마련 시급

터널 건설 자체가 가지는 효과 이외에 터널의 개통 및 운영으로 인한 경제적 파급효과도 경제성분석에 고려되지 않은 항목이다. 특히 터널의 개통 및 운영 효과는 다양한 산업에 미치게 되는데, 이는 크게 제조업에 미치는 영향, 해운업과 문화·관광산업에 미치는 영향 등으로 구분할 수 있다. 시장경제연구원에서 발표한 내용에 따르면, 2011년 기준가격으로 매년 210억 원의 제조업 부가가치가 창출될 수 있음을 보이고 있다(일본과 한국을 구분하지 않고 추정할 경우 매년 590억 원의 제조업 부가

가치가 창출됨).

해저터널 운영은 문화·관광산업에도 큰 영향을 미칠 수 있다. 터널 개통으로 새로운 관광수요가 창출되고, 이러한 신규 유발수요는 지역경제에 긍정적인 영향을 미칠 수 있다. 시장경제연구원 보고서는 2011년 신규로 유발되는 수요를 44만 659명으로 추정하였으며, 이를 부가가치로 환산할 경우 연간 약 2,038억 원 규모가 새롭게 창출되는 것으로 분석하였다.

터널의 개통 및 운영은 제조업과 문화·관광산업에 긍정적인 영향을 미치지만, 교통수단 간 경쟁이 심화됨에 따라 지역의 해운업이 쇠퇴할 가능성을 가진다. 해운업 부가가치 감소분은 2011년을 기준으로 여객부문에서 약 268억 원, 화물부문에서 약 302억 원 등 총 570억 원에 이를 것으로 전망된다.

종합해보면, 비록 해운업에서 부정적인 효과가 발생함에도 불구하고 제조업 및 문화·관광산업의 긍정적 효과를 함께 고려할 경우, 지역경제 차원에서 한일터널 개통의 경제적 타당성은 크게 증가할 것으로 예상된다.

지역 투입산출모형에 따른 분석결과를 보면 생산유발효과, 부가가치 유발효과, 고용유발효과 모두 상당한 규모의 값이 도출된다. 이는 제조업과 문화·관광산업에서 매년 발생하는 이익이 매우 크기 때문이다. 프랑스와 같은 나라에서는 철도가 1,000㎞ 이내에서 비행기에 비해 우위를 지닌다고 알려져 있을 정도로 고속철도의 경쟁우위 범위가 넓다. 영국의 유명 교통컨설팅회사 SDG(Steer Davies Gleave)의 연구 결과에 따르면, 실제로 현재의 고속철도 기술력 하에서는 200km~800km 구간에서 고속철도가 비행기에 비해 경쟁력을 갖고 있다.

철도가 이 범위에서 비행기에 대비한 경쟁력을 가지고 있다면, 결국 200km~800㎞반경 내에 어느 정도의 인구가 거주하고, 그 중 어느 정도가 고속철도를 이용하게 될 지가 경제성의 핵심이 된다. 즉, 영향권 내에 속해 있는 인구와 화물, 특히 배후지역간 교류가 활발해질수록 경제적 효과는 크게 나타나게 된다.

경제적 효과를 극대화하기 위해서는 먼저 배후지역 개발과 인근 사회간접시설의 효율적 연계가 핵심 과제이다. 터널의 개통 및 운영으로 인해 배후지가 갖는 경제적 편익은 배후지간, 산업간 연계뿐만 아니라 지역과 지역을 잇는 인프라가 갖추어졌을 때 효과가 극대화될 수 있다. 해외의 경우, 터널 건설 전에 배후지 간 교류가 어느 정도는 있어 왔고, 이러한 사전교류는 터널건설 후 배후지 개발효과를 크게 증폭시키는 역할을 하였다. 예컨대 덴마크의 코펜하겐과 스웨덴의 말뫼를 잇는 외레순

한일해저터널 예상 단면도

(Øresund) 터널은 2000년 개통 이전부터 두 지역간 꾸준한 교류가 있어왔는데, 해저터널의 개통으로 이러한 교류가 폭증했다.

현재 이 지역은 덴마크 동부 코펜하겐과 스웨덴 서부 말뫼지역을 중심으로 외레순 식품 클러스터가 형성되어 있다. 이 지역에서 식품산업을 통해 창출되는 생산품 매출규모는 연간 480억 달러로, 그 중 60%가 해외로 수출되어 지역경제가 크게 활성화된 상태이다.

외레순터널은 배후지역 경제 활성화에 커다란 영향을 주어 단순한 교통편익 이상의 의미를 가지는 사례로 평가받고 있다.

양국 정부 출자…경영은 민간기업이 주도해야

한일터널의 경우 건설비는 구조물의 형식(e.g. 복선 & 서비스터널 혹은 단선병렬)과 루트에 따라 약 65조~95조 사이의 비용이 소요될 것으로 예측되고 있다. 막대한 사업비가 소요되는 대형 프로젝트에서 다양한 재원조달방식을 검토하여 최적의 대안을 선택하는 것은 매우 중요하다. 터널 건설에 소요되는 비용을 절감할 수 있을 뿐만 아니라 사업 성공에 매우 중요한 역할을 하기 때문이다. 시장경제연구원 보고서에서는 유러터널, 외레순터널 등 해외터널공사의 재원조달 방식뿐 아니라 거가대교, 용산역세권개발, 서울시 지하철9호선 등 국내 대형 개발사업의 재원조달방식을 비교 검토한 바 있다.

한일터널의 재원조달에서 첨예하게 대립할 수 있는 문제는 양국 정부의 참여정도이다. 양국이 정부주도로 사업을 진행할 것인지, 민간주도로 할 것인지에 따라 사업의 재원조달방식이 크게 달라질 수 있다. 교통인프라는 공공재적 성격이 강해 정부가 사업을 주도하는 것이 바람직하지만, 이러한 방식은 양국 정부에 큰 부담을 가져올 수 있다. GDP대비 국가 부채비율이 매우 높은 일본이나, 공공기관의 부채비율이 매우 높은 우리나라가 막대한 비용이 소요되는 사업에 선뜻 재정지원을 하기에는 그 부담이 만만치 않다. 반면에, 민간 주도 사업은 반드시 수익성이 확보될 때만이 가능하다. 순수 민간 주도로 사업을 추진할 경우 사업비 증대에 대응하는 데 큰 어려움을 겪을 수 있다는 점은 유러터널에서 그 시사점을 찾을 수 있다.

한일터널 사업을 국가 관점이 아닌, 기업 관점에서 경제적 타당성, 즉 재무적 타당성을 평가했을 경우 수익성을 확보하는 것은 매우 어렵다고 판단된다. 정부 주도나 민간 주도 방식 모두 한일터널의 사업구조 대안이 되기는 어려워 보인다. 이러한 이유로 한일 양국 정부가 일정지분을 출자하는 민관합동법인으로 하되, 민간이 경영권을 주도할 수 있는 형태의 구조가 이상적이다. 양국 기업들의 컨소시엄으로 민간 출자를 추진하며, 양국 정부는 공공재화의 특성을 감안하여 정치·외교·문화·지역발전 등 측면에서 재정 지원을 해주는 것이 바람직할 것으로 판단된다.

철도사업에서 정부와 민간이 공동으로 진행하는 방식은 우리나라 서울시 지하철 9호선이 좋은 예이다. 서울지하철 9호선은 상하분리형 민자유치 방식으로, 하부부문의 토목공사는 서울시에서 전담하고, 토목공사 이외의 궤도, 운영시설, 차량 등 상부부문 건설공사는 민간이 담당하였다. 서울지하철 9호선 사업은 지방정부인 서울시가 참여하여 건설업체 위주의 사업구조를 탈피하고, 민간업자는 또 다른 전문 운영회사를 통해 위탁·운영함으로써 전문성과 안정성을 확보한 성공적 사례임을 보여주었다. 이것을 한일터널에도 그대로 적용해 봄직하다. 한일터널도 양국 정부가 하부구조를 맡아 민간사업자 컨소시엄의 부담을 경감하고, 민간사업자는 해저터널 운영에 관한 부분을 전문운영회사에 위탁한다면 위험을 최소화할 수 있을 것이다.

사업투자비용 축소와 운영효율성 제고 고려를

본고는 한일터널의 경제적 타당성 제고에 어떠한 사안들이 주로 고려될 수 있는지에 대해 논의하였다. 먼저, 본고에서는 사업의 경제성에 대한 평가는 순수하게 경제적 관점(economic perspectives)으로만 바라본 것으로써, 경제적 요인 이외의 것들, 즉 정치적·문화적 요인들에 대한 고려가 배제되어 있다는 것을 적시하였다. 이러한 이유로, 해저터널에 경제성 분석의 결과를 맹신하고 이를 토대로 사업의 가부를 결정하는 것은 그리 바람직하지 않다. 경제성분석에서 고려하지 못하는 또 다른 종류의 경제적 파급효과(e.g.산업 및 고용효과, 지역경제 활성화 효과 등)나 외교·정치·문화·안보적 영역에서 발생하는 효과를 가늠하고, 이러한 전반적 효과들이 고려된 상태에서 사업 타당성을 판단하는 것이 바람직하다고 본다.

둘째로, 국가경제 차원에서 경제적 손익을 정확히 판단하는 데는 수많은 편익과 비용 항목들이 고려될 수 있는데, 이들 중 주요한 몇몇 항목들을 선택하는 자의성은 경제성 분석에서 항상 논란이 되는 문제로 남아있다. 소규모 건설사업과 같은 경우 이해관계자가 그리 많지 않고, 사업 파급효과도 그리 장기적이지 않을 경우가 많다. 그러나 한일터널과 같은 대규모 사업은 여러 가지 부수적인 경제적 파급효과가 매우 클 것으로 예상된다. 배후지에 강하게 나타나는 산업적 효과와 지역개발 효과를 극대화하고, 이러한 효과를 어떻게 지속시킬 수 있게 하는지에 대한 고려도 사업의 성패에 큰 영향을 주리라 생각된다.

셋째로, 대부분의 대형 사업이 그러하듯이, 어떠한 방식으로 사업을 추진할지에 따라 타당성에 큰 영향을 줄 수 있다. 타당성 제고를 위한 방법으로 대규모 사업에 관한 해외사례 및 국내경험들을 검토하고, 현재의 경기상황 및 국가재정상황을 고려하여 사업에 투입되는 비용과 운영비를 낮추는 방안을 모색하는 것이 중요하다. 시장경제연구원 연구결과로 제시된 민관협력 방식과 상하분리 방식의 혼합은 한일터널 투입비용을 낮추고, 운영의 효율성을 제고하는 좋은 대안이라 판단되어 본고에서 간략히 소개하였다.

한일터널 건설에 관한 컨센서스가 더욱 모아진다면, 이러한 방식이 한일 간 국제협력사업에서 바람직한 것인지, 혹은 다른 사업에 비해 비용이나 리스크 절감 효과는 어느 정도인지, 컨소시엄 참가 기업들의 성격은 어떠한지 등에 대한 보다 세부적이고 구체화된 논의가 이뤄질 것으로 보인다. 본고는 표준적인 경제적 타당성 분석에서 사용되는 항목 이외에도, 사업의 타당성을 높이기 위한 방안으로 어떠한 점들이 추가적으로 고려되어야 하는지를 기술하였다. 한일터널의 사업 타당성 여부는 앞서 언급한 여러 가지 요인들을 동시에 고려하는 큰 틀 속에서 이루어져야 할 것이다.

안중근 의사의 동양평화사상 잇는 길

예부터 인류는 고복격양(鼓腹擊壤)이라고 하여 태평성대를 염원(念願)해왔다. 안중근 의사도 한국, 청나라, 일본 등 동양 3국의 협력을 통한 동양평화론을 제창하셨다. 우리나라도 이제 '5030 클럽(인구 5000만 명, 1인당 소득 3만 달러)' 국가의 자부심을 가지고 안중근 의사의 정신을 이어받아야 한다. 이를 위해서는 한일해저터널 건설을 통해 한일 양국 국민간의 이해와 협력 증진은 물론, 남북한을 포함한 아시아 국가와 교류 증진을 통해 세계평화 정착에 주도적 역할을 할 때가 되었다고 생각된다. 이것이 곧 민족과 종교를 초월하여 진정한 세계평화를 염원하는 문선명·한학자 총재의 고귀한 뜻을 살리는 길이 아닌가 생각된다.

문 한 식 | 변호사(전 국민권익위원회 비상임위원)

200년 갈등 푼 유러터널 반면교사 삼아야

한국인들이 한일터널을 반대하는 이유는 크게 3가지가 있다. 첫째는 한일터널을 제2의 한반도 침략으로 여겨 경계하는 시각이다. 과거 도요토미 히데요시(豊臣秀吉)의 임진왜란과 이토 히로부미(伊藤博文)의 한일합방 등 조선침략으로 일본에 대한 감정이 좋지 않기 때문이다. 둘째는 경제적인 면에서 터널 건설비용이 너무 많이 들어간다는 것이다. 셋째는 한국은 통과지역이어서 실제 터널로 인한 혜택이 적다는 의견이다.

그러나 그렇게 문제될 것은 없다. 현대전은 공중전에서 승패가 갈리기 때문에 한일터널은 침략 루트가 될 수 없다. 둘째 이유도 잘못 인식하고 있는 측면이 있다. 한일터널은 대략 1㎞당 건설비가 1조 원으로 계상돼 230㎞ 구간이므로 총 230조 원이 소요된다. 한국쪽 구간은 30%이니 약

박 경 부 | 한일해저터널연구원 이사장

70조 원이면 된다. 사업기간을 10년 잡으면 1년에 7조 원이 들어간다. 이것은 국영기업체의 1년 예산에 불과해 막대한 예산이라고 할 수 없다. 또한 유러터널과 같이 민간투자사업으로 유도하면 국가예산은 한 푼도 들지 않고 터널을 건설할 수 있다. 터널 건설 후 30~50년 지나면 민간사업자로부터 터널을 체납 받을 수 있다.

셋째도 근거가 미약하다. 한일터널은 부산과 일본 큐슈를 포함해 초광역 경제권이 형성돼 부산이 경제의 중심이 된다. 항만전문가에 따르면 부산은 신항 건설로 컨테이너 물류의 중심이 되고, 유라시아의 출발지가 될 수 있다. 한일터널이 건설된다면 부산 신항 부두를 이용하는 선박이 더 많아져 부산지역 경제에 커다란 성장 요인이 될 수 있다. 또한 한일터널이 건설됨으로써 부산 지역과 일본 큐슈 일대가 초 경제특구를 형성하게 될 것이다.

필자는 주일 한국대사관 건설관(1986.12~1993.1)으로 근무할 무렵에 본국으로부터 한일해저터널이 논의되고 있으니 그 사항을 파악하여 보고하라는 지시를 받았다. 그에 따라 1987년 일한터널연구회를 방문한 것이 한일해저터널과 처음 인연을 맺는 계기가 되었다. 일한터널연구회와의 인연당시 일한터널연구회는 일본 큐슈 사가현 가라쓰시 진제이쵸(九州 佐賀縣 唐津市 陣西町) 지역에서 해저터널 굴착을 위한 사전 지질조사 활동의 하나로 조사사갱(調査斜坑)을 뚫고 있었다. 연구회는 한일터널 루트인 진제이쵸 이키섬, 쓰시마 등지의 지형 및 지질(보링) 조사를 수행했다.

필자는 일한터널연구회 하라(源) 사무국장의 도움으로 현장인 진제이쵸, 이키섬, 쓰시마 등지를 여러 차례 답사할 수 있었다. 또한 동 연구회

총회 및 임시총회에도 참석하여 한일터널 사업 현황을 파악하게 됐다. 일한터널연구회는 많은 조사연구비를 투입하여 사업의 타당성(사회, 문화, 경제성 등)과 지형 및 지질조사, 해저터널 공법 등 기술적인 사항 등을 적극적으로 연구하고 발표하였다. 반면 당시 한국에서는 일한터널연구회에서 나온 연구결과를 토대로 발표회를 개최하는 등 다소 소극적인 모습이었다.

일본의 일한터널연구회나 한국의 한일터널연구회는 순수민간 연구기관으로서는 한계가 있었다. 이러한 한계를 극복하기 위하여 일본은 2003년 내무부의 승인을 받아 비영리특별법인 일한터널연구회를, 한국은 필자가 2006년 행정자치부(현 행정안전부)의 승인을 받아 사단법인 한일해저터널연구원을 발족하였다. 그러면서 본 연구원은 일한터널연구회와 업무교류협정(MOU)을 체결하는 등 교류를 활성화했다. 한일터널 건설에 대한 국민여론은 찬성하는 분도 적지 않으나, 반대의 목소리가 크기 때문에 국토 관련 행정가나 정치인들도 조심스레 다루고 있다. 유러터널도 영국과 프랑스 간에 의견 차이가 있어 200여 년 동안 갈등을 빚다가 영국의 대처 총리와 프랑스의 미테랑 대통령의 강력한 리더십 덕에 성사가 되었다. 이후 유러터널의 경제적 이익이 섬나라인 영국보다 대륙의 프랑스에 더 많게 됐다는 부분은 우리들에게 시사해 주는 바가 있다.

한일 간의 역사관계를 돌아보면, 2,300년 전부터 우리나라가 일본에 벼 농사법을 전수한 이래 건축법, 주조법, 그림과 한자, 양조법, 직조 등을 가르쳤다. 그리고 쓰시마 서쪽 해안가에는 편서 계절풍의 영향으로 우리나라 남쪽 바다에 버린 빈 맥주 캔이나 라면 봉지 등 쓰레기가 쌓이는 것을 보면, 먼 예전부터 많은 사람이 한국에서 일본으로 쉽게 건너 갈 수 있었다는 사실을 확인할 수 있다. DNA 혈액검사 결과에 따르면 90% 일본 국민에게 한국인의 피가 흐르고 있다고 한다. 먼 옛날 건너간 우리 선조의 영향이라 아니할 수 없다. 이렇게 보면 한국과 일본은 형제의 나라이다. 우리나라는 일본에 비해 면적이나 인구는 작아도 형님의 나라인 셈이다. 형님답게 넓은 마음으로 국력을 신장하고 학식을 높이면 동생은 자연스럽게 형님을 따르게 될 것이다.

세계 각국은 지역경제 활성화를 위하여 유럽연합(EU)과 북미자유무역협정(NAFTA), 아세안(ASEAN) 등 경제블록을 형성하여 왔다. 우리나라는 경제 활성화와 미래 성장 동력 확보를 위하여 한미 FTA를 체결하였고, 곧 한일·한중 FTA가 체결될 것으로 예상된다. 'ASEAN+3'회의는 1999년부터 아시아 10개국 정상회의에 한중일 3개국이 옵서버로 참석하여 경제, 사회, 문화, 환경, 기후변화, 에너지, 기술 등 각 분야에서 활발한 교류를 이뤄내고 있다. 한중일 3개국 FTA에 관한 연구는 짧지 않

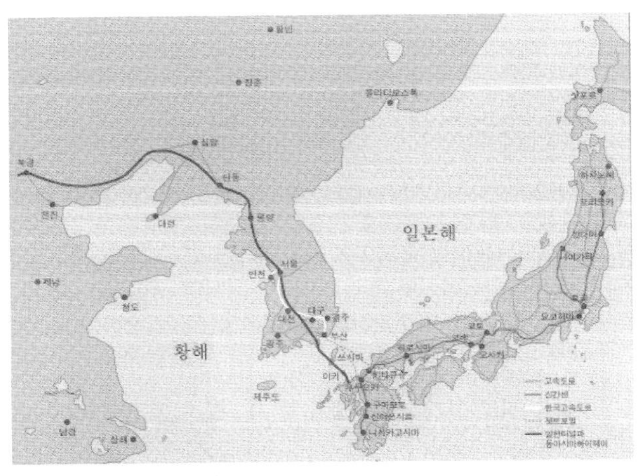

동아시아하이웨이 예상루트

은 시간 각국 국책연구소에서 공동으로 연구되고 있고, 민간에서도 다양한 방식으로 참여하고 있어 머지않은 장래에 연구 결과가 발표될 것이다. 이후 3국 FTA를 통하여 동북아 경제블록이 형성될 것이며, 한일FTA에 한일터널 건설은 필연적 사업이 될 것이다. 이제 한일 양국 정부가 앞장서서 한일터널을 추진할 시기가 서서히 다가오고 있는 것이다

한일터널은 양국에서 리더십이 있는 정치가만 나타나면 반드시 실현될 수 있다고 확신한다. 문선명 총재께서 창설한 세계평화도로재단의 노력이 헛되지 않을 것이다. 그러나 민간단체로는 한일터널 건설 사업에 한계가 있으므로 양국 간 국제협력사업 일환으로 터널건설 관련법이 제정돼야 할 것이다.

즉, '한일터널건설추진 특별법'을 제정하고 건설 관련 추진본부와 같은 조직을 편성해야 한다. 그에 앞서 국토계획에 양국 간 해저터널 노선을 지정해야 한다. 현재 유엔 ESCAP에서 아시아 하이웨이 노선으로 도쿄~오사카~후쿠오카~부산~서울~평양~신의주(부산~원산) 등이 지정돼 있으며, 후쿠오카~부산 간은 항로로 지정돼 있다. 철도노선의 경우 부산이 시발점으로 돼 있어 일본 철도노선은 누락된 상태다. 일본 정부가 속히 이를 보완해야 할 것이다. 양국 간 교류를 가로막고 있는 것이 역사 문제다. 스가 총리는 위안부 문제를 인정하고, 독도에 대해서는 침묵하면 좋을 것이다. 한국인들은 아량은 크지만, 불의에 대해서는 참지 못하기 때문이다.

공교롭게도 문 총재가 피스로드를 주창한 이후, 아시아 하이웨이와 아시아 철도 노선이 지정됐다. 유럽에는 하이웨이가 생긴 이래 국경이 없어졌다. 자동차로 어디든 무사통과다. 국제하이웨이는 곧 평화와 직결된

다. 현재 아시아의 30여 개 국가 중 북한을 포함해 네 나라 정도가 아시아 하이웨이에 동의하지 않고 있다. 북한이 동의하고, 한일 간 육로(해저터널)만 뚫리면 아시아도 유럽과 같이 국경이 철폐되고 하나가 될 것이다. 일찍이 지구촌 평화를 위해 피스로드를 주창한 문 총재에게 다시 한 번 경의를 표한다.

끊어진 지구촌 이어야 진정한 평화가 온다

평화는 내가 아닌 다른 사람을 '위해 주는' 것이다. 나를 버리고 상대를 위해 일할 때 평화는 찾아온다. 서울에서 청평까지 오는 동안 6개의 터널을 지나게 된다. 그 터널이 없었다면 많은 시간이 걸렸을 것이다. 직선으로는 짧은 거리임에도 터널이 없다면 험난한 길을 멀리 돌아서 가야 한다. 터널은 지역과 지역, 사람과 사람을 빠르게 이어주는 역할을 한다. 평화도로재단은 더 많은 사람에게, 더 빨리 다가가 진정한 평화 꽃을 피우기 위해 한일터널과 베링터널 건설, 한반도종단철도 연결 등 끊어진 지구촌을 잇는 사명을 잊어서는 안 된다. 세계평화도로재단의 사명이 참으로 크다.

박 보 희 | 한국문화재단 총재 (1930~2019)

유라시아를 하나로 묶는 핵심 교통수단

한일터널은 유라시아를 하나로 연결하는 핵심 교통수단이다. 한일 해저터널과 같은 중장기과제는 사회적으로 공론화해야 한다. 부산발전연구원이 펴낸 2010년 보고서에 따르면 한일 해저터널 생산유발 효과는 54조 원에 이른다. 또 부가가치 19조 원과 고용인구 45만 명도 만들어 낸다. 한일 해저터널은 대규모사업이어서 실제 추진할 때까지 많은 시간이 소요될 것이다. 한일 관광업계가 계속 건의해야 한다. (해저터널을 통해) 한국, 일본, 중국 등 세 국가가 단일생활권을 형성할 수 있다. 문화와 물류 및 교역 등에서 긍정적 효과가 클 것이다. 한일 해저터널사업에 대해 깊이 있는 검토가 필요하다.

박 삼 구 | 전 금호아시아나그룹 회장

한일터널·남북철도 정부가 적극 나서야

모든 일은 때가 있다. 지금 재단이 하는 일이 '지구촌 평화와 번영'이라는 원대한 계획 앞에 미미하게 보일지 몰라도 언론보도를 통해 한일터널과 남북철도 연결 사업, 한·중·러 정상들의 유라시아 연결 구상 등에 관한 내용을 접할 때마다 재단의 노력들이 헛되지 않고 이제 꽃을 피우기 시작했다는 느낌을 지울 수 없다. 한일터널과 남북철도연결 프로젝트는 마땅히 정부가 적극 나서서 풀어야 한다. 좀 더 구체적으로 말한다면 남북 최고 리더의 역할이 크다. 우리 대통령께서 굳은 의지와 신념으로 통일준비에 나서야 한다. 철도 연결이야말로 남북통일의 중요한 사전 정지작업이라 생각하고 반드시 성사시켰으면 하는 바람이다.

세계평화도로재단은 문선명 총재께서 남북통일과 인류평화에 대한 열

박 상 권 | 평화자동차 명예회장

망을 품고 공을 들여온 여러 조직 가운데 하나다. 한학자 총재께서도 그와 똑같은 포부로 재단을 지원해 주실 것으로 생각한다. 지구촌을 잇고 세계를 하나의 교통망으로 연결하려는 국제평화고속도로 건설 구상은 어찌 보면 꿈같은 일이지만, 이제까지 두 분은 단 한 번도 불가능하다고 생각해 보신 적이 없다. 세상의 일이란 서로들 생색을 내기 위한 것이 많다. 하지만 두 분은 이제껏 빛도 이름도 없이 오직 인류를 사랑하는 마음으로 정성과 재원을 투입해 오셨다. 어느 순간 세상이 두 분이 한 일을 잊을 수 있을지 몰라도 지구촌 평화만 달성된다면 두 분은 개의치 않을 것이다. 그래서 나는 세계평화도로재단에 더욱 희망과 애착을 가지고 있다.

태평양문명권 시대 여는 플랫폼

과거 로마는 지성은 그리스인보다, 체력은 게르만인보다. 기술력은 에트루리아인보다, 경제력은 카르타고인보다 못했다. 대신에 로마는 이들의 역량을 결집시키는 플랫폼 역할을 했다. 덕분에 교육, 경제, 전쟁의 경쟁력은 나날이 발전했다. 세계최고의 명당자리에 있는 한반도는 로마의 플랫폼 정신을 벤치마킹해야 한다.

한일 해저터널은 인구 분포면에서 유러터널보다 높은 확장성을 가지고 있다. 예컨대 유러터널 반경 500㎞내에는 인구 1억 3000만 명이, 한일터널의 반경 500㎞내에는 인구 8000만 명이 살고 있지만, 반경을 1000㎞로 넓히면 유러터널은 2억 6000만 명, 한일터널은 3억 6000만 명이 거주한다. 2000㎞로 확장할 경우 유러터널은 인구 5억 8000만 명,

박 성 열 | 세계평화도로재단 자문위원

한일터널은 11억 2000만 명이 산다. 한일터널은 세계경제권의 축이 아시아, 그중에서도 한·일·중으로 귀일하는 견인차 역할을 할 것이다.

연결은 세계의 모든 이데올로기를 합친 것보다 더 강력한 힘을 가진다. 인류발전을 위해 모든 것을 연결하는 방법을 두고 담대한 생각을 할 때가 되었다. 열악한 기반시설과 제도가 수요와 공급의 연결을 방해하고 있다. 이것을 극복하는 것은 인류의 도덕적 책무다. 사람들이 가고 싶은 곳에 가고, 자연재해와 갈등을 피하거나 일자리를 찾게 해주는 것, 신선한 물과 식량, 에너지를 필요한 사람들에게 전달해주는 것보다 더 높은 도덕성은 없다. 국경이 없는 세계가 필요한 이유다. 위험과 불확실성의 해결책은 국경이 아니라 더 촘촘한 연결이다. 동북아의 상생과 협력을 선도하고, 대륙세력과 해양세력을 중재하는 것이 한국과 한반도의 비전이다.

한일해저터널과 국제하이웨이 프로젝트는 세계평화의 대의(大義)다. 미래 청소년들에게 이보다 더 큰 이상과 꿈은 없다. 우주개발에 버금간다. 젊은이들을 기획단계부터 참여시켜 새로운 아이디어와 활력을 제공할 수 있게 해야 한다.

길을 뚫으면 협력·상생의 길 열려

모든 길은 로마를 통한다는 말이 있다. 길이 뚫리면 사람이 모이고, 사람이 모이면 정보가 집결되고, 정보가 집결되면 재원 곧 부(富)가 집중될 것이다. 길을 따라 부의 분배가 자연스럽게 연결돼 인류의 삶과 질을 높여 줄 것이다. 또한 길이 뚫리면 오해와 단절이 풀릴 것이고, 협력과 상생의 길이 열릴 것이다. 이것이 바로 통일이고, 평화의 길이 아닐까 생각한다. 국제평화고속도로(일명 피스로드)와 한일터널도 이와 맥을 함께 하고 있다. 인류는 지구촌을 연결하는 길을 멈추지 말고 조성해 나가야 한다. 길이 뚫리면 마음이 통하고, 마음이 통하면 평화가 열린다. 이것을 아는 사람이 먼저 나서서 마음을 모아 평화의 터전을 넓혀야 하며, 마음 마음이 모아 섬에서 대륙으로, 대륙에서 세계로 넓혀 나가야 한다. 피스로드를 향해 우리는 지구 끝까지 달려가야 한다.

박 원 동 | 전 한국방위사업연구원 이사장

한일 동맥이 될 평화의 터널, 갈등도 풀려

'일의대수(一衣帶水)'의 이웃이어서 서로 이사도 못가는 한국과 일본은 자유민주주의와 시장경제라는 이념을 공유하면서 인류역사에서 가장 빠른 속도로 국민을 먹여 살리는데 성공한 선진 두 나라요, 거대한 공룡 같은 중국과 러시아라는 큰 나라 옆에서 이들에게 좋은 영향을 미치면서 함께 살아가야 하는 두 나라가 아니던가. 전 세계 주요 국가들이 철도, 항공 노선과 고속도로로 연결되어 인적·물적 교류가 크게 확대되고 있다. 비자 없이 다른 나라 왕래는 물론이고 타국에 대한 투자뿐만 아니라 거주의 자유까지 생기게 되었다.

인터넷을 이용한 통신수단의 발달로 순식간에 정보가 전달되어 국경의 의미가 퇴색하게 된 지금이다. 모든 인류가 함께 잘 살 수 있는 게 보

박 원 홍 | 한일친선협회중앙회 부회장(전 SBS·KBS앵커)

이는 시점이다(이상우 박사. 피스터널매거진 2013년 3월 강연). 이웃끼리 이렇게 싸우고 있을 때인가? 결론부터 얘기하면, 온 세상의 많은 나라와 민족 가운데 한국인과 일본인만큼 잘 이해하고 친하게 지내며 서로 협력하여 공존번영하며 동북아와 세계평화에 함께 기여할 수 있는 나라가 없다는 것이다. 이제 남은 건 방법론의 정립과 상호노력, 실행뿐이다.

양국 국민 협력 세계평화에 기여해야

일본천황이 2002년 한일월드컵 공동개최 전에 발표한 담화에서 "옛 선조 할머니가 한반도에서 왔다"라고 커밍아웃을 한 건 이미 잘 알려진 사실이다. 일본 아이들이 태어날 때 우리와 마찬가지로 몽고 고려반점을 가지고 있는 것도 우리는 알고 있다. 일본의 고고학, 인류문화학, 역사학자들이 아니더라도 웬만한 사람들은 벼농사와 철기문화를 비롯해서 불교와 한자, 주자학, 도자기 등 고근대 일본의 문명과 문화의 큰 부분이 한반도에서 건너갔다는 걸 인정하고 있다. 후쿠오카의 국립박물관과 현립박물관에 그 근거가 수없이 전시되어 있는 것만 봐도 쉽게 알 수 있다.

그런데 1868년 메이지유신 때 일본은 '탈아입구(脫亞入歐)'의 기치를 높이 들고 우리보다 먼저 서양문명을 본격적으로 받아들이게 되었다. 문명과 문화는 강물처럼 흐르게 마련이어서, 소위 먼저 서양화로 발전된 '일제의 잔재'가 우리 속에 얼마나 깊이 스며들어 있는지 우리가 모르는 경우가 많다.

그리고 그것을 자연스럽게 받아들이고 계속 사용하고, 이용하는 게 인류사의 흐름 속에 순응하는 게 아닌가 하는 생각을 해보게 된다.

예를 들어 민주주의, 정치, 철학, 사회학, 주식회사 등 우리에게 필수적인 단어는 메이지유신을 전후해서 일본어로 번역된 서양의 말들이다. 심지어는 조선민주주의인민공화국에서는 '조선'이, 중화인민공화국에선 '중화'가 그 나라의 고유 단어일 뿐, 나머지는 일본이 먼저 번역, 정리해서 사용하기 시작한 단어들이다. 한자를 한반도에서 도입한 지 1600년 만에 좋은 걸 받아들여서 더 좋게 만든다'는(원래는 별 볼 것 없는) 섬나라 일본의 특성대로 현대의 트랜지스터, 가전, 자동차까지 잘 만들어 내수용과 역수출에 성공한 것이다.

여담 같지만, 한자를 중심으로 한 문자 교육정책에서 우왕좌왕하다가 실패한 우리나라에선 한자의 사실상 폐기로 지적인 면에서 돌이킬 수 없는 후퇴를 가져왔다고 생각한다. 물질과 정신생활 면에서 언어의 응용과 다양성, 개념의 확실성 등이 결여되어 특히 정신생활의 질이 계속 발전하는 걸 거의 불가능하게 만들었다고 한탄한다.

그 면에선 문명의 후발주자인 일본의 일관적인 한자 교육과 활용이 부럽기 그지없다. 더구나 동북아시아 3국 한자문화권이 인류문명의 주역으로 다시 나서고 있는 때에 한국이 표현력과 속독력이 뛰어난 한자교육을 방기함으로써 커다란 불이익을 받게 된 건 우리 정치와 교육문화 리더십의 참담한 실패담이 될 것이다. 국민소통수단으로 제일가는 언어가 개념, 정의, 사용, 응용, 발음 등 면에서 불명확해지면서 생긴 불통, 갈등, 지식과 소득의 격차(예: 한자를 배워 알고 있는 부모가 한자의 유용성을 자각해서 자식에게 한자교육을 하는 경우, 그 혜택을 받아 한자지식을 요구하는 일류회사에 취직하는 젊은이와 그렇지 못한 사람들 사이)는 앞으로 전체적인 국가운영은 물론이고 우리에게 매우 중요한 중국과 일본 간의 소통에도 점점 더 큰 지장을 초래하게 될 것이다.

필자는 15년 넘게 한일 간의 준 공적외교(한일의원연맹)를 거쳐 공공외교(한일친선협회)에 간여하고 있다. 상대인 일본 측과의 공식모임에서는 통역이나 번역물을 이용하고 있지만, 더욱 친해지고 속마음을 털어 놓을 수 있는 비공식모임에선 의사를 전달하는 언어의 어려움 때문에 서로 고생하는 걸 늘 보아왔다. 점점 더 어렵게 되고 있다. 서로 상대방의 언어를 어렵지 않게 구사할 수 있다면 좋겠지만, 제대로 안 되는 일이 더욱 많아졌고, 영어로 속마음을 털어 놓는 건 보통 어려운 일이 아니다. 우리 쪽에서 일본어를 쓸 수 있는 세대가 세월을 따라 사라지면서 한국어를 배우기 몹시 어려워하는 일본인들에게 우리의 의사전달이 어렵게 되고, 서로를 오해하는 일이 더 많아지는 것이다. 그리고 그 오해를 쉽게 풀 수 없게 되는 것이다.

긴 호흡 가진 한일 우호친선 계획 실천을

인구 27만 소도시인 사가현 사가시 경찰서 수백 명의 경관 가운데 다섯 명이 한국어를 배워 구사하는 걸 본 적이 있다. 며칠 전에 한일친선협회와 서울대학교 일본연구소가 공동주최한 심포지엄에 나왔던 일본 측 참가자들(한국전문가들이지만)이 한국의 모든 면을 잘 파악하고 있는 데는 혀를 내두를 정도였다. 그들의 실력이 크게 늘었다. 적당, 적당이 아니고 철저, 또 철저히 공부한 까닭일 터이다. 두 나라 사람들의 좋은 점을 합쳐 놓으면, 그야말로 이상적인 새로운 문명, 문화를 세상에 내 놓을 수 있을 것이다. 일본인의 정직, 성실, 정확, 청결, 초지일관, 제 분수알기의 순응성, 함께 잘 지내자는 화(和)의 정신, 남에게 폐 안 끼치기, 단결력, 그리고 남을 배려하는 몸에 밴 예절과 친절 등은 우리가 본 받을만할 것들이다. 반면에 우리의 신축성, 결단력, 추진력, 목표 달성력, 그리고 정(情)은 그들이 부러워하는 것들이다.

우리가 대체로 인정하는 일이지만, 일본은 철저하게 무언가에 대비하는 나라이다. 워낙 천재지변이 잦은 연유겠지만, 그들의 준비성에 놀랄 때가 많다(자동차운전면허시험에서 차를 후진 주차하도록 테스트하는 것. 매일의 생활에서 신발을 밖으로 향하도록 놓아두는 것 등등). 한일 두 나라의 현재와 장래를 위해서 우호 프로젝트가 필요한 데 어떻게 구상해서 만들어 실행해 나갈 것인가?

지난 번 세계평화터널 조찬포럼에선 서울시립대학의 정재정 교수가 한일우호재단 설립을 제안한 바 있다. 좋은 아이디어다. 무슨 사업이든지 재정이 필요한데, 일본과 이런 사이로 계속 티격태격하다가는 큰일이라고 걱정하는 유지들이 중심이 되어 일본을 비롯해 국제적인 사업을 하는 회사, 지자체, 그리고 국가가 십시일반으로 재원을 마련하여 한일 간의 긴 호흡을 가진 우호친선 실천계획을 설립 추진해야 할 것이다. 현재의 한일친선협회, 한일경제협력위원회, 한일포럼, 한일문화교류기금, 한일문화교류위원회 등 관계기관이나 위원회, 단체들의 우산 역할도 할 수 있을 것이다.

필자는 후쿠오카에 최근까지 살면서 한일터널을 일본측에서 착공한다면 가장 유력한 곳인 가라쓰(唐津)에 여러 번 가봤다. 해저터널의 필요성과 건설 당위성, 장래성 등에 관해선 부연할 필요도 없다. 가라쓰 옆 나고야(名護屋)는 1592년 임진왜란과 1597년 정유재란 때 도요토미 히데

요시(豊臣秀吉)가 조선반도에 출병한기지로 유명하다. 일본 통일을 앞두고 자국내 다이묘(大名, 영주)들의 불만을 잠재우고 자신에게 충성을 가져오게 할 겸 조선출병을 했다지만, 일본인들의 '섬나라 열등감'을 대륙진출로 풀어 보려했던 첫 사례였다.

해저터널, 일본 열등감 잠재우는 효과

어느 나라, 어느 지역이건 그 지정학적 위치의 특성을 반영하는 문명과 문화를 지니고 있지만, 한반도에서 건너간 도래인을 중심으로 원주민, 남방계 유입인 등이 섬나라에서 오랫동안 살면서 '갈라파고스'적인 생활양식과 사고방식을 가지게 된 게 일본임에 틀림없다. 1600년대 초부터 본격적으로 시작되어 1800년대 중반까지 허가 없이 왕래하면 사형이라던 막부의 쇄국은 이를 대변한다.

일본 나고야성 박물관에 전시된 거북선 모형도

1894년 청일전쟁과 10년 뒤의 러일전쟁에서 연달아 이기면서 헛된 계산으로 대륙진출을 강행하다가 1945년 원폭 두 개를 맞아 무참하게 패배한 일본은 아직도 섬나라의 열등감에서 벗어나지 못하고 있다. 한일해저터널은 일본에게 이런 열등감을(비폭력적인 방법으로) 잠재우는 효과가 있다.

한일터널에 이어 베링해협까지 해저터널이 뚫린다면 일본은 명실공히 대륙국가로 승격하는 것이다. 현재도 수없는 항로와 해로로 연결이 되어 있지만 다리나 터널로 연결되는 것과는 감이 다르다. 그리고 우리가 가지고 있는 일본에 대한 복잡한 열등감과 우월감도 해저터널이 계획되고, 발표되는 단계에선 현재의 550만 명 왕래가 수 천만 명의 왕래로 발전하면서 저절로 해소되어 우호친선이 쉬워 질 것이다. 완성되면 말할 것도 없겠다.

궁극적이고 대표적인 한일우호프로젝트는 한일해저터널이라고 생각하지만, 이 목표에 도달하는 건 김인호 시장경제연구원 이사장이 정확히 주장한 대로 양국지도자의 결단이 중요한 정치적 프로젝트이다. 현 단계에서 정치적 결단을 양국 지도자에게 기대하기는 본인들의 능력이나 성향, 국민정서상 좀 이를지 모른다. 정상끼리 외국에서 열리는 G20같은 국제회의에서 선 채로라도 몇 분씩 정담을 나누고, 일본의 2020년 올림픽 개최지 선정을 축하하는 금도를 기대했었다.

오지랖 넓은 대륙적 기질이나, 어머니나 누나 같은 따뜻한 마음의, 치마폭으로 감싸는 정을 발휘할 수 있어야 했다. 어린애들 싸움이 오래가면 어른들(국민) 싸움이 된다. 아베의 야스쿠니신사 참배 자제와 여러 가지 우호 제스처 신호는 우리가 지는 척 받아들였으면 좋았었다.

지는 게 이기는 거라는 얘기도 있지 않은가. 두 나라의 바뀐 정상끼리는 만나지도 않고, 외무장관회담도 두 번이나 실패했지만 최근 양국의 문화장관들이 만나서 문화교류의 지속적인 활성화에 합의한 것은 좋은 소식이다. 지난 9월 서울과 동경에서 한일 축제한마당을 거르지 않고 실행한 건 참 잘 된 일이다.

2000년 넘는 양국의 긴 역사 가운데 형벌인 우리가 50~60년간 수모를 겪었다고, 계속 이렇게 싸울 건가? 이미 '정냉경열(政冷經熱)'을 넘어 한류와 일류(日流)는 두 나라에 깊숙이 자리 잡았다. 이제는 한류와 일류가 교류의 시대를 넘어 '공유의 시대'로 접어들었다(정구종 한일문화교류회의위원장 발표. 9월 27일 서울대 한일풀뿌리교류와 국가친선심포지엄). 후카가와 유키코(深川由起子) 와세다대 교수는 한일 재계가 떼려야 뗄 수 없는 상호 보완관계이며 서로에게서 많이 배우고 있다(경제관계의 전환과 일한관계, 2013)고 말하고 있다.

2002년 월드컵은 1995년 아사히신문의 주간이던 와카미야 요시부미(若宮啓文)가 사설에서 제안한 걸 계기로 성공적으로 개최되었다. 감히 얘기하지만 두 나라 모두의 정치와 언론은 대체로 4류와 3류라고 할 수 있겠다. 교육자가 2류라고 할까? 국민이 가장 현명하다. 단지 2, 3, 4류가 국민을 오도하지 않는다면 말이다. 예를 조금만 들자면 아사히 주필이 된 와카미야가 2006년에 "독도(타케시마)를 한국에 양보하되 '우정의 섬'이라 이름붙이고 일본의 어업권을 보장받는 몽상을 해봤다"며 기명칼럼으로 주장하고, 금년 7월엔 TV 아사히가 우리의 관점에 못지않은 '이토 히로부미를 쏜 남자, 안중근'을 골든아워에 특집 방영했다.

이웃한 두 국가 잘 살수있는 진지한 논의 필요

한국에 뼈를 묻은 카나야마 전 주한대사, 한국을 이해하는 발언(중앙공론 금년 8월호와 2012년 문예춘추 발간 '열띤 일·중·한 논쟁')에서 보다시피 한국 측 입장을 잘 얘기해주는 코쿠라 전 주한대사를 포함하여 일본의 지식인, 양심가들은 우리보다 폭넓은 스펙트럼을 가지고 일본인들에게 한국을 대변하고 있다. 독도는 우리가 이미 실효지배하고 있으므로 전쟁에서 빼기지 않는 한 우리 땅이다. 독도를 둘러싼 돌출행동(작년 8월 대통령의 방문과 천황의 한국방문조건과 일본의 국제지위에 관한 발언)은 삼가고, 이젠 대인의 풍모를 보여줘야 한다. 신각수 전 주일대사는 지난 9월말 '한일 간 교류발전을 위한제안'으로 ▲인적·문화교류의 확대 심화를 위한 중장기 계획을 세워 꾸준히 추진하고 ▲이를 제도화하는 기본 틀을 짜야 하며 ▲청소년교류의 대폭 강화 ▲원활한 대학생교류를 위한 환경정비 ▲한일 양국의 지방교류 활성화 ▲과거사 문제의 해결 노력 ▲한일문화교류의 다양화 ▲이를 위한 민관협력 ▲양국언론의 협력 ▲관광 활성화를 위한 양국정부와 관광업계의 노력 ▲양국교류의 탈정치화 등 11가지를 제시한 바 있다.

가나야마 마사히데
전 주한 일본대사

코하리 스스무(小針進) 시즈오카대학 교수가 논문에서 얘기한 대로 한국 학생들이 일본에서 단기연수 후 느낀 일본에 대한 적대감은 가보지 않은 학생들보다 매우 낮았다는 것을 앞으로의 한일교류에 활용할 필요가 있다(일한교류프로그램에 참가한 한국청년들의 대일인식조사, 2013). 필자는 '지피지기(知彼知己) 백전백승'이라는 옛말을 별로 좋아하지 않는다. 요즘 시대에 맞지 않게 전투적이기 때문이다. 그러나 '지피지기 기승피승(己勝彼勝)'이라는 말은 만들어봤다. 즉, 서로를 잘 알게 되면 저절로 오해가 풀리고 친하게 되어 윈-윈이 된다는 말이다. 상대방을 제대로 알도록 기회를 주면 반드시 기승피승하게 될 것이다. 지일(知日) 지한(知韓)이면, 친일(親日) 친한(親韓)이 된다. 본인의 입신영달을 위한 친일, 친한이 아니고, 선린우호국가로서 공존공영하는데 이바지할 친한, 친일이면 어디가 잘못 되었는가?

야마모토 이소로쿠(山本五十六) 해군대장은 33세 때 2년 동안 하버드대학에 유학한 군인이었다. 미국에겐 절대로 이길 수 없다는 걸 잘 알아서 미·일 개전(開戰)을 극구 반대하다가, 할 수 없이 미국인의 반전무드를 기대하고 1941년 12월7일 하와이의 진주만기습을 계획, 집행하는 주역이 되었다고 한다. 그가 미리 할복이라도 했다면 세계사가 달라졌을는지 모른다. 지식만 가지고는 안 된다. 진정으로 나라를 위한다면 자살이라도 할 수 있는 실행력이 따라야 한다.

일본의 유명한 해부학자이자 평론가이기도 한 요우로 타케시(養老孟司)는 10년 전에 "60을 넘으면 중책을 맡지 말라"고 했다. 곧이곧대로 해석하지는 않아야 하겠다. 그도 75세가 넘도록 현역으로 일하고 있다. 그러나 뜻은 알만하다. 이제 고정관념을 가진 두 나라의 나이 든 보수파(애증이 복잡하게 얽힌 지식인들 포함)들은 두 나라의 관계증진에서 좀 뒷전에 서고, 젊은 사람들이 새로운 국경 엷은 세상에서 두 나라가 어떻게 하면 이웃으로 잘 살아갈 수 있을 것인가를 진지하게 얘기할 수 있게 해야 하겠다. 상대방을 잘 알도록 지도하면서 말이다. 시간이 없다. 빨리 그런 장(場)을 펼쳐주자. 오래가면 위험하다. 어떤 게 정말 애국인가 진지하게 생각해야 한다. 그래서 현해탄을 바다 밑으로 뚫어 한일 간의 동맥이 될 평화터널을 만들도록 하자.

바닷길 열리면 '마음의 길'·'평화의 문' 열려

한국과 일본의 관계는 흔히 '가깝고도 먼 나라', 심하게는 '견원지간(犬猿之間)의 나라'라고 일컬어진다. 이 말은 두 나라의 관계가 지리적으로는 매우 가깝지만 동시에 심적으로는 아주 먼 나라, 혹은 원수의 나라가 될 수도 있는 '역설과 반전의 이중관계'라는 것을 알려준다.

역지사지의 마음으로 양국 현안 풀어야

세계사적으로 볼 때 가까운 나라는 유전학적으로 가까울 수밖에 없지만, 역사적으로는 정복과 피정복, 식민과 피식민의 관계에 있기 쉽다. 가깝기 때문에 정복과 배반, 피의 뒤섞임이 있을 수밖에 없다. 이웃한 나라

박 정 진 | 문화평론가(문화인류학박사)

는 크게 보면 문화적 동질성 및 혈연적 동질성을 나누고 있는 나라이다. 그래서 한일관계의 갈등은 형제간의 싸움에 비유되기도 한다. 형제간의 싸움이 더 치열한 이유는 아마도 신화를 공유하고 있어서 자기정체성을 확인하는 경쟁심리가 숨어 있기 때문일지 모른다.

한국인보다 더 전형적인(typical) 한국인의 유전자를 가진 나라가 일본이다. 또 한국(한반도)을 조상의 나라, 민족적 고향으로 생각하는 나라가 일본이다. 일본인이 한반도를 생각하는 것은 한민족이 만주를 생각하는 것과 같다. 그래서 두 나라는 역지사지(易地思之)하는 마음으로 양국의 현안(친일과 반일)과 앙금(식민과 피식민)을 풀어야 한다.

한국은 일본에 대해 현대사의 콤플렉스를 가지고 있고, 일본은 한국에 대해 고대사의 콤플렉스를 가지고 있다. 고대사에서 일본은 한반도 세력(고구려·백제·신라)의 식민지(분국)였으며, 현대사에서 한국은 일본 제국주의의 식민지로 전락한 경험을 했다.

한국과 일본의 관계와 같은 것이 세계문화사적으로 보면 영국과 프랑스, 독일과 프랑스, 그리스와 터키, 멕시코와 미국의 관계이다. 결국 이웃나라와의 역사는 싸울 때에 싸우더라도 평화 시에는 우호를 도모하고 상생할 줄 알아야 역사에서 살아남을 수 있음을 의미한다. 한일 해저터널(이하 한일터널)의 건설은 양국 국민들로 하여금 콤플렉스를 벗어나게 할 절호의 기회이다.

지구촌이 하나가 된 인터넷 시대의 이웃나라 관계는 무엇보다 평화를 도모해야 하는 절체절명의 처지다. 평화를 도모함으로써 얻어지는 문화교류와 무역거래의 이점을 최대한 살릴 줄 알아야 두 나라에 모두 이익이 된다. 세계경제가 유럽연합(EU)이나 북미자유무역협정(NAFTA) 등

이웃 나라와 경제공동체를 형성하는 이유는 경제적 실리와 문화적 향유를 풍부하게 누릴 수 있기 때문이다.

오늘날 국제관계에서 첫 번째 덕목은 "평화를 유지하는 자만이 승리자가 될 수 있다."는 잠언이다. 과거의 아픈 기억이나 배반과 분노에 사로잡혀 있기보다는 현재에 활발한 교류와 함께 평화를 유지함으로써 삶을 윤택하게 하는 것만이 현명한 선택이다. 한국과 일본의 지식권력재벌 엘리트들은 자신을 위해서, 양국의 평화를 위해 앞장서야 할 시대적 요구에 직면해 있다.

문선명 총재가 지난 1981년 11월 제 10차 국제과학통일회의 기조연설에서 전격적으로 발표한 한일터널 건설 문제는 오늘의 우리에게 남겨준 숙제와 같은 것이다. 한일터널이 뚫리게 되면 정치·경제적 이점은 물론이고 문화적·역사적으로도 새로운 전기를 마련할 것으로 기대된다. 한국, 일본, 중국은 '한·중·일 경제공동체'(발해연안공동체, 동해연안공동체)를 실현할 수 있느냐, 없느냐에 따라 아시아태평양시대의 중심국이 될 수 있느냐, 없느냐의 기로에 서 있다. 그 출발점이 바로 한일터널의 조속한 건설이다.

영국·프랑스는 하는데 왜 한국·일본은 못하나

한일터널 코스는 임진왜란 때는 전쟁의 길이었고, 임난 후 조선통신사(평화사절단)가 왕래할 때는 평화의 길이었다. 국가와 국가 사이의 길이 전쟁의 길이 되느냐, 평화의 길이 되느냐는 그 시대를 살아가는 사람들의 선택에 달렸다. 역사에서 평화만을 요구하는 것은 불가능한 일일지 모르지만, 선린우호 관계를 자랑스럽게 여기는 양국 국민이 늘어날 때 한국과 일본은 태평양시대에 주역으로 떠오를 수 있다.

오늘날 양국관계는 기업이나 문화예술 등 민간부문에서는 비교적 활성화되어 있는 반면에 정치·외교적으로는 도리어 경색되어 있다고 해도 과언이 아니다. 국가가 민간 부분을 잘 이끌어가야 함에도 도리어 그것을 방해하고 있는 것이 정치권이다. 친일-반일의 패러다임에서 벗어나지 못하면 양국의 미래는 결코 밝을 수 없다. 이것은 역사를 과거에 저당잡히는 꼴이다.

한일터널은 한일 두 나라 간 밝은 미래를 열어놓는 첩경이다. 이러한 시대적 과제를 등한시한다면 양국은 발전보다는 퇴보를 맞을 수밖에 없다. 양국은 장점이 많다. 양국의 평화유지는 양국의 이익이 되었으면 되었지, 결코 손해가 되지 않는다. 생각해보라. 한국과 일본이 영국과 프랑스처럼 해저로 연결될 수 있다는 사실을. 생각만 해도 흥분되는 일이 아닌가! 만약 그것이 실현된다면 상상 이상으로 양국국민의 친선과 평화는 물론이고, 경제적 발전과 문화적 풍성함으로 인도하게 될 것이다.

양국의 정치지도자들이 지금이라도 생각만 바꾼다면 바로 잘 살 수 있는 길이 보이는데 이념이나 도그마에 빠져서 현실을 그르친다면 우리는 두고두고 후회할 지도 모른다.

건설자금조달과 기술은 더이상 문제가 되지 않는다. 영국과 프랑스는 하는데 왜 한국과 일본은 못하는 것인가. 이게 바로 국가의 지위(품격)와 민도의 높고 낮음의 결과가 아닐까. 한·중·일 삼국은 그동안 기업과 산업 기술면에서는 많은 교류가 있었다. 물론 이에 따라 문화예술교류가 없었던 것은 아니지만, 경제교류만 못하였다. 이제 한국과 일본, 한국과 중국의 교류와 협력이 문화예술일반으로 폭넓게 확대되어야 한다.

인류문화는 이제 국가 중심주의, 제국 중심주의 시대를 넘어서 개인의 자유를 기초로 자유분방하게 세계문화를 교류하면서 향유하는 지구촌 시대를 맞고 있다. 최근의 보수주의의 등장과 팬데믹으로 인한 국제관계의 소원은 한시적인 것으로 극복되지 않으면 안 된다. 지구촌 시대를 본격적으로 열어가기 위해서는 국가 간 장벽이 되고 있는 해저를 연결하고, 닫힌 마음을 열어야 한다. 우리 삶을 둘러싸고 있는 환경적·물질적 조건과 구조를 열면 마음이 열리는 경우가 적지 않았다. 역사적으로 보면 산맥과 강이 인류의 심적·물적 교통과 교류를 막았는데 이제 마지막 남은 것이 바로 바다의 연결이다.

베링해저터널 예상 단면도

지구촌 단절구간 연결하는 마지막 과제

한일터널과 베링터널 건설은 지구촌 단절구간을 연결하는 마지막 숙제로 남아있다. 길(Road)이 연결되어야 '마음의 길'과 '평화의 문(門)'도 열린다. 한일터널의 조속한 건설은 우리가 상상하는 이상으로 인류에게 평화와 이상을 열어주는 획기적인 계기가 될 것이다. 도보와 육로로 세계를 일주할 수 있는 도로망(network)이 건설된다면 인류평화의 실현은 한층 앞당겨질 수 있을 것이다. 인류는 이제 패권경쟁에서 벗어나서 어떻게 하면 서로의 국민들을 잘 살게 하고, 평화와 복지를 통해 개인의 행복을 구가할 수 있을지를 고민해야 한다.

전쟁없는 평화세계 구현 첫번째 길

20세기는 전쟁의 세기라 불릴 만큼 크고 작은 전쟁이 계속되었다. 특히 제1, 2차 세계대전은 세계의 거의 모든 국가가 두 진영으로 갈려 전쟁을 치렀다. 그러나 세계대전의 종식과 함께 긴 냉전의 시대를 끝낸 것도 20세기였다. 냉전 종식의 주역은 누가 뭐래도 민주진영을 대표한 미국의 레이건과 부시 두 대통령과 공산진영을 대표한 러시아의 고르바초프와 옐친 두 대통령이라고 할 수 있다. 그런데 이들 4명의 주역을 있게 한 배후에는 위대한 예지력과 추진력을 갖춘 한 인물이 있었으니, 그가 바로 문선명 총재이다. 문 총재는 평소 제자들 앞에서 "악의 세력(공산주의)은 70년을 못 넘긴다"고 말했다. 1922년 12월 30일 레닌의 공산당 세력이 제정 러시아를 무너뜨리고 소련을 세운 지 70년 만인 1991년

박 중 현 | 한반도평화국제협력네트워크 회장

12월 31일 소련이 지도상에서 사라졌으니, 문 총재의 예언이 적중한 것이다.

문 총재는 예언으로 그치지 않고, 직접 이들 역사의 주역들을 만나 지원하고, 설득함으로써 그것을 실천해 보였다. 독일 통일과 동유럽 공산국가 붕괴, 소련 해체 등 일련의 냉전종식의 역사가 모두 평화적으로 이루어졌다는 사실은 놀라운 일이다. 문 총재는 누구도 해결하지 못한 역사의 선악 갈등을 해결하고, 영원한 평화 세계로 역사를 전환시켰다. 냉전종식과 소련 해체는 문 총재가 주도한 6천 년 세계사의 대변혁 시발점이요, 역사의 새 물줄기로 재평가받아 마땅하다.

21세기 인류는 전쟁이 없는 평화세계를 구현해야 한다. 문 총재는 아무도 알아주지 않는 가운데 땀 흘리며 국제하이웨이 건설(일명 '피스로드')이라는 평화의 대도를 닦았다. 한일터널도 여기에 속한다. 인류가 그 길을 따라 갈 때 지구촌에는 평화가 활짝 꽃필 것이라 믿는다. 그때 냉전종식을 이끈 4인 주역들의 노력도 헛되지 않을 것이다.

성경 속 인물 이사야(B.C 680년경)는 대선지자요 예언가다. 뉴욕 UN 본부 입구에는 '이사야의 평화 선언'(이사야서 2장 4절)이 새겨져 있다. "주께서 민족들 사이의 분쟁을 판결하시고, 뭇 백성 사이의 갈등을 해결하실 것이니, 그들이 칼을 쳐서 보습을 만들고 창을 쳐서 낫을 만들 것이며, 나라와 나라가 칼을 들고 서로를 치지 않을 것이며, 다시는 군사훈련도 하지 않을 것이다."

경제적 효과 막대…국민공감대가 우선

대륙횡단철도, 아시안하이웨이 사업 등 동북아내 인프라 연계사업이 국제적 차원에서 활발히 추진되고 있는 현 상황에서 한일해저터널은 국가발전의 중요한 전략 중 하나로 꾸준히 그 관심의 중심에 있는 국가 간 사업이다. 본 사업의 투자 타당성을 두고 찬반이 오랜 기간 팽배하지만, 어떠한 입장에서든 다양한 시나리오에 따른 깊이 있는 연구가 필요하다는 인식과 제4차 국토종합계획의 목표인 '21세기 통합국토의 실현'과의 연계 속에서 한일해저터널 연계사업 효과를 다양하게 검토해 볼 필요가 있다는 지적으로 2000년대 중반 새로운 관심을 가지게 됐다.

이에 따라 정부와 부산시의 타당성 분석이 이루어졌으나 이후 큰 진척은 없는 상태이며, 현재는 경제적 타당성 이외에 정치적·역사적 이견이

박 진 희 | 한국해양대학교 물류시스템공학과 교수

더 중요한 변수로 작용하고 있다. 한일터널을 건설하려면 90조~200조 원이 소요된다. 기간은 15~20년이 소요되는데, 기술발달과 재원의 원활 정도에 따라 탄력이 붙을 수 있다. 한일터널에 투입될 교통수단은 한국의 KTX나 일본의 신칸센, 리니어모터카 등이다. 자동차·철도 변용, 고속철도 전용 등이 고려되나 현재는 고속철 전용이 가장 유력하다.

한일해저터널은 한일 간에 국한된 문제가 아니라 아시아와 동북아 경제통합 차원의 연구와 논의가 필요하다. 투자대비 운행수익 뿐만 아니라 국토전반과 국민경제에 파급되는 부분이 고려되어야 한다. 현재는 육상로의 연결을 통한 국가 간 연계성 강화와 물류의 통과세 관리가 제2의 자원으로 국가경제에 긍정적 영향을 미칠 것이라는 낙관론과 정치적·역사관적 이해의 상충으로 불가하다는 부정론이 팽배한 상태이다.

여기서 잠시 한일해저터널이 왜 동북아 새로운 교통망으로 부상하고 있는지 유러터널에서 그 시사점을 살펴보자. 영국과 프랑스를 해저로 연결한 유러터널은 국제적으로 EU(유럽연합)라는 국제환경과 유럽통합을 위한 교통망 연결이라는 공감대가 그 바탕을 이루면서 양국 간의 신뢰를 구축하는 계기가 되었다. 영국은 유럽경제통합에 주도적으로 참여하기 위해 유러터널을 적극적으로 추진하였다.

따라서 한일해저터널이 본격적으로 추진되기 위해서는 '남북한 통일' '동북아 경제권의 활성화' 등 국제적인 여건이 조성되어야 하고, 무엇보다도 국민적인 공감대 형성이 필요하다. 유러터널의 경우 프랑스는 한국과 같은 입지 여건이며, 영국은 일본과 같은 입지 특성을 가지고 있다. 그 결과 영국이 섬에서 반도적 입지로 탈바꿈했듯이 일본 역시 같은 입지적 우위성을 가질 수 있다. 같은 입장에 있는 프랑스가 영국에 비해 국토 공간적 파급 및 경제적 효과가 극대화되었듯이 한국의 경우 같은 효과가 기대된다.

한일해저터널 건설 시 한국의 생산유발액은 총 55조 1716억 원, 부가가치유발액은 총 17조 442억 원으로 추정됐다. 또 23만 8230명의 고용유발 효과도 기대된다. 결론적으로 한일해저터널은 국토의 공간구조, 지역개발, 물류에 긍정적 영향이 미치는 것으로 분석된다. 동북아의 실질적인 교통연계의 완성과 도시연계성의 증가, 동북아 국가 간 교류증대, 수도권 중심의 불균형 국토 축에 해저터널과 인근한 경남권을 위시한 지역의 개발은 국토의 균형개발에 일조할 수 있다. 그러나 단순 경유지로 전락시 반대의 결과를 초래할 가능성 존재한다. 이와 함께 경제성 이전에 국가 간 정치적·역사적 인식의 변화가 선행돼야 가능한 일이다.

일본을 진정으로 이기는 길

대마도의 중심도시 이즈하라에서 차로 50여 분. 아소만의 다도해가 눈앞에 나타났다. 아소만은 조선 초 이종무 장군이 왜구 토벌의 공격 포인트로 삼았던 지역. 1차로의 좁은 해안 길을 굽이굽이 이어진 산길. 새로 닦은 듯한 산길을 2㎞여 오르자 광활한 바다가 펼쳐졌다. “보이나요. 저쪽이 한국 거제도입니다. 거리는 60㎞쯤 되지요. 일한 해저터널이 뚫리면 한국 땅으로 건너갈 곳이지요.” 일한터널연구회 관계자의 설명은 사실적이고 진지했다. 일한터널연구회는 지난 2018년 11월 15, 16일 ‘일한터널, 대마도한일 지도자 포럼’을 열면서 이즈하라 인근 아렌지역에 들어선 한일터널의 대마도 조사사갱(斜坑)을 공개했다. 일본 국제하이웨이재단은 2014년 2㎞의 진입로를 뚫은 뒤 이곳에 폭 8m, 길이 10m의

박 창 희 | 스토리랩 수작 대표(전 국제신문 대기자)

사갱을 뚫었다. 이 사갱은 앞으로 최대 1㎞까지 해저를 파고들어, 대마도 서수도(西水道)의 해저 지질조사 및 공법 연구, 향후 들어설 한일 해저터널의 파일럿 터널(선진도갱) 등으로 이용될 것이라고 했다. 한일 간 합의는커녕 공감대조차 형성되지 않은 해저터널의 조사갱을 뚫고 있다는 것은 무모해 보이면서도 무섭게 다가왔다. 1986년 큐슈 가라쓰에 뚫은 첫 시굴갱(580m)의 충격 그 이상이었다.

대마도조사갱은 대마도를 한일 해저터널의 중간 기착지, 동북아 요충지로 선언하고 설정하는 일종의 깃대로 보였다. 한일 해저터널은 1981년 문선명 총재가 주창한 세기적 프로젝트다. 국제하이웨이재단은 1980년대 중반부터 해저터널 사갱기지로 쓰기 위해 가라쓰(20만 ㎡), 이키(5만 ㎡), 대마도(100만㎡) 등에 그 지역 사람들의 이해와 협력을 얻으면서 꾸준히 부지를 매입했다. 지난 8월엔 일본 전역 47개 도도부현에 해저터널 지부가 결성됐다. 지금까지 투입한 자금이 3000억 원에 이른다니, 결코 가볍게 볼 민간 프로젝트가 아니다.

한국에서는 여전히 반대 기류가 강한 듯하다. 한때 김대중· 노무현 전 대통령이 추진 의지를 비쳤고, 이명박 전 대통령도 연구 용역까지 지시했으나 결론은 매번 부정적이었다. 경제적 실익이 약하다는 것이었다. 얼마 전 유시민 작가는 "한일 해저터널이 되면 유라시아 철도 기종점의 장점을 잃게 돼 부산항은 망한다"고 말해 논란을 부채질했다. 청와대 국민청원 게시판에는 '한일 해저터널 금지 청원' 이 올라 1만 3894명이 동의했다. 한일 간 풀리지 않는 과거사도 복병이다. 한일터널이란 이슈 속에 정한론, 대동아공영권 같은 군국주의 그림자가 어른거리는 것도 사실이다. 그렇다고 이런 문제들 때문에 연구와 논의조차 하지 말아야 할까.

일본 국제하이웨이재단에서 조성한 쓰시마 한일 해저터널 조사사갱 입구

그건 스스로 우물 안 개구리가 되는 꼴이다. 상대가 긴히 움직일 때는 다 이유가 있다. 상대를 몰라 당했던 지난날을 떠올리면 지피지기는 놓칠 수 없는 화두다. 거기에 우리의 운명이 걸려 있다면 어찌할 것인가.

한일터널은 섣불리 찬반을 얘기할 수 없는 어렵고도 긴요한 미래 이슈다. 세계 최장(250㎞), 100조 원의 사업비, 까다로운 해저공사, 안전성 확보, 한일 지분 조정 등 하나하나가 핫이슈다. 이 속엔 중요한 국제역학이 작용하고 있다. 한일관계의 재정립은 물론, 동북아의 신경제·신문명, 그리고 새 질서에 대한 복잡한 함수가 개입돼 있다. 중국의 일대일로(一帶一路), 문재인 대통령이 밝힌 '동북아 철도공동체'와도 엮인다. 경제성과 더불어 국제 역학, 미래 비전까지 함께 살펴야 한다는 얘기다. 지금 당장은 경제성이 떨어진다 하더라도 10년 후, 30년 후에도 그럴 것인가. 깊이 논의하고 통찰할 문제다.

21세기 국제사회가 지향하는 것은 연결, 그것도 초(超)연결이다. 일본을 진정으로 이기는 길을 연구해야 한다. 부산을 중심으로 사단법인 한일터널연구회가 활동하고 있으나 시민적 관심은 미약하다. 대마도 포럼을 마칠 시점, 국제하이웨이재단 사토 히로후미 이사장이 의미심장하게 한마디 했다. "경제인은 채산이 잡히지 않으면 뒤로 빠집니다. 정치가는 반대하면 계획을 접지요. 하지만 우리는 장기적인 관점으로 '디깅 딥'(Digging deep)할 겁니다." '디깅 딥'이란 용어는 영국의 '모노클'이란 잡지가 2017년 6월호에 한일터널을 다루면서 붙인 기사 제목이다. 부산으로 돌아오는 뱃길 내내 '깊이 판다'는 뜻의 '디깅 딥'이란 말이 뇌리에 맴돌았다.

막힌 길·끊긴 길 잇는 구체적 실천방안

'피스로드 통일대장정'의 목표는 한반도 통일과 세계평화 구현이다. 세계 120여 개 국에서 공히 시·도 단위까지 확대된다면 그 반응과 성과가 인정돼 5년 내 노벨평화상을 받을 수 있을 것이라 확신한다.

인류의 꿈은 전쟁이 없는 평화 세계다. 우리 모두의 꿈이 이뤄졌으면 좋겠다. 세계 120여 개 국에서 '한반도 통일과 세계평화'라는 슬로건을 내걸고 추진되고 있는 피스로드 통일대장정은 큰 틀에서 보면 세계평화 운동이지만, 핵심 목표는 남북통일이다.

지금 시대정신이 남북통일 아니던가. 막혀 있는 국경을 허물고, 끊겼던 길을 연결하자는 것이 피스로드의 정신이며, 그 구체적 실천 방안이 한일터널과 베링터널 건설, 한반도종단철도 연결이다.

박 판 도 | 전 경남도의회 의장

이를 알리기 위한 피스로도 통일대장정 행사에 자전거 국토종주가 들어있는데, 이 운동에 공감한 지역 자전거동호인들이 발 벗고 참여하고 있다. 참가자들 모두 '서울에서 평양까지 달리겠다'는 심정으로 힘차게 페달을 밟고 있는 것이다.

전쟁의 빌미 없애는 의지의 발단

한일터널은 문선명·한학자 총재께서 세계평화의 한 방안으로 제안한 국제평화고속도로(일명 피스로드) 건설 일환으로 추진되었다. 이것은 전쟁의 빌미이자 평화를 가로막는 국경을 철폐하자는 의지의 발단이며, 인류가 한 가족처럼 살자는 희망의 메시지이다. 한반도 통일과도 직접 관련이 있다고 본다. 한반도 통일을 이룰 때까지 한일터널 건설, 더 나아가 피스로드운동을 성심껏 계속해 나가야 할 것이다.

반 명 환 | 평화대사광주시협의회 회장(전 광주광역시의회 의장)

장벽·갈등은 줄고 소통·협력은 증대돼

우리 후손들에게는 통일된 한반도를 물려줘야 하며, 한국과 일본이 함께 번영하는 시대를 열어줘야 한다. 그러기 위해서는 남한과 북한, 한국과 일본 간 교류와 협력이 필수적이다. 남북한 간 한반도종단철도가 연결되고, 한일 간 해저터널이 뚫린다면 장벽과 갈등은 크게 줄어들고 소통하고 협력하는 일이 훨씬 많아 질 것이다. 동북아시아 평화와 번영의 중심은 예로부터 평화를 애호해온 한반도와 우리 민족이 돼야 한다. 한일터널이 건설될 수 있게 국민들의 공감대를 얻는 일이 무엇보다 시급하다.

배 연 | 한국화가

유라시아 사통팔달하는 철로 열릴 것

한일해저터널을 통해 한일 간 육로가 개통되면 남북통일도 가시화될 것이다. 남북통일이 되면 한일해저터널은 결과적으로 세계평화에 크게 기여하게 될 것이라 단언한다. 일본은 대륙으로 통하는 육로가 열리고, 한·중·일은 물론 아시아 전역을 묶어줄 것이다. 대한민국을 중심으로 아래로 일본까지, 위로는 유라시아를 거쳐 터키 보스포루스해협까지 사통팔달하는 철로가 열리게 되는 것이다. 길을 통한 평화, 이것이 피스로드가 아닐까.

서 동 현 | (주)현이앤씨 대표이사

한일 신시대, 본격 추진할 때가 왔다

한일터널은 한일 양국은 물론 동북아, 시베리아, 유럽까지 연결해 유라시아 횡단철도를 완성하는 원대한 계획이다. 다방면에 걸쳐 시너지 효과도 지대하다. 한일터널은 길이가 약 220㎞로 유러터널의 4배가 넘고, 수심도 깊으며, 구간에 따라 연약지반과 단층이 있어 난공사라고 할 수 있다. 그러나 현대적 기술과 신기술이 개발될 예정이어서 시공 상 어려움은 극복되리라 본다. 한일터널은 장기적인 프로젝트이다. 한일 양국 간의 충분한 논의가 필요하고, 이를 토대로 양국이 합의에 도달하면 예비구상이 나올 것이다. 그런 다음에 기본구상, 타당성조사, 기본계획, 실시계획 설계 등으로 진행되는 것이다. 현재로서는 양국의 민간 차원에서 기본구상이 논의되고 있다. 문제는 국제적 프로젝트이기 때문에 양국 정

서 의 택 | 한일터널연구회 공동대표(부산대 명예교수)

상간 합의가 이뤄져야 한다는 점이다. 물론 국민적 합의도 선행돼야 한다. 세계적으로 해저터널은 구상에서 완공까지 많은 기간이 소요됐다. 영국과 프랑스를 잇는 유러터널의 경우 양국이 적대관계여서 구상부터 개통까지 190여 년이 걸렸다. 합의했다가도 파기된 것이 여섯 차례나 된다. 양국에서 대처 총리와 미테랑 대통령이라는 걸출한 정상들이 합의함으로써 비로소 착공에 이르게 된 것이다.

사람들은 왜 내가 한일터널연구회라는 작은 민간단체의 장기 프로젝트에 뛰어들었는지 궁금해 한다. 어렵다고 안 한다면 가능성은 아예 닫혀버린다. 한 사람이라도 더 힘을 보태야 한일터널 역사를 계속해서 써나갈 수 있다는 사실을 잘 알기 때문에 참여하게 된 것이다. 우리 연구회의 1차 목표는 양국 정상들이 한 테이블에 마주앉아 한일터널에 대해 논의할 수 있도록 분위기를 조성하는 일이다. 이러한 측면에서 우리는 일본 측 일한터널연구회와 공동으로 양국 정부와 국민들이 이 문제를 다룰 수 있도록 사전준비에 힘을 쏟고 있다. 한일터널연구회는 미래의 '철도 실크로드'를 개통하기 위해 그 모든 노력을 다하고 있다고 하겠다.

한일터널 건설은 두 나라의 과거사 문제 때문에 실행에 어려움을 겪고 있지만 이제 한일 신시대를 맞아 본격적으로 추진할 때가 됐다. 우리 국민 모두가 함께 노력해야 한다.

대처 전 영국총리

미테랑 전 프랑스대통령

허상 아닌 실제 이룰 수 있는 평화 대안

지식은 사람을 절대로 감동 못 준다. 신념이 감동을 준다. 마르크스도 혁명을 할 때 사회주의라는 과학적 법칙을 만들었다. 그래야 목숨을 내놓기 때문이다. 평화는 물류가 이동하고, 위협이 제거될 때 그 길이 열린다.

대표적 예가 영호남인들이 만나는 화개장터다. 사람은 길을 만들고, 길은 평화를 만드는 것이 곧 문선명 총재가 주창한 피스로드이다.

피스로드는 결코 허상이나 이상이 아니라 실제 이뤄질 수 있는 평화의 구체적 대안이다. 문 총재가 피스로드를 주창한 배경은 그의 평화사상 근간이 공생·공영·공의의 세계이기 때문이다.

그가 추진해온 한일터널 프로젝트는 단순히 터널 하나 뚫자는 것이 아

설 용 수 | 중앙노동경제연구원 이사장
(남북통일운동국민연합 상임고문)

니다. 거대한 세계평화 구도의 한 단면을 그려준 것이다. 정부차원에서 그 구도대로 추진하기 위한 논의가 불원간 이뤄질 것이다. 한일터널과 한반도 통일은 세계평화와 직결된다. 문 총재가 개척한 피스로드는 기필코 실현될 것이다.

대륙·해양 잇는 평화통로 그 중심은 한국

시진핑 중국 주석은 2013년 중국몽(China Dream)의 실현을 위한 비전으로 '신 실크로드', 곧 '일대일로(一帶一路,One Belt One Road) 프로젝트'를 야심차게 세계 앞에 내놓았다. 중국을 축으로 육상과 해상 교통네트워크를 구축해 유라시아와 아프리카, 중동 인구 40억 명을 포괄하는 21세기의 새로운 경제 문화권을 형성하려는 거대한 구상이다. 이를 위해 중국은 발 빠르게 2014년 10월 24일 초기 운영기금을 500억 달러로 하는 아시아인프라투자은행(AIIB)을 설립하고, 동년 11월 8일 신실크로드 조성을 위해 400억 달러를 투자한다고 발표했다. 처음에는 AIIB에 참여하지 말라는 미국의 압력이 있었음에도 영국을 비롯한 57개국이 참가를 표명하여 세계를 놀라게 했다. 중국 주도의 본격적인 새

손 대 오 | 한국평화연구학회 이사장(전 세계평화교수협의회 회장)

로운 경제질서 재편(팍스시니카)이 시작되었다는 평가가 나오게 된 것이다. 미국과 일본은 참여를 거부했으나, 한국은 참여키로 했다.

5월 5일자 '중국인민망' 한국어판을 보면 4월 29일, 중공중앙정치국은 역사적인 신실크로드에 대해 제 31차 단체교육을 실시했다. 이날 시 주석은 "일대일로 건설은 중국이 새로운 역사조건에서 전방위적인 대외개방을 실행하는 중대한 조치이자 호혜상생을 추진하는 중요한 플랫폼"이라고 강조했다. 이어 "진정한 의미에서의 '일대일로' 건설은 60여 개 연선(沿線)국가 민중이 서로 좋아하고 이해하며 서로 존중할 수 있는 인문적(人文的) 포석이 돼야 하며, 실크로드 정신은 평화협력과 개방포용, 상호학습, 호혜상생의 '천하대동'을 추구하는 것"이라고 설파했다. 시 주석의 열정을 보면 35년 후인 2049년까지 신 실크로드의 인프라 구축을 완성하겠다는 중국의 계획은 성공할 가능성이 높다.

중국의 이와 같은 거대 비전의 실행이 중화중심주의에서 오는 패권주의가 아닌가 의심의 눈으로 보는 시각이 있지만 이런 관점은 바람직하지 않다고 본다. 왜냐하면 인류 문명사의 추세를 보면 힘을 가진 국가나 민족은 주변국가와 교통을 위해 시대적 여건과 기술에 맞는 육-해-공로의 인프라 네트워킹을 개척 개발하게 되기 때문이다. 소위 옛 로마제국의 팍스로마나, 팍스브리타니카, 팍스아메리카나 등을 거론할 때 우리는 자연스럽게 "모든 길은 로마로 통한다"는 생각을 하게 되는 것이다. 그 연장선상에 있는 팍스시니카도 강대국의 정복과 통치를 위한 인프라 구축으로 비칠 수 있으나, 21세기 이후의 세계는 공생·공영·공조하지 않으면 어느 나라든지 공멸할 수밖에 없는 불가분한 유기체가 되고 있음을 주목해야 한다. 중국의 신실크로드 프로젝트는 오히려 중국이 세계를 위해 공헌하는 면이 크다고 봐야 할 것이다.

세계적인 평화주의자 문선명 총재는 1981년 '자유권 대(大)하이웨이 건설'을 주창했다. 중국에서 한반도를 종단하여 터널이나 철교로 일본열도에 연결하고 일본을 종단하는 '지구촌 평화고속도로'를 말한다. 한일터널이 핵심구간이다. 당시만 해도 미·소를 맹주로 한 냉전시대였고, 중국을 중공으로 부르던 시절이었다. 그 시점에서 한반도에서 한국인이 이와 같은 엄청난 구상을 세계의 석학들 앞에 당당하게 펼친 것은 경천동지할 일이었다. 문 총재가 제창한 '환지구로(環地球路)'의 선각적인 비전이 한 세대 이후인 2013년 뜻밖에도 공산권 국가인 중국에서 '차이나 드림'으로 현실화되기 시작한 것은 우연은 아니다.

문 총재가 남긴 '인류 한 가족의 평화세계' 비전이 세대와 국가를 초월해 중국에서부터 구체적인 실행에 옮겨지고 있는 것이다. 이 거대 글로벌 프로젝트를 위한 중국의 실행에 한국과 일본, 미국, 러시아가 어떻게 대응할 것인가가 관심사다. 자국 중심으로 고립하는 나라는 역사의 뒤안길로 물러날 수밖에 없다. 한반도는 대륙과 해양을 연결하는 평화의 통로요 그 중심지임을 자각하지 않을 수 없는 시대가 온 것이다.

이젠 장벽 걷고 번영의 시대 열어야

한일 양국 간에는 이미 충분한 비행기 노선이 있고, 배도 오가는데 굳이 막대한 비용을 들여 해저터널을 놓을 필요가 있을까. 이 문제를 놓고 몇 년 전 한국의 관계기관에서 경제적 타당성 조사가 진행됐는데, 타당성이 없다는 결론이 나왔다. 그런데도 한일터널 추진 열기는 좀체 사그라 들지 않고 있다. 이 문제는 당장 눈앞의 이익만 보고는 쉽게 판단할 수 없는 그 무엇이 있기 때문이다.

역사적으로 한일터널의 건설을 최초로 검토한 것은 일본이다. 1930년대 일본이 대륙 침탈 수단으로 한일터널을 추진하였다. 그러나 일본이 패망하면서 이 계획도 소멸되었다. 이후 반세기가 지난 1980년대 들어 문선명 총재가 '국제평화고속도로'(일명 피스로드) 건설 일환으로 한

송 광 석 | 남북통일운동국민연합 회장
(민족화해협력범국민협의회 공동의장)

일터널 건설을 주창했다. 문 총재는 침탈이 아닌 세계평화의 가교로 한일터널을 제안했기에 세계의 이목을 끌었다. 문 총재는 선언에 그치지 않고 이를 추진할 단체를 한일 양국에 조직해 구체적으로 한일터널 건설을 추진해 나왔다. 한일터널은 총길이가 209Km~231Km, 해저구간만 128Km~145Km에 이른다. 현재 세계최장 해저터널인 유러터널의 3배에 가깝다.

한국의 세계평화도로재단에서 용역을 의뢰해 시장경제연구원이 조사한 '한일터널 건설의 타당성과 효과적 추진 방향에 관한 연구' 보고서에 따르면 한일터널은 '부산~대마도~이키섬~가라쓰' 등으로 연결되며, 약 10년이면 굴착이 가능하다. 약 100조 원의 경비가 소요되는데, 양국의 길이를 감안해 일본이 약 70%, 한국이 약 30% 분담하면 된다. 건설 자금도 아시아인프라은행 등 글로벌 금융을 통해 얼마든지 조달이 가능하다. 또한 한일터널은 완공되면 한일 간 연간 1200만 명과 7100만 톤의 인적·물적 교류가 가능하며, 일본의 경우 약 3배 이상의 경제부흥 효과를 기대할 수 있을 거라 전망된다. 더 나가 북한, 중국, 러시아 등 주변 5개국 물동량은 연 1억3000만 톤에 이른다.

한일터널은 아시아 모든 사람들, 심지어 지구촌 사람들의 평화와 번영, 행복까지 가져다 줄 수 있다. 현재 한일터널 건설이 가장 벽에 부딪히는 이유는 한일 양국의 국민감정이다. 일본인은 과거사를 좀체 사과하지 않으려 하고, 한국인은 사과 없이는 한 치도 양국 관계를 전진 시킬 수 없다고 한다. 우리는 이러한 양국의 사고를 깨는 것이 되레 한일터널이라고 감히 말한다. 예컨대 영국과 프랑스 간 유러터널도 그 필요성이 대두됐지만, 양국이 적대관계를 청산하지 못해 150년이 걸렸다. 유러터널은 1985년에 와서 양국 정상간 온전한 합의가 이뤄졌고, 1994년 완공됐다. 그런데 그 유러터널이 영국과 프랑스를 돈독하게 함은 물론이고, 물류비를 절감시키고, 나아가 유럽연합을 공고히 하는 데 견인차가 되고 있다. 한일터널도 양국 정상 간 합의가 이뤄진다면 지금의 기술로도 착공까지 그리 오랜 시간이 걸리지 않을 것이다.

한일터널을 주창한 문선명 총재는 서거했지만 피스로드재단의 공동창설자인 한학자 총재가 그 유훈을 받들어 지난 2016년 11월 14일 일본 가라쓰 조사사갱을 방문하여 관계자들을 격려하고, 한일터널을 적극 추진할 것을 독려했다. 여기에는 단순히 한일 교류만을 의미하는 것이 아니라 한일터널의 동력을 북한으로 보내 남북통일도 추동할 수 있다는 뜻이 내포돼 있다. 정치가는 임기가 있고, 이해관계가 안 맞으면 나서기를 꺼려한다. 그래서 이같은 일은 뜻있는 선각자와 NGO단체, 젊은 대학생들이 앞장서야 한다.

오랫동안 한국과 일본이 역사적 앙금에 가로 막히고, 바다에 가로막히고, 여러 장벽에 가로막혀 서로 미워한 세월이었다면, 이젠 이러한 장벽을 다 거둬내고 평화와 번영의 새 시대를 활짝 열어야 한다. 그 열쇠가 한일터널에 있다. 문선명·한학자 총재가 한일터널을 착공한 이유는 한반도 통일과 더불어 세계평화 실현에 있었다.

'만절필동'… 평화의 터널 뚫리고 말 것

경제부에서 공무원 생활을 하다가, 대학에서 23년을 보냈는데, 세계평화도로재단이 추진하고 있는 한일터널과 베링해협터널 등 지구촌 평화구축을 위한 원대한 프로젝트를 알고 나니 그동안 고민하던 것이 많이 풀렸다. 인천 앞바다에 20km가량의 긴 교량(인천대교)이 건설될 줄 누가 알았겠는가. 한일터널도 충분히 실현될 수 있다고 본다. 그렇게 되면 한일 양국 뿐 아니라 지구촌이 한 가족의 모습을 갖추게 될 것이다. 한일터널을 뚫기까지 찬반 양론이 이어지겠지만, 황하(黃河)가 수없이 꺾여 흘러가도 결국은 동쪽으로 흘러간다는 '만절필동(萬折必東)'의 의미를 이해한다면 결국 동북아 평화를 추구하는 한일터널도 뚫리고 말 것이다. 인간은 궁극적으로 평화를 지향하기 때문이다.

송 동 섭 | 단국대학교 경영대학장

한반도 통일 관점서 접근… 당리당략 이용 안돼

21세기 미국, 유럽, 아시아의 3개 축 중에서 한국이 그 중심 국가로 자리잡기 위해서는 지정학적 위치를 적극 활용해야 하며, 무엇보다도 러시아, 중국, 일본 등의 인접 동북아시아 국가의 지리적 근접성이 확보되어야 한다. 즉, 북한을 포함하는 한반도가 명실상부한 동북아시아 공동체 및 경제협력체의 중심국가가 되기 위해서는 우선 섬나라인 일본과 대륙을 잇는 육상교통망이 구축되어야 하며, 한일해저터널 건설은 그 구체적인 대안으로 검토할 충분한 가치가 있다.

물론, 논의의 실효성을 위해서는 한국의 보다 전향적인 접근자세와 대응전략이 필요하다. 다시 말해서 한국은 최소한 자국 영토에 대한 해저지질에 대한 조사를 실시하여 기술적 가능성과 문제점들을 스스로 검증

신 장 철 | 숭실대학교 일어일문학과 교수

을 하는 노력이 선행되어야 한다. 뿐만 아니라 해저터널 관련기술을 축적하고, 건설의 안전성과 타당성 여부, 정치 · 외교 · 경제 · 사회적 파급효과 등 방대한 과제를 근거로 검토와 대처방안이 마련되어야 한다.

또한, 한국이 동북아시아의 물류의 거점 국가가 되기 위해서는 우선 인접국인 일본과 중국, 북한과 러시아를 잇는 기간 교통망 구축이 급선무이다. 지리적으로 볼 때, 일본을 제외한 인접국들은 육상 교통망으로 연결될 수 있으나, 일본의 육상교통의 단절문제는 동북아 경제통합에 있어서 큰 장애요인이 되기 때문이다.

따라서 한반도의 경제통합과 그 효과를 극대화하고 나아가 동북아 공동체를 구축하기 위해서는 동북아 국가 간의 지리적 접근성이 확보되어야 함은 이론의 여지가 없다. 영국과 프랑스가 오랜 역사적 갈등과 지리적 장애요인을 극복하고 1991년 11월의 EU(유럽연합) 출범에 맞추어 1994년에 11월에 유러터널 건설을 통해 명실상부한 유럽통합을 일구어내었던 사실은 작금의 한일 간의 해저터널 건설논의에 있어서 타산지석(他山之石)으로 삼아야 한다.

특히, 한일터널 건설이슈는 언젠가는 실현될 한반도의 통일담론(談論)을 비롯하여 UN의 아시아 하이웨이 구상, 단절되어 있는 한반도종단철도(TKR)의 조기복구, 한 · 중 · 일 FTA 체결과 동북아공동체 논의 등과 맞물려 화급하게 추진될 수도 있다. 따라서, 이해 당사국인 한국과 일본은 자국의 국가이익과 경제적 이해타산에 지나치게 집착하는 편협한 자세에서 과감히 벗어나, 보다 넓은 스펙트럼을 통해 인류의 평화와 공존공영 체제를 구현한다는 사명감을 가지고 보다 능동적이고 적극적인 자세로 임할 필요가 있다.

한국 사회에서는 최근에 모 야당지도자가 이해 당사지역인 부산에서 한일터널 건설의 당위성을 언급함을 계기로, 모처럼 해당 이슈가 세간의 주목을 받고 있다. 여기서 분명하게 집고 넘어가야 하는 것은 한일터널을 둘러싼 논의가 그 어떤 국가의 정치적 이념과 경제적 득실관계, 특정 정당의 당리당략, 그리고 종교적 이념과 건설 관련 기업의 이해관계 등에 휘둘려서는 안 된다는 점이다. 작금의 우리사회는 선거철에 접어들어 친일·반일로 여론이 양분되고 있으며, 또한 부산의 가덕도 신공항 건설을 둘러싸고 KT와 PK간의 지역인심도 흉흉해지는 등 심상찮은 상황에 직면해 있다. 한일터널 논의 자체가 기존의 정치적 구호에 그치고, 민심 이반의 기폭제가 되는 경우는 철저히 경계되어야 할 부분이다.

물론, 금세기 세계 최대 규모의 건설프로젝트가 될 것으로 예상되는 국가 간의 대형 토목사업이 성공적으로 추진되기 위해서는 이해 당사국 국민의 공감대 형성이 무엇보다도 중요하다. 한반도를 둘러싼 동북아 구성국가의 특수한 역사적 관계와 이념의 차이, 경제적 발전 단계와 경제 규모의 차이를 극복하기 위한 공동의 노력이 필요하다. 일본의 일부 우익정치인의 과거사에 대한 왜곡된 인식과 통상외교관계 등에 있

2007년 남북철도연결구간 열차시험운행식

어서의 불협화음은 동북아는 물론 주변국가에 대해서도 불신관계를 증폭시키는 주된 요인이 되고 있다. 따라서 한일터널 건설이 전향적인 관점에서 바람직한 방향으로 논의되기 위해서는, 무엇보다도 일본이 동북아 국가의 일원임을 뚜렷이 인식하고 정치, 경제적 이해타산 관계에서 벗어나고자 하는 스스로의 노력과 함께 신뢰회복에 나서야 한다.

작금의 코로나사태로 한국은 물론 일본도 경제적으로 극히 어려운 상황에 처해 있다. 다소 역설적이지만, 지금이야 말로 양국은 국가 간에 대형 건설프로젝트를 성사시켜 대립양상에서 벗어나 신뢰회복을 통해 보다 밀접한 국가 간 관계로 거듭나야 한다. 투자 수익이 높은 국책사업으로 침체에 빠진 건설경기의 부양, 실업해소, 전후방의 산업연관 효과 등을 발생시켜 불황국면의 우리 경제를 회복시키는 효과도 기대할 수 있다.

또한, 한국 사회의 일각에서는 전체 건설구간이 200Km~240Km로서 천문학적인 건설비용을 우려하는 목소리도 있다. 그러나 공해상의 거리를 기준으로 할 경우, 전체 거리의 상당부분은 일본의 부담하게 되며 한국은 총공사비의 30% 정도를 분담하게 될 것으로 예상된다. 특히, 장기공사의 특성상 공사기간을 10년 정도로 예상할 경우, 매년 투자되는 금액은 총건설비의 10분에 1정도로 분납효과도 기대할 수 있다.

물론 경우에 따라서는 민간에 의한 프로젝트 파이낸싱을 통해 국가의 개입 없이 민간자본을 유치하여 건설재원을 확보할 수도 있는 등 기술적으로는 물론 자금조달에 있어서도 여러 선택의 여지가 있다.

상기와 같은 국가적 과업이 성사되기 위해서는 양국의 정치지도자가 보다 거시적이고 장기적인 안목으로 범국가적 차원에서 논의함으로써,

구태에 사로잡힌 역사 · 외교적 제반 현안을 슬기롭게 해결하고자 하는 지혜를 발휘해야 한다. 즉, 건설논의가 구체화되기 위해서는 경제적 이해관계에 결부된 단기 처방에 치중하기보다는 보다 미래지향적인 관점에서 접근하는 긍정적인 태도가 필요하다.

앞서 기술한 내용과 같이, 한일터널 건설이 한반도 정세의 안정과 동북아 공동체 형성에 기여할 수 있다는 전략적 사고와 함께 과감한 결단과 통 큰 정치력이 발휘되어야 한다. 다시 말해서 한일터널 건설과 관련된 논의는 한반도의 평화통일, 세계 평화와 번영, 그리고 인류문명의 발전 등 보편적 가치관에서 출발해야 하는 것으로, 결코 일개 국가의 정치 · 경제적 이해관계나 특정 정당과 정치인의 당리당략에 이용되어서는 안 될 것이다.

민족의 새로운 미래 여는 일

피스로드(국제평화고속도로)는 분단시대를 살아가는 우리에게 통일의 필요성과 중요성을 다시 한번 깨닫게 해주고, 우리의 통일역량을 한데 모을 수 있는 국민적 운동으로 성장해 가고 있다. 특히 올해는 일반 시민들뿐만 아니라 향후 통일시대의 주역이 될 청소년들과 다문화가족 자녀, 그리고 탈북민 청소년들도 참여해 통일에 대한 관심을 높였다. 통일은 민족의 새로운 미래를 여는 일이다. 피스로드를 통해 한반도 통일시대, 지구촌 평화시대를 열어 나가자.

심 재 권 | 전 국회 외교통일위원장(국제정치학 박사)

반대자 목소리가 클 뿐, 찬성자 더 많아

세계평화도로재단 이용흠 초대 부이사장으로부터 문선명 총재의 국제평화고속도로(일명 피스로드) 구상을 처음 전해 듣고는 황당한 일이라고 핀잔을 줬다. 그런데 3~4년 지나면서 일이 조금씩 진척되는 조짐들이 보이기 시작해 진정성을 느꼈다. 지금은 무언가 목표에 다가감을 느끼고 있다. 도로재단 자문위원 활동을 하며 많은 사람과 교류했고, 많은 것을 배웠다. 사실 우리 국민 가운데 한일터널을 반대하는 사람보다 찬성하는 사람들이 훨씬 많은데, 반대하는 사람들의 목소리가 커서 가려질 뿐이다. 한일터널 건설 시 한국의 부담은 전체의 3분의 1정도이나 그 이익은 일본보다 한국이 훨씬 크다고 본다.

안 경 한 | 전 부산신항만 사장

국가 간 소통 활발하게 진행될 것

세계평화도로재단이 국가 간 길을 연결해 소통과 평화, 번영을 이루자는 '피스로드 운동'을 높이 평가한다. 인류는 유사 이래 소통과 교류를 통해 발전해 왔다. 그러나 지리적·정치적 장애 때문에 많은 곳에서 국가 간 소통이 단절됐다. 피스로드운동은 우선 한국과 일본 두 나라처럼 지리적으로 단절된 곳을 연결해 국가 간 소통을 활발케 하려는 운동으로 이해한다. 이 운동을 통해 지리적 장애가 제거된다면 많은 곳에서 소통과 교류가 이뤄져 평화무드가 조성되고, 이것이 확산되면 정치적 장애도 많이 제거될 것으로 생각한다. 다만 이 운동은 초기 단계이기 때문에 더 많은 연구와 홍보가 필요하다.

안 공 혁 | 전 보험감독원장(전 재무부 차관)

우주시대 인재들의 꿈 터 제공

세계평화도로재단을 알게 된 뒤, 창설자인 문선명 총재가 일찍이 한일 터널과 베링터널 등을 구상하며 지구촌 전역에서 평화의 길을 개척해 나왔다는 것에 고무됐다. 지금까지 우주시대를 열 인재들을 열심히 길러왔는데, 이들 주인공에게 길이 없다면 어떻게 되겠는가. 우리 아이들이 피스로드를 따라 마음껏 꿈을 펼쳐 나가길 바라는 마음 간절하다.

안 외 선 | 우주영재과학원 대표

남북대륙철도 연결 아시아 유로스타로

한일해저터널을 '코리아 실크로드'라고 명명하고 싶다. 코리아 실크로드는 한국과 일본을 잇는 거대한 프로젝트이다. 코리아 실크로드는 항공산업, 나노 융합, 해양플랜트 등 산업단지의 수출통로를 확대하고 지역 농·축·수산물, 식료품, 철강, 일반기계 수출 확대로도 이어지게 될 것이다. 일본 관광객이 자동차로 1시간 30분, 고속철로 40분 만에 한국에 올 수 있다면, 한국은 관광산업 매출이 급증할 것이다.

코리아 실크로드 노선은 다양하게 제시될 수 있지만, 창원시 구산면과 거제 장목면을 잇는 것이 이상적이다. 잠도를 중심으로 한쪽은 대교를, 한쪽은 섬과 가까운 일부 구간을 수족관처럼 바다가 보이는 투명 해저터널로 만들면 세계적인 관광명소가 될 것이다. 그렇게 되면 거가대교

안 홍 준 | 전 국회 외교통일위원장

와 마창대교, 투명해저터널 간 삼각 벨트가 형성돼 거제 조선산업과 창원 기계산업을 연계해 지역경제 활성화와 물류비용도 크게 절감될 것이다. 또한 남부내륙철도와 코리아 실크로드를 연결하면 김천~진주~거제~일본을 잇는 '아시아의 유로스타'로 만들 수 있다.

서부경남의 숙원사업인 남부내륙철도는 정부재정 사업으로는 비용대비 편익(B/C)이 적정 수준으로 나오지 않자 민자 유치로 추진하기에 이르렀으나, 남부내륙철도와 코리아 실크로드를 연결하면 비용 대비 편익(B/C)이 적정 수준에 도달해 서부경남 지역발전을 획기적으로 앞당길 수 있다. 중앙대학교 허재완 교수에 따르면 코리아 실크로드 건설로 한국은 39조 원의 생산유발과 26만 명의 고용창출 효과를 올릴 수 있다.

경남도민 성인 남·여 5589명이 응답한 최근 여론조사에서 67.8%가 한일해저터널 건설을 찬성하였다. 한일터널의 중요성을 인식해 5분짜리 한일터널 홍보동영상까지 제작해 유튜브에 올린 바 있다. 한일터널은 큰 틀에서 한일관계를 개선할 뿐 아니라 세계평화를 실현할 수 있는 대안이다. 수십 년 전부터 이러한 일을 추진하신 문선명·한학자 총재의 혜안에 감탄하지 않을 수 없다.

지구촌 평화와 번영의 초석

우리의 삶이란 집을 나와 타인과의 관계를 맺는 과정이라고 한다. 자신의 존재는 이웃이 있음으로써 그 의미를 찾을 수 있다. 지구촌 시대에 국가 간의 관계도 이와 마찬가지로, 이젠 서로 경쟁자가 아닌 공동운명체로서 관계를 다져 나가야 할 것이다. 이렇게 볼 때 한일 관계는 반만년 역사 속에서 정치적으로는 애증의 관계로 이어져 왔지만 민간 차원에서는 가장 가깝고도 가까운 선린(善隣)으로서 관계를 이어 나가야 한다고 본다. 이를 위해서는 한일터널이 무엇보다 필요하다. 한일터널을 통해서 경제, 사회, 문화, 관광 분야의 민간교류가 활성화되면서 정치적인 문제도 자연스럽게 해결될 것으로 본다. 한일터널은 바로 문선명·한학자 총재 내외분의 철학과 '평화사상'의 실천이며, 지구촌 평화와 번영의 초석이 될 것이다.

왕 성 우 | 한국식품유통연구원 이사장(농학박사)

대한민국 경제 살려내는 실크로드

지난 2021년 2월 1일 국민의힘 김종인 비상대책위원장의 한일해저터널 추진 제안을 환영하며, 한일해저터널은 물론 한중 해저터널까지 여야가 함께 통 크게 추진해야 한다. 한일해저터널을 통해 대한민국의 경제 영토를 유라시아로 확장해야 한다. 저는 환동해권을 한일해저터널, 한중 해저터널로 연결해 중국대륙철도(TCR)와 러시아 시베리아횡단철도(TSR)를 반지모양으로 연결하는 유라시아 큰 길이라는 비전을 제시한 한 바가 있다.

2017년 일본 외무성 초청을 받아 일본을 공식 방문했을 때 당시 기시노부오(岸信夫) 외교차관과 한일 해저터널 필요성에 대해 의견 교환을 하고, 향후 관심을 가지고 발전시켜 나가자고 의기투합했다. 당시 기시

원 유 철 | 국회의원(전 미래한국당 대표)

차관은 일가의 정치적 기반이 한일 해저터널의 수혜 지역인 큐슈임을 강조하며 반색했다.

코로나 이후 세계 경제 중심으로 떠오를 유라시아에 경제 영토를 확장하기 위해 한일 해저터널은 물론 한·중 해저터널을 통해 새로운 유라시아 큰 길을 개척해야 한다. 그런 의미에서 김종인 위원장의 한일 해저터널 제안은 시의적절하다. 대한민국의 경제를 살려내는 경제 실크로드를 만드는 데 여야가 따로 있을 수 없다. 코로나로 힘들어진 경제에 새로운 활력을 불어 넣을 수 있는 한일 해저터널은 물론 향후 한중 해저터널까지도 다시 한 번 적극 추진해야 한다.

유라시아 시대 한국 비전의 기초될 것

세계평화도로재단 주최로 개최되는 '피스로드 심포지엄'을 축하드리며, 이 회의가 한반도 평화와 번영의 새 시대를 앞당기는 소중한 계기가 되기를 희망한다. 남북한의 교통망을 연결하고 인프라 투자 협력을 강화하는 것은 남북문제를 넘어 유라시아 대륙과 세계경제의 공동번영에도 중요한 계기가 될 것이다. 우리 한반도는 유라시아의 동쪽 출발점이자 도착점이며, 대륙과 해양을 연결하는 관문으로서 지정학적 이점을 가진 지역이다.

그럼에도 오늘날 우리나라는 세계의 마지막 분단국가로서 유라시아로 연결되는 교통망이 물리적으로 단절되어 있어 유라시아 이니셔티브 전략을 주도적으로 추진하는 데 한계가 있는 실정이다. 더구나, 그 사이 중

유 일 호 | 전 국토교통부 장관

국은 '일대일로(一帶一路) 정책'을 적극적으로 추진하고 있으며, 러시아는 '신동방정책'을 발표하여 극동·자바이칼 지역의 경제발전을 선도해 나가고 있다. 우리가 동북아의 소강국가(小强國家)로서 위상을 굳건히 하고 세계 최대의 대륙인 유라시아의 연계성을 더욱 강화하기 위해서는 북한과의 물리적 단절을 하루 빨리 극복해내고 경제협력과 평화정착을 통해 남북한의 상생기반을 조성해 나가는 노력이 반드시 필요하다고 생각한다.

한일관계 개선 위한 중요한 프로젝트

한반도 분단의 원인과 통일은 동북아시아의 국제 관계, 특히 미국과 일본의 지대한 영향을 받고 있다. 이들 국가의 지원을 받지 않고 한반도의 평화와 통일, 번영을 이루기는 어렵다. 때문에 한일해저터널 건설은 한일 양국의 관계 개선과 미래를 위한 매우 중요한 프로젝트이다. 이를 통해 동북아 평화와 번영도 가져올 수 있다. 한일터널을 건설하기 위해서는 먼저 한일 간 마음의 소통이 이뤄져야 한다.

윤 용 희 | 경북대학교 명예교수

‘철의 실크로드’ 시대 반드시 필요한 선결과제

길을 개척해 나온 것이 인류발전의 핵심이다. 대륙으로 나가는 철길이 열리고 물자와 사람이 오가면 동북아뿐만 아니라 중국대륙, 러시아와 몽골까지 번영을 가져다 줄 것이다. 새로운 유라시아를 만드는 철의 실크로드가 만들어지는 것이다. 앞으로는 ‘초고속 철의 실크로드’ 시대가 열릴 터인데, 선결과제가 한일터널과 베링터널 건설이다. 단절된 구간을 연결해 세계를 하나로 묶는데, 반드시 필요한 과정이 아닐 수 없다.

2018년 여름에는 한일터널연구회 회원들과 함께 일본 이키섬을 다녀왔다. 한일해저터널의 중간역이 될 곳인데, 한일해저터널에 대해 역사적 앙금 때문에 반대하는 목소리도 많지만 길이 열려야 개인이든 국가든 발전할 수 있다고 본다. 한일터널을 지금 추진해도 족히 20~30년은 걸릴

이 영 | 통일열차리더십아카데미 공동학장
(전 민주평통 부산시 부의장)

텐데 그 때는 국가 간의 역사대립은 거의 문제되지 않는 시대가 될 것이다. 그때를 살아갈 후대를 위해서도 기성세대가 마땅히 길을 열어주어야 할 것이다. 인류의 문명사가 길과 함께 발전해 온 만큼 한일 간 터널을 뚫고 베링해협에 교량이나 터널이 건설된다면 사람이 왕래하고 물자가 오가면서 엄청난 변화가 일어날 것이다.

무엇보다 한국과 일본 간 해저터널을 연결해 길을 통한 교류와 공동번영을 이루자는 피스로드 운동은 일평생을 남북통일에 관심을 갖고 살아온 나에게 협력할 충분한 동기부여가 돼 주었다.

한일터널 발판 베링해협 연결 한발 더

세계평화도로재단은 설립 이후 지난 10년 동안 한일터널과 베링해협터널 건설, 남북철도 연결 등을 아우르는 국제평화고속도로 건설을 통해 동북아와 세계 평화에 이바지하겠다는 '꿈'을 키워 왔다. 이를 위해 구체적인 활동을 펼쳤다. 국내·국제 학술회의와 각종 세미나 개최, 각계각층 전문가 의견 수렴, 정책 개발, 학술적 연구, 한일터널 예정지 답사, 보스포루스터널 등 해외 해저터널 현장 탐방 등을 통해 현실적인 대안을 축적해 왔던 것이다. 이러한 활동은 국내외적으로 남북철도 연결과 한일터널 및 베링해협터널 건설의 실현 가능성을 높이는 촉매제가 됐다.

한일터널 건설 구상이 일본에서 제기된 지 85년, 한국에서 제기된 지 35년 정도가 지났다. 아직까지 경제성과 양국 국민들 간 정서 차이로 인

이 관 세 | 경남대학교 극동문제연구소장(전 통일부차관)

해 허망한 주장으로 들리기도 한다. 그러나 유러터널 구상이 처음 제기된 지 150여년 만에 빛을 봤던 것처럼, 한일 해저터널 건설 구상도 언젠가는 현실화될 것이라고 생각한다. 이를 발판으로 아시아 대륙과 아메리카 대륙을 연결하는 베링해협 터널 건설에 보다 가까이 다가갈 수 있을 것이다. 미래는 정해진 것이 아니라 긴 안목에서 큰 방향을 예측하고, 소소한 것처럼 보일 수 있는 사안들을 하나하나 열심히 해결해 나가는 사람만이 쟁취할 수 있다. 세계평화도로재단은 동북아 네트워크 완성과 아시아~아메리카 대륙 연결이라는 원대한 목표를 향해 투철한 사명감을 갖고 지금까지 해왔던 것처럼 앞으로도 다각적인 노력을 기울여 매진해 나가야 할 것이다.

실향민 많은 강원도민 모두가 기원

우리나라는 세계 유일의 분단국이다. 강원도는 도마저 양분돼 실향민이 많고, 통일 의지가 강하다. 때문에 도민 스스로 피스로드 행사에 적극적이다. 앞으로 평양까지 피스로드 행사가 개최되기를 도민 모두가 간절히 기원하고 있다. 한일터널과 한반도종단철도 연결 등 지구촌 단절구간을 연결해 세계 평화를 이루기 위한 '피스로드 통일대장정'이 한반도 평화와 통일, 한일 우호증진에 기여하는 바가 크다. 반드시 커다란 성과를 거둘 것이다. 앞으로 더욱 활성화되기를 기대하며 최선을 다해 협력할 각오다.

이 돈 섭 | 대한적십자사 강원도지사 회장(전 강원도 부지사)

지구촌 하나되는 '꿈의 교통네트워크'

세계 소통혁명의 대표 사례로 수에즈운하와 파나마운하를 꼽을 수 있다. 수에즈운하는 시나이(Sinai) 반도 서쪽의 거대한 인공 운하로, 지중해의 포트사이드(Port Said)와 홍해의 수에즈(Suez) 사이를 잇는 길이 163㎞, 폭 200m 가량의 세계최대 해양운하이다. 아시아와 유럽을 관통하는 이 운하로 인해 아프리카 대륙을 우회하지 않고 곧바로 아시아와 유럽이 연결되는 중요한 통로가 되고 있다.

수에즈·파나마운하 능가하는 세계적 공사

수에즈운하는 운송과 물류의 영역을 광대하게 확장시켜 글로벌화의

이 리 형 | 청운대학교 명예총장(대한민국 학술원 회원)

새로운 시대를 열었으며, 아프리카와 아시아 대륙을 연결하는 전략적 요충지로 탄생했다. 운항거리의 단축은 운항시간의 단축을 가져왔으며, 이에 따라 운항 비용도 줄어들게 됐다. 마르세유에서 봄베이까지 해상운항거리는 케이프타운을 경유할 경우 1만 9100㎞였으나, 운하를 통과함으로써 8400㎞로 단축할 수 있었다.

특히 중국으로 가는 항로는 4분의 1에서 3분의 1가량 단축되었다. 일례로 1880년대 초 프랑스에서 중국까지 해상 운송시간은 110일이었던 것이 운하 개통과 함께 37일로 크게 줄어들었다. 하루 평균 100여 척의 선박이 이용하고 있으며 전 세계 물동량의 14%를 차지하는 수에즈운하의 통과료는 이집트 정부의 커다란 외화 수입원이 되고 있다. 수에즈운하청(SCA, Suez Canal Authority)은 최근 선박이 더욱 커지고 있어 이를 수용하기 위해 운하 확장 계획을 수립했다.

파나마운하는 파나마의 지협을 가로질러 태평양과 대서양을 잇는 길이 82㎞의 운하이다. 1914년 8월 18일에 완성됐으며, 1999년 미국 정부에서 파나마 정부로 소유권이 반환됐다. 과거 남아메리카 끝 드레이크 해협과 혼곶으로 가는 긴 우회로를 대체하여 두 대양 사이의 해상 무역에 큰 영향을 주었다. 선박이 뉴욕에서 이 해협을 통해 샌프란시스코까지 항해하는 거리가 9,500㎞ 정도인데, 기존 방식대로 혼곶으로 우회한다면 그 두 배가 넘는 2만 2,500㎞에 달한다. 수면표고의 차가 매우 커다른 운하와는 달리 갑문방식이 이용되고 있다.

일일 평균 이용 선박의 수는 40여 척, 연간 평균 이용 선박의 수는 1만 5,000척이며, 운하를 통과하는 데 약 8시간이 소요된다. 파나마운하는 스페인의 탐험가 발보아(Balboa)가 1513년 파나마지협을 확인하며 태평양과 대서양을 연결시키겠다고 생각한 후 약 400년이 지나 그 꿈이 실현되었다.

파나마운하는 20세기 세계 7대 불가사의로 꼽힐 만큼 신공법과 신장비가 동원된 고난도의 공사였다. 암울했던 정치사를 뺀다면 '세기의 공사'임에 틀림없다. 파나마운하는 바다에 있는 배를 정상까지 끌어올려 파나마를 관통시킨 후, 다시 산 아래로 배를 끌어내려 바다로 보내는 갑문방식으로, 두 대양을 잇는 짧은 해상 수송로를 제공함으로써(평균 6,437㎞ 정도 단축) 세계 무역 패턴에 큰 영향을 미쳤다. 전 세계 해상무역에서 파나마운하를 이용하는 비율은 5%이며, 이를 통해 파나마 정부는 파나마운하의 통과세를 주요 수입원으로 경제적 기반을 마련했다. 이로 인해 파나마는 다른 라틴아메리카의 여러 나라에 비해 농림수산업과 공업의 비중이 작고, 3차 산업이 발달할 수 있었다.

파나마운하는 전 세계 교역에서 수에즈운하와 더불어 없어서는 안 될 중요한 시설이자 해운교통의 요충지이다. 현재 파나마가 세계에서 가장

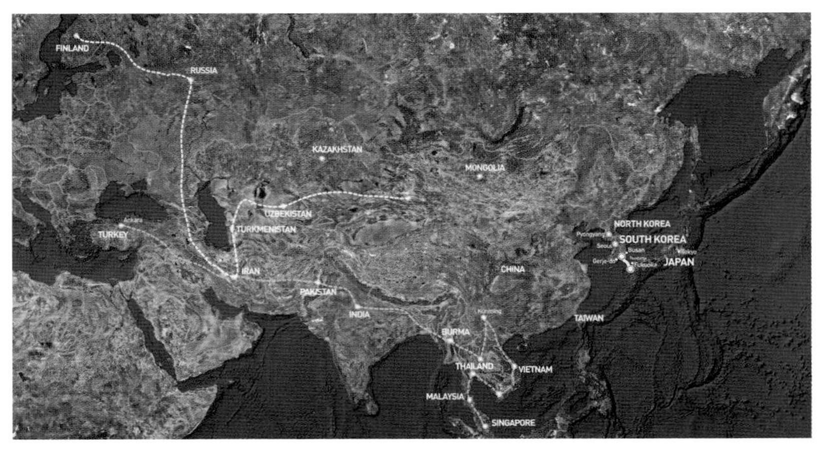

유라시아대륙 철도노선도

많은 선박을 보유한 국가가 된 것은 파나마운하를 이용하는 선박회사들이 감세 등의 목적으로 선박의 국적을 파나마로 바꾸었기 때문이다. 파나마가 53억 달러에 가까운 돈을 투자하며 운하를 확장하는 이유도 여기에 있다. 공사가 착공된 이후 2025년까지 파나마는 해마다 5% 이상의 경제성장률을 달성할 것으로 전망된다.

수에즈운하와 파나마운하는 세계에서 가장 큰 운하로 역사·경제·문화적으로 세계사에 큰 영향을 주었다. 또한 지정학적 요충지에 세워둔 황금알을 낳는 거위로 해상물류운송에 혁명적 역할을 수행하고 있다. 두 운하는 국제적인 해상운송경로로서 글로벌 교역센터 및 해상물류 서비스의 허브가 됐다.

운하를 통해 해상물류의 전략적 요충지가 된 이집트와 파나마는 경제발전의 성장 동력을 운하의 현대화를 통해 찾으려 하고 있다. 그러나 건설 당시에는 상상하기 힘든 대수로 공사였으며, 국가의 사활을 건 위대한 도전이었다. 그 도전은 지금도 진행 중이다.

현재 우리도 두 운하를 능가하는 두 거대한 해저터널 공사와 마주하고 있다. 한국과 일본을 연결하는 한일해저터널과 러시아와 미국을 잇는 베링해협 해저터널 공사가 그것이다. 한일터널은 항공과 해상 교통에 의존하던 기존의 한일 간 물류교통망을 폭넓게 확충할 수 있다. 또한 경제통합과 공동체의식 형성이라는 유사 이래 초유의 전략적 효과까지 유발하여 미래지향적인 한일 관계를 구축하는 상징적인 사업이 될 것이다. 한일터널은 한국과 일본 사이의 가장 좁은 수로를 선택해 연결한다 해도 총연장이 200㎞(한국 부산발전연구원 추산 223㎞, 일본 일한터널연구회 추산 209~231㎞)가 넘는다. 이는 길이와 비용(110조~120조 원 추정) 측면에서 해저터널 사상 최대 규모이다. 경제적 타당성이 낮다고 해서 사업을 지체하거나 포기해서는 안 된다. 국가안보와 미래자원개발 등 다양한 가치를 창출하기 위한 거국적 선행투자로 인식해야 한다.

한국, 명실상부한 세계중심국가로 올라

우선 한일터널은 국가 경제발전의 신 성장 동력으로서 충분한 가치가 있다. 동북아 권역내 경제활동 중심지인 베이징~서울~도쿄를 같은 생활권으로 연결한다면, 우수한 경제력을 보유한 한·중·일 3국은 세계경제를 주도하는 중심지역으로 발전할 수 있다. 또한 한국은 세계 최대의 경제중심지들을 연결하는 거점지역으로 부상할 것이다.

예컨대 영종도국제공항과 더불어 서울이 동북아 항공 및 육상 교통의 중심지로 정립되는 계기를 마련할 수 있을 것으로 전망된다. 이와 더불어, 해저터널이 입지하게 될 부산권 또는 동남권은 물류 및 관광산업 등 지역개발의 새로운 전기를 맞게 될 것이다. 부산을 태평양 경제권의 전진기지로 육성코자 하는 국토종합개발계획의 목표도 일거에 달성할 수 있을 것이다.

베링해협터널 건설은 세계를 동서로 갈라놓은 베링해협의 85㎞를 해저터널로 연결함으로써 북미대륙(미국 알래스카)과 러시아대륙(시베리아)을 하나로 잇고, 여기서 다시 아시아~아프리카 대륙까지 전 세계를 고속도로망으로 연결하는 대규모 프로젝트이다. 이것은 국경을 철폐하고 인류를 하나로 묶어 지구촌 공동체를 만들겠다는 문선명 총재의 원대한 구상에서 발현됐다. 이 터널이 뚫리면 인류는 세계 초고속도로망을 통해 아프리카 희망봉에서 칠레의 산티아고까지, 영국 런던에서 미국 뉴욕까지 자동차로 전 세계를 순회 질주할 수 있게 된다. 그렇게 되면, 세계는 인종과 국가, 종교, 문화 간 벽이 허물어지고 지구상에 세계평화가 정착된다는 비원이 담겨 있다.

과거 파나마운하와 수에즈운하가 해상운송의 혁신을 가져다 주었다면, 베링해협 프로젝트는 동서 두 반구를 육로로 연결하여 육상운송의 혁명을 가져다 줄 것이다. 이는 진정으로 지구촌이 하나로 통합되는 길이 될 것이다. 또한 한반도가 그 중심에 서 있는 만큼 우리에게 찾아온 기회를 놓쳐서는 안 된다. 베링해협터널이 건설되면 우리나라는 개발과 운영 과정에서 북방진출의 길이 활짝 열린다. 또한 한반도종단철도(TKR)를 통해 시베리아횡단철도(TSR)와 연결되는 제2의 시베리아횡단철도가 건설된다면 지하자원의 보고 시베리아로부터 에너지자원 수급이 원활해질 수 있을 것이다. 이를 통해 우리나라는 명실상부한 세계 중심

베링해저터널 공모전 수상작

국가로 부상할 기반을 마련할 수 있을 것이다.

수에즈운하와 파나마운하, 유러터널의 경험을 통해 알 수 있듯이 역사는 숱한 역경을 뚫고 발전해 왔다. 이제는 세기의 메가 프로젝트인 한일터널과 베링해협터널 건설을 왜 하느냐 하는 원론에서 벗어나, 어떻게 할 것인가 하는 각론을 놓고 더 깊은 관심과 지혜를 모아야 할 때이다. 시대의 흐름을 읽을 줄 아는 혜안을 가진 지도자들에 의해 한일터널과 베링해협터널이 하루속히 추진되어 지구촌이 하나가 되는'꿈의 교통네트워크'가 구축되기를 바라마지 않는다.

인류 공존·공영하는 평화질서 구축하는 길

세계평화도로재단이 추진해온 '평화터널 운동은 대표적인 미래지향적 세계평화질서 구축 운동이다. 글로벌 코리아의 비전과 연계시켜 장기적 포괄적으로 추진돼야 할 것이다. 미래세계는 국제협력이 삶의 기본이 되고, 국경을 초월해 세계가 한마당이 될 것이다.

글로벌 코리아의 비전은 크게 보면 잘 사는 나라, 민주주의가 성숙한 나라, 강한 나라, 통일된 나라 등 4가지로 요약할 수 있다. 이들 꿈은 국제환경의 개선 없이는 성취하기 어려운 과제들이다. 유라시아 대륙과 미주 대륙을 철도로 연결하고, 한국~일본을 터널로 이어 유라시아 대륙과 연결하자는 평화터널 운동은 세계를 공간적으로 통합하여 인류가 공존·공영하는 평화질서를 구축하는 일이다.

이 상 우 | 신아시아연구소장(전 서강대학교 교수)

세계사를 큰 흐름으로 보면, 군사력을 앞세워 남의 것을 빼앗고 지배하려던 '쟁취'의 역사에서 독일 30년 전쟁 끝에 맺어진 베스트팔렌 조약으로 인해 국가 간 종교·인종·문화적 다양성을 인정하는 세계질서 전환의 계기가 마련되었고, 이후 국제연맹과 UN 등 평화적 질서를 정착시키려는 노력이 이어져 왔다.

과학기술의 비약적 발전은 초국경적 정보 소통을 확대해 21세기가 끝나기 전에 평화질서에 대한 범인류적인 공감이 이루어질 것이다. 한일관계나 한중관계를 놓고 당장 눈앞의 현안에만 연연하기보다 동북아, 범아시아, 범세계적인 안목과 장기적인 시각에서 대외정책의 틀을 짜야 할 것이다.

한국 세계로 뻗어나가는 거대 프로젝트

우리나라는 자원 빈국이므로 외국과 활발한 교역을 통해 경제발전을 이룩해야 한다. 또한 우리의 번영은 세계가 자유로운 시장경제 체제로 발전해야 달성될 수 있다고 생각한다. 따라서 세계평화도로재단이 국제평화고속도로 건설 일환으로 추진하는 한일터널 프로젝트와 베링해협 프로젝트와 같은 지구촌을 하나로 묶어가는 이러한 노력이야말로 한국이 세계로 뻗어 가는데 단단한 기반이 될 것이다.

이 성 출 | 전 한미연합사령부 부사령관(예비역 육군대장)

인류가 경험 못한 300Km대 초장대 터널

1981년 문선명 총재께서 국제평화고속도로(일명 피스로드) 건설을 주창한 이후 그 일환으로 일본에서 한일터널 건설을 위한 일한터널연구회가 조직됐는데, 이 연구회에서 위탁한 한국지질조사에 참여한 적이 있다. 그 뒤에도 한국의 세계평화터널재단(현 세계평화도로재단)이 2009년 국제건축가연맹(UIA) 승인 아래 개최한 '베링해협프로젝트 국제아이디어공모전'의 자문위원으로 활동해 재단과 인연이 깊다고 할 수 있다. 한일터널 조사사갱이 굴착된 일본 사가현 가라쓰에도 한번 가봤는데, 그 대담함에 놀랐다.

당시 가라쓰 시험터널을 견학하며 대륙으로 나갈 길을 모색하기 위한 일본의 기술연구 수준이 어디까지 왔는지를 알게 되었고, 더불어 한국도

이 승 호 | 상지대 대학원장(한국해저터널연구회장)

구조물에 대한 기술연구가 시급하다는 것을 절감했다. 교통의 혁신을 가져온 해저터널 건설은 세계적인 추세다. 또한 국가 간 엄청난 효용성을 가져다줄 수 있는 사업이다. 그러나 영불터널(일명 유러터널)을 봐서도 알 수 있듯이 국가 간 협의에 많은 시간이 소요되고, 경제적 가치가 즉각 나타나지 않는다는 어려움이 있다. 한일해저터널도 양국 지도자 간 통 큰 합의만 이뤄지면 언제든지 성사될 수 있고, 세대가 흘러 저렴한 통행료를 내고 오갈 수 있을 때 그 가치는 날로 증대될 것이다. 한국과 일본 간 해저터널은 꼭 필요하다고 본다. 지금 사회적 분위기가 좀 어려워서 그렇지 연결하는 것은 옳다고 생각한다. 한일터널은 단지 한국과 일본의 연결에 그치지 않을 것이다. 남북이 협력하면 북한을 통해 대륙으로 가는 길이 열리며 동북아시아의 활로가 활짝 트일 것이다.

한일터널은 이제껏 인류가 경험해 보지 못한 300㎞대의 초장대 터널이기 때문에 많은 연구와 사회적 관심이 필요하다. 해저터널은 대부분 수킬로에서 수십킬로에 이르는 초장대 터널이어서 일반 터널과 공사기간과 유지관리가 완전히 다르다. 이러한 문제의 대안으로 전기·수소 차량으로 통행 제한, 초장대 터널 건설에 필요한 TBM(터널굴착기) 연구개발 등이 뒤따라야 한다.

세계평화도로재단에서 내걸고 있는 '피스로드'라는 이름이 참 시의적절해 보인다. 미래학자들이 하는 이야기와 그 비전이 일맥상통하다고 생각하며, 전 세계가 하나의 유틸리티로 연결된다는 발상이 멋있다. '물류혁명'시대가 도래하면 인류는 초간단·초고속 교통 네트워크를 추구하게 되어 있다. 도로는 빠르지 않더라도 반드시 단절구간 없이 연결돼야 한다. 피스로드는 미래 지구촌의 평화와 번영을 예측한 이름이라는 것이

기술자 입장에서 절로 읽혀진다. 결국 길은 인류가 더불어 잘 살고자 하는 꿈을 실현하는데 목적을 두고 있다. 저와 한국해저터널연구회도 피스로드 프로젝트에 어떤 방법으로든 힘을 보태게 될 것이다.

대형 TBM 굴착기

'평화의 시대' 대한민국 새 역사를 쓰는 일

한반도 통일과 더불어 추진해야 할 것이 한일해저터널이다. 세계 3대 투자가로 불리는 짐 로저스 홀딩스 회장도 지지를 표하며, 한일 양국을 몇 차례 방문했을 정도로 창조적인 프로젝트라 생각한다.

한일터널이 뚫리면 일본과 남북한, 중국이 활발하게 소통할 것이며, 러시아와 유럽까지 뻗어나가 전 세계가 긴밀하게 이어지는 평화의 시대가 올 것이다. 그 평화와 번영의 중심에 대한민국이 우뚝 서 있다. 한일터널이 건설되면 대한민국은 새 역사를 쓰게 될 것이다.

한반도는 역사적으로 일본에 많은 침략을 받아왔다. 그 악연으로 대다수 국민들은 지금도 일본에 대해 반감을 가지고 있다. 이 때문에 한일터널을 극렬하게 반대하는 국민도 있는 것이다.

이 시 찬 | 남북통일운동국민연합 고문
(전 바르게살기 대전시협의회장)

하지만 과거에 얽매이다 보면 도태하게 된다. 특히 우리나라의 성장발전을 위해서는 일본을 무시할 수 없다.

과거 역사를 잊지는 말 되, 용서와 관대함으로 미래는 우리가 주도해 나가야 한다. 한일터널은 긍정적인 일이 더 많이 발생할 것으므로 한일터널 추진 대열에 더욱 앞장서 나가야 한다.

유라시아 연계망 완성하는 초국경 네트워크

“북·중·러 접경지역은 입지적으로 동북아시아뿐 아니라 태평양권과 유라시아 대륙 간 연결고리로서 지정학적·지경학적 중요성이 매우 높다. 앞으로 남북한 간 협의에 의해 한반도종단철도가 연결돼 중국과 러시아 등 대륙철도들과 이어지고, 한일 해저터널이 구축돼 일본~한반도~중국~중앙아시아~유럽 연계망이 완성되면 이 접경지역을 중심으로 보다 확대되고 강화된 초국경 네트워크가 형성될 수 있다.

이 옥 희 | 한반도발전연구원 선임연구위원

거대 국가사업…경제효과는 서서히 나타나

국제평화고속도로는 평화를 위한 프로젝트이자 미래지향적인 프로젝트이다. 정말 희망적인 사업이다. 미래를 지향하는 사람들에게는 도전적이며 희생적인 삶이 따를 수밖에 없다. 남보다 앞서서 고민하고 연구해야 하기 때문이다. 프로젝트 추진 주체인 세계평화도로재단 관계자들의 노고를 높이 평가한다. 본래 한일관계는 애증관계로 얽혀 있다. 지금은 영토와 역사 갈등 문제로 미움이 다시 반복되고 있어 안타깝다.

'철의 실크로드'란 유라시아대륙을 잇는 철도망으로, 한반도와 시베리아, 중국, 만주 지역까지 한데로 묶는 초대형프로젝트이다. 이 사업은 장기적으로 한반도와 일본까지 해저터널로 연결해 동북아시아와 유럽연합(EU)의 경제권을 통합하는 것을 목표로 하고 있다.

이 영 탁 | 세계미래포럼 회장(전 국무조정실장)

일부에서 한일터널이 경제적 타당성이 없다고 하지만, 큰 국가적 사업은 경제적 타당성을 갖추기가 어렵다. 경부고속도로나 포항제철 등도 경제적 타당성이 없어 외국에서 자금 지원을 거부했지만 지금은 우리를 먹여 살리고 있지 않은가.

한일터널은 미래 동북아의 평화와 번영에 매우 긴요한 프로젝트인 만큼 두 나라 관계가 잘 풀려 한일터널이 탄력을 받았으면 한다.

'인류 상생의 길' 문총재 구상 실현될 것

문선명 총재를 직접 만난 적이 없어 아쉽기 그지없지만, 지금 문 총재의 말씀을 재해석한다면 미래 인류 150억 명, 아니 200억 명도 먹여 살릴 수 있는 식량해결 방법을 이미 50년 전에 말씀하셨다고 할 수 있다. 해양산업이야말로 인류가 배고픔에서 벗어날 수 있는 확실한 길이라고 여기셨던 것이다. 이것을 불교적으로 해석한다면 문 총재는 깨달음을 얻은 분이라고 생각된다. 그분이 선지자인 것은 분명하다.

문 총재는 또한 환경을 파괴하지 않고 수산 동물과 수산 식물을 키움으로써 환경적 가치를 찾겠다는 의지를 가지고 계셨던 것 같다. 문 총재는 학문적으로도 도를 깨우쳤던 것이다. 이제 인류가 미래 갈 길을 찾으려면 문 총재 말씀을 전격적으로 재해석해야 할 것이다. 우리가 달나라

이 영 호 | 전 국회의원(수산학 박사)

를 갔지만, 아직 바다 속 깊은 곳이 몇 m인지 모른다. 이런 것들을 혜안으로 보셨던 문 총재의 섭리를 눈여겨보면 대한민국의 발전과 더불어 인류 상생의 길이 열릴 것이다.

문 총재께서 이루려 하셨던 것은 지구촌의 평화다. 이를 위해 해양섭리도 하셨고, 국제평화고속도로와 한일해저터널 건설도 주창하셨다. 실제 일본에 조사사갱을 굴착하는 등 구체적인 준비도 해 오신 것으로 알고 있다. 한일해저터널이며, 미국 알래스카와 러시아를 잇는 베링해협터널을 건설해야 한다고 하셨는데, 종교지도자로서 새로운 실크로드를 구상하신 것 또한 놀랍다. 앞으로 세계는 그분의 구상대로 전개될 것이라고 굳게 믿는다.

요즘은 여기서 한 걸음 더 나갔다. 제가 강단에서 특강할 때 이런 얘기를 한다. 지금 세계 5대 성인이 누구냐고 물어본다. 물론 예수, 석가, 공자, 마호메트 등 4대 성인은 다 알지만 5대 성인은 몰라서 대답을 못한다. 그런데 100년 후, 200년 후에는 아마 5대 성인 안에 문선명 총재가 들어가지 않을까 예견해본다. 문 총재는 적어도 상생을 기본으로 인류를 식량위기에서 구할 수 있는 방안 제시에서 탁월하셨고, 실제 가시적 성과를 거뒀던 분이다. 그분이 한민족으로 태어났다는 사실을 누구에게나 자랑스럽게 이야기하고 있다. 대한민국에서 태어난 문 총재야말로 단군 역사 이래 가장 위대한 분이라고 생각한다.

환태평양시대, 이젠 정치적 결단 내릴 때

2010년 9월 이후 국내 언론은 한일터널 건설에 대한 보도를 경쟁적으로 내놓았다. 단기간에 100여 건 이상이 쏟아진 것은 유례가 없는 일이었다. 대부분 한일터널 건설에 대한 우호적 기사였다. 여기다가 방송 3사를 비롯해 국내의 유수 언론이 일본의 홋카이도와 아오모리를 연결하는 세계 최장의 세이칸터널 현장 기사를 통해 한일터널의 가능성을 진단하기도 했다.

이처럼 한일터널 건설에 관심을 쏟게 되는 이유는 지구촌이 고속전철이나 하이웨이를 통해 하나로 연결되면서 일일생활권 시대를 열어가고 있는 분위기와 연관이 있다. 중국이 최근 범아시아 고속 철도망 건설을 발표하는 등 일본과 미국, 러시아, 유럽연합 각국이 고속철 건설에 경쟁

이 용 흠 | 일신설계 회장(한일터널연구회 공동대표)

적으로 뛰어들고 있다. 따라서 세계가 하나의 철도망으로 연결될 경우 각 대륙을 잇는 해저터널 건설은 불가피할 것이고, 한일터널도 머지않아 본격적으로 추진되리라고 본다.

그런데 한일터널은 단순히 철도 교통망 구축이라는 측면에서 접근할 수 없는 복합적인 내용을 갖고 있다. 한일터널은 한일양국의 교류는 물론 동북아, 더 나아가 유라시아 대륙과 북미를 연결한다는 전제 하에서 그 가치를 찾을 수 있는 프로젝트이다. 일부에서는 아직도 한일터널이 건설될 경우 일본만 덕을 본다거나 일본이 우리나라를 침략할 수 있는 통로를 제공하게 된다는 등의 부정적 생각을 갖고 있는 것이 사실이다. 그러나 이는 20세기에는 가능했을지는 모르지만 지금은 결코 그렇지 않다. 얼마 전 모 언론이 찬물을 끼얹는 보도를 내보냈다.

국토해양부가 교통개발연구원에 의뢰해 한일터널 건설에 대한 타당성 검토를 의뢰했는데, 경제적 타당성이 없는 것으로 결과가 나와 이제 더 이상 논란을 벌여서는 안 된다는 것이 기사의 요지였다. 국토해양부 관리의 멘트를 빌려 작성된 이 짤막한 기사는 방송을 비롯한 여러 언론에서 그대로 인용 보도하면서 많은 국민이 이제 한일터널은 끝났구나 하는 생각을 하게 됐다.

한일터널 조사사갱을 일본주재 한국 특파원들이 취재하고 있다.

그러나 한일

양국의 정상들이 수차례에 걸쳐 한일터널의 필요성을 공개적으로 언급했고, 이명박 정부에서도 한일 양국의 학자들에게 의뢰해 한일터널 건설을 제안하는 내용이 포함된 한일신시대 보고서를 내놓는 등 이 문제를 여러 차례 진지하게 검토해 왔다. 그런데 아직 최종 보고서도 나오지 않는 상황에서 뜬금없이 '경제성 없다' '한일터널에 대한 논란은 끝났다'는 식의 보도가 많은 혼란을 준 것도 사실이다.

정부가 '경제성 없다'는 내용을 확인하기 위해 돈을 들여 연구 용역을 의뢰했을까. 결코 그렇지 않다고 본다. 한일터널은 결코 경제성 차원으로만 볼 수 없다.

해저터널 건설비나 운영비, 차량 구입비 등 직접 비용이 상당히 들어가는 것도 사실이지만 언론에 나온 것처럼 '100조 원'을 한국이 전액 부담하는 것도 아니고, 또 일시에 그 많은 돈을 투자하는 것이 아니라 공사기간 10년에 걸쳐 나눠 내는 것이다. 그래서 비용·편익 비율이 1이하라고 하지만 공사기간이나 기술, 지질, 노선 등에 따라 비용은 줄어들 수 있고, 환경비용이나 공항 및 항만 확장의 비용 감소 등으로 인한 간접편익으로 인해 비용·편익 비율은 거의 비슷하게 나온다는 것이 전문가들의 견해이다.

더구나 한일터널은 단순히 경제적 프로젝트라기보다는 국제정치적 프로젝트이며, 따라서 양국의 정치나 외교, 안보, 문화, 더 나아가 남북관계 등 복합적 영향을 고려하지 않을 수 없고, 최근의 지역 간 블록화 추세를 두고 볼 때도 국가의 장기 전략적 차원에서 이를 추진하는 것이 순리라고 생각한다.

세계는 한 치 앞을 내다볼 수 없을 만큼 급속하게 변화하고 있다. 이제

과거를 보는 눈을 가지고 현재는 물론 미래를 내다보는 것은 무리이다. 기존의 고정관념을 털어버리고 한일 양국의 미래를 설계해야 한다. 이 메가 프로젝트는 미래의 정치 프로젝트이다. 한일 양국은 한일터널 건설을 계기로 환태평양시대의 주역으로 손을 잡고 나가야 한다. 더이상 논란을 끝내고 한일터널건설에 대한 정치적 결단을 내릴 때가 다가오고 있다.

세계평화도로재단 자문위원들이 거가대교 공사현장을 방문했다.

길 열리면 물류중심지 한국이 최대 수혜국

나폴레옹 1세 시대 프랑스에서 영불 해저터널 구상이 처음 나왔을 때는 공상이라는 일부의 비아냥거림도 있었지만 그 후 200여 년 만에 완성됐다. 한일 해저터널 구상도 적어도 21세기 안에는 구체화할 것으로 확신한다. 한일 해저터널이 개통돼 일본과 한국이 유럽 대륙과 철도망으로 연결되면 한국은 동북아 물류중심지로 부상할 수 있다는 점에서 최대 수혜국이 될 것이다.

이 창 훈 | 전 한라대학교 총장(아셈연구원 원장)

막힌 길 없어야 평화·상생이 온다

세계평화도로재단이 추진하는 '국제평화고속도로 프로젝트'는 지구촌 단절된 구간을 연결하고, 국가와 국가 간 육로를 연결해 지구촌의 평화와 번영을 구현하려는 사업으로, 남북평화구도에도 유의미한 프로젝트라고 생각한다.

특히 길에 평화의 메시지를 담는다는 구상에 큰 공감을 갖는다. 지난 2007년 노무현 대통령의 육로를 통한 방북 의미와 일맥상통하다고 본다. 길은 서로 통해야 한다. 길을 통해 평화와 상생이 오가야 한다. 한반도에도 막힌 길이 없고, 모든 길이 제 기능을 하는 날이 오길 기대한다. 아프리카 세네갈에서 열린 세계정상회의에 연사로 초청돼 피스로드의 일환으로 한국의 고속도로 성공 사례를 아프리카에 도입할 것을 제의했

임 종 성 | 국회의원

는데, 많은 관심을 보인 것이 기억에 남는다.

한일관계를 좀 더 미래지향적으로 발전시키고, 동북아시아 공동 경제 벨트를 조성하려면 한일터널을 뚫어야한다는 전문가 진단도 있는 것으로 알고 있다. 한일터널을 정부차원에서 추진하기 위해서는 한일 양국간의 이해관계가 맞아야 한다. 만약 남북의 평화가 공고해진다면, 우리나라보다 일본이 더 뚫고 싶어 할 것이다. 이를 위해선 남북한의 육로연결이 선행돼야 한다.

동북아 교역·투자확대 걸림돌 사라진다

동북아 지역의 경우 외국인 투자 및 교역 확대의 가장 큰 장애요인으로 운송시스템 미비가 지적되는데, 동북아가 세계경제의 한 축으로 그 가능성을 최대한 활용하기 위해서는 지역내에 신뢰성 있고 효율적인 운송시스템을 구축하는 것이 필수적이며 이런 차원에서 한일 해저터널도 언젠가는 이뤄져야 한다.

전 일 수 | 전 인천대학교 동북아물류대학원장 (1950~2007)

신냉전시대 동북아 평화공동체의 토대

주지하듯이 바이든 시대가 열렸다. 바이든 행정부는 국제관여주의와 리더십 회복, 민주주의 연합 등 트럼프 시대의 미국 우선주의, 반 민주적 포퓰리즘 등 극우적 운영으로부터 전면적 전환을 기치로 내걸고 있다. 중국은 경제력 신장으로 유리해진 세력균형에 힘입어 타이완, 동중국해, 남중국해 등에서 위압적인 행태를 보이고 있다. 바이든 행정부는 미·중 경쟁을 단순한 패권경쟁이 아니라 자유주의 대 권위주의 체제의 대결로 끌어올리고 있다. 중국의 안보 위협에는 쿼드(미국 일본 호주 인도 등 4개국 안보협의체), 민주주의 정상회의 등 국제적 가치연대에 기초한 다자주의로 억제하면서 국제리더십을 회복하고자 한다. 바이든 대통령은 최근 뮌헨안보회의(MSC)에서 동맹국들과 다자주의로 중국을 압박하기

정 태 익 | 한국외교협회 고문(전 청와대 외교안보수석)

로 했다. 유럽과 아시아태평양 국가들은 반중연합에 동참하는 움직임을 가시화하고 있다.

오늘날 안보상황 국내외적 심각한 도전에 직면

지금 한국의 안보 상황은 우려스럽게도 국내외 도전에 직면해 있다. 한미관계가 한미연합훈련, 방위비 분담, 쿼드 불참 등으로 더욱 불안해졌고, 한일 갈등이 징용과 위안부 문제로 심각하며, 중국과도 사드문제 등으로 불편하다. 러시아는 영공을 침범했으며, 북한은 미사일과 핵무기를 증강하고 있다. 국내정치는 종북과 반일 구도 하에 치열하게 다투고 있다. 최근 한국 법원은 외교 사안이 관련된 소송에서 민족주의적인 판단에 입각한 판결로 한국 외교와 국제 위상에 심대한 영향을 미쳤다. 정부가 외교적 수습보다는 법원 판결을 이유로 문제를 방치함으로써 한일관계는 최악의 상태로 치닫고 있다. 난마와 같이 얽혀있는 안보 상황의 탈출구는 국가주의와 민족주의가 아닌 보편주의와 지역협력주의에서 찾아야 한다.

유럽은 냉전시기인 1975년 유럽안보협력회의(CSCE)를 창설해 유럽에서의 군사대립을 해소하고 공동번영과 평화정착의 틀을 마련했다. 유럽의 경험과 지혜는 우리에게 시사하는 바가 크다. 우리도 동북아시아판 안보협력기구를 창설해 북한의 핵 문제 해결과 역내 평화와 공동번영을 모색해야 하며, 한국이 이를 주도해 나가야 한다. 동북아에서는 갈등과 분쟁 요인이 상존하지만 이를 무력으로 해결할 수 없고, 해결해서도 안된다. 결국은 정치적으로 해결해야 한다. 한국은 중국과 일본이 강대국이 아닌 '위대한 국가(Great nation)'의 길을 가도록 견인해야 한다. 중국과 일본이 더 이상 이 지역의 평화와 안전을 위협하는 세력이 아닌, 동북아의 공동 번영과 안전에 기여하는 국가가 되도록 우리가 주도적인 노력과 외교력을 발휘해야 한다.

이와 같은 맥락에서 동북아 평화협력공동체 형성에 초석이 될 한일 해저터널(이하 한일터널)에 주목해야 한다. 한일터널 건설은 1965년 한일 국교정상화 이래 최악으로 치닫고 있는 한일문제 해결은 물론, 한일협력과 한·미·일 협력, 더 나가 동북아 협력공동체 구축의 토대가 될 것이다. 21세기 일본은 재정적자, 성장 동력의 상대적 상실, 고령화와 저출산으로 상징되는 인구구조의 변화 속에서 힘의 상대적 저하로 어려움에 봉착해 있다. 한국도 경제적 양극화와 저출산, 고령화, 정치 갈등의 심화 및 확대, 남북관계 경색 등으로 지속적인 성장 전망이 불투명하다.

이러한 국내 상황에서 한국과 일본은 양국의 골 깊은 역사 마찰을 창의적으로 극복하여 화해와 화합을 달성하고, 정치·경제·사회·문화 등 전 영역에 걸쳐 전면적인 협력을 강화하는 것이 필요하다. 한일 양국은 생존과 번영의 새로운 길을 찾아 나서야 한다. 당면한 한일 간의 해저터널 건설 사업이 실현된다면, 이는 유사 이래 한일 양국의 최대 국가적 대역사가 될 것이다. 또한 종래의 인적·물적 교류 역사에 큰 획을 긋는 사건으로 기록될 것이다.

한일 양국은 '자유민주주의와 시장경제'라는 기본 가치를 공유하고 있는 만큼, 공동체 건설을 위해 과거에 집착하기보다 미래로 나가야 한다. 한일터널 프로젝트야말로 평화와 번영의 '한일 신시대'를 여는 필수적 사업이다. 양국은 중국 부상에 따른 동북아의 경제안보 등 국제정세

불안 해소의 돌파구를 한일터널 건설에서 찾아야 한다. 한일터널이 중국 도전에 대한 해답인 한·미·일 협력의 핵심역할을 하게 될 것이다. 한·미·일이 협력해야 중국에 할 말을 하면서도 협력하는 관계를 수립할 수 있다.

한반도 통일은 미·중이 경쟁하는 여건 하에서는 이루어 질 수 없다. 한·미·일이 먼저 협력하고, 중국과 협력해야 동북아의 평화와 번영, 질서가 구축될 수 있다. 새로운 평화질서를 우리가 주도해 한반도 평화통일을 이룩해야 한다. 우리가 주도하는 평화질서를 위해서 한일터널은 필수적 핵심요소인 것이다.

네트워크 측면서도 매우 긍정적 발상

'복잡계 네트워크 이론'은 복잡계를 이해하는 새로운 방법론으로 받아들여지고 있으며, 다양한 학문분야에서 주목받고 있다. 지금까지 공학자이건 물리학자이건 생물학자이건 그들은 연구대상을 잘게 쪼개서 분석을 하는데 모든 노력을 경주해왔다. 이러한 환원주의적 접근 방식은 19~20세기에 걸쳐 자연이나 사회를 이해하는 데 크게 기여했다. 하지만 잘게 쪼개진 부분에 관한 수많은 정보, 즉 생태계를 이루고 있는 생물들이나 경제활동에 참가하는 개개인에 관한 정보가 아무리 많다고 해도, 전체로 모일 때 생기는 특이한 현상들을 설명해주지는 못했다. 그들은 부분이 서로 복잡한 상호작용으로 연결되어 전체라는 네트워크를 만들어낸다는 생각을 하지 못했다. 이들에게 절실히 필요한 것은 복잡한 네

정 하 웅 | 카이스트 석좌교수

트워크의 구조와 작동원리를 정확히 꿰뚫어볼 수 있는 통찰력이다.

네트워크 과학은 각 구성성분의 세부사항 같은 가정과 추측을 최대한 줄이고, 그들의 전체적인 연결구조와 작동원리를 파악하여 제한적이나마 신뢰할 수 있는 결과를 얻어낼 것이다. 네트워크 과학은 이렇게 우리가 보고자 하는 전체를 올바른 방향으로 보게 해주는 길잡이 역할을 할 것이기 때문이다.

세계평화도로재단이 지구촌 길을 연결해 평화를 이룩하겠다는 구상은 네트워크 측면에서도 매우 긍정적인 발상이다. 실제 평화터널재단의 구상대로 한일터널이나 베링해협터널이 건설되고, 한반도종단철도가 연결되면 지구촌 도로망은 그만큼 촘촘하고 다양해질 것이며, 인류사회를 보다 친밀하고 가깝게 만들 수 있다. 그렇게 되면 평화와 상생도 자연스럽게 도모할 수 있을 것이다.

터널 필요성 국민공감대 확산 대안 마련을

세계사에서 볼 때 인접한 국가와는 친하게 지낸 시간도 있지만, 원수지간으로 지낸 시간이 훨씬 더 많다. 영국과 프랑스, 프랑스와 독일, 그리스와 터키 등이 대표적 사례이다. 우리나라와 일본 역시 전쟁과 침략으로 점철된 불행한 과거 역사가 이를 말해 준다. 그래서 우리가 일본을 지칭할 때 '가깝고도 먼 나라'라고 한다. 이는 일본과 가깝게 지낸 시간보다 멀리한 세월이 길었다는 뜻일 수도 있겠고, 물리적으로 거리는 가깝지만 진실로 가깝고 친해지기는 너무나 어려운 나라라는 뜻일 수도 있겠다.

세계적으로 과거 원수지간이었던 나라들이 대부분 화해했지만, 유독 한국과 일본만이 진정한 화해가 이루어지지 않고 있다. 그럼에도 불구

정 헌 영 | 전 부산대학교 공과대학장

하고 한일 간의 인적·물적 교류가 과거보다 점점 증가하고 있는 것은 아이러니라 하겠다. 그렇다고 하더라도 지난 과거를 모두 덮고 미래로 가자고 하기에는 우리 국민 모두의 가슴 속 응어리가 크다. 아직 양국 간에 정리하지 못한 많은 문제로 한일 간 교류에 험난한 상황이 잠재해 있다. 그저 가끔씩 행해지는 양국 정부의 수뇌회담에서 한일 간의 교류와 동반 발전을 위해 한일터널의 건설 필요성이 제기될 뿐이다.

한일 국가적 사업 사전에 충분한 연구 이뤄져야

한일터널 프로젝트의 시행과 성공 여부에는 한일 간에 복잡한 문제가 내재되어 있음을 전제로 몇 가지 언급하고자 한다. 이 사업은 단순한 터널공사가 아니라 한일 양국 간 국가차원의 사업인 만큼 사전에 충분한 연구가 필요하다. 그동안 일본 측에서는 국책사업의 전통적인 접근 방식답게 기술적인 검토를 우선하여 왔다. 반면에 우리나라에서는 주로 경제적 타당성 연구에 그쳐오다가 최근에 와서 정치, 외교, 안보, 역사, 문화 등에 관해서도 연구가 진행되고 있다. 역대 한일 간 수뇌회담에서 "한일터널을 건설하자."고 언급한 사안을 실제적으로 진행시키기 위해서는 예상되는 문제점을 검토하고 해결책을 모색해야 한다.

그렇다면 무엇이 문제일까. 첫째, 국가가 시행하는 대형 건설사업의 진행방식이 양국 간 차이가 있음을 인식해야 한다. 기술적 측면만 하더라도 일본 측에서는 민간 레벨에서 한일터널 노선에 대해 이미 3가지 대안을 제시하고 해저 수심과 지질조사를 끝냈으며, 일본 측 출발지점인 사가현 가라쓰에 조사갱까지 건설해 실현을 구체화하고 있다.

이러한 일련의 과정이 일본 토목사업의 특징이라고 하겠다. 우리나라의 경우, 과업 자체를 국가가 시행할 것인지, 민간차원에서 할 것인지가 명확하지 않다. 이러한 가운데 준전시라 할 현 상황에서 일본처럼 어떤 임의단체가 나서서 우리나라 해역을 대상으로 측량이나 지질조사를 시행하는 것은 상상조차 하기 어렵다. 더욱이 일본 측에서 제시하고 있는 3개 노선에 대해 일본 측 연구자들은 한일 공동으로 해저 지질조사의 시행을 건의하고 있으나, 우리 측에서는 현 시점에서 그 답변을 내놓기란 쉽지 않다. 한일터널 건설에서 가장 먼저 논의되고 시행되어야 할 기초조사임에도 수행방식과 과업진행 방식에서 이렇듯 양국 간에 괴리가 큰 것이다. 이러한 차이점에 대해 서로 충분히 인식해 두어야 할 것이다.

둘째, 대안 노선의 해저지형에 대해 적어도 우리나라의 영역 부분은 우리 힘으로 사전 조사와 검토를 해두어야 한다. 일본 토목사업의 경우, 기술적인 검토를 우선으로 하여 그 가능성이 입증되면 통상 그 후에 경제적 타당성을 검토해 나간다. 이 때문에 일본 측은 한일터널 건설의 타당성을 논하는 과정에서 터널 건설에 가장 기본이 되는 일본해역 해저지형에 대한 기초조사부터 시행하였던 것이다.

그 결과 많은 자료가 확보된 상태에서 터널 노선에 대한 검토, 터널형태, 굴착방법, 터널 내 교통수단에 이르기까지 심도 있는 연구검토가 시행되어 왔다. 반면에 우리나라는 일본과 달리 정부의 의사결정에 따라 사업이 착수될 것이고, 그때부터 본격적인 조사가 시행될 것이므로 사전에 해저지질 등에 관한 기술적인 조사를 시행하기란 어렵다고 본다.

따라서 우리나라에서는 노선 대안에 따른 해저지형과 지질상황, 공사비 산정 등 구체적인 자료가 미비한 것이 사실이다. 이처럼 축적된 자료가 부실한 상황에서 미래 양국의 수뇌들이 정치적 결단에 의해 급작스럽게 사업 시행에 돌입하게 된다면 우리의 경우 일본이 축적한 자료에 근거해 계획을 수립할 우려가 제기된다. 한일터널건설에 따른 기초자료의 확보는 향후 건설공사를 위한 협상이나 계획수립에 반드시 필요한 사항이기 때문에 적어도 사전에 우리 해역에 대한 기초조사는 우리 손으로 시행할 것을 정하고, 기초조사도 서둘러야 할 것이다.

천문학적 비용 경제타당성 인식 바꿔야

셋째, 양국 국민의 공감대 형성과 양국 정치 지도자들의 정치적 결단을 위해서 연구범위를 확대해 나가야 한다. 그동안 일본 측은 기술적 측면에만 치우쳐 연구해 왔고, 한국 측은 개략적인 경제적 타당성 분석에만 머물러오다가 최근에 와서 정치, 외교, 안보, 양국 국민의 의식 등에 대한 연구까지 범위를 넓혀 가고 있는 실정이다. 이처럼 양국 간 연구 분야에서 현격한 차이를 보이고 있기에 서로 간에 연구 결과를 공유하면서 부족한 부분에 대해서는 연구 범위를 확대해 나갈 필요가 있다. 그리하여 기술적, 경제적 문제 이외에 대두될 제반문제에 대해서 양국 국민의 이해를 구하고, 충분한 공감대를 형성할 수 있는 연구 자료를 확보하여야 할 것이다.

넷째, 경제적 타당성에 대한 인식이 바뀌도록 노력해야 한다. 한일터널은 대안 노선에 따라서 총연장이 270㎞~350㎞로 다양하다. 사업비 또한 70조~100조 원을 상회하는 것으로 추정하고 있다. 터널건설 자체가 천문학적 비용이 소요되는 사업이기에 양국정부가 투자하지 않으면 불가할 것이다. 다만 우리나라의 공사 부담비율은 전체 노선에서 약 2~3할 정도 차지하므로 비용 부담도 그에 상응할 것이다. 대규모 공사금액이 투입되는 대형 건설사업의 경우, 편익/비용의 비가 1.0을 넘어야 경제적 타당성이 있다고 보고 있으나, 사업의 효과가 서서히 나타나면서 편익 산정 기간이 지난 뒤에 효과가 크게 나타날 수도 있다. 이 경우 사업의 타당성을 찾기가 어려울 것이다.

가령 경부선 철도 건설 시 현재의 기법으로 타당성을 예측했다면 상당히 낮았을 것이라 생각된다. 그러나 경부선 철도 건설로 인해 교통편익 효과는 말할 필요가 없고, 경부선 철도가 없었더라면 국가 발전도 한참 지난 뒤에나 이루어졌을지 모른다. 이처럼 사회간접자본은 보는 각도와 관점에 따라서 타당성이 다를 수 있다고 본다. 한일터널은 '꿈의 프로젝트'라고 할 수 있다. 꿈이란, 꾸는 자에게 반드시 이루어지기에 언젠가 꼭 실현되리라 믿는다. 이 프로젝트가 조속히 실현되어 한일터널의 배후지역인 한국의 동남경제권과 일본 큐슈권의 발전을 견인하고, 나아가 한일 양국이 한 단계 도약하고, 남북통일과 동북아시아 전체의 평화와 발전에 기폭제가 되기를 기대해 본다.

지난 2012년 1월 부산지역 이외 전 국민 1000명, 부산시민 1000명의 표본을 권역별 인구비율에 따라 추출한 뒤 전문조사기관에 의뢰해 인터넷 설문조사를 실시한 결과 전국민 표본 중 62%, 부산시민 표본 중 63%가 '한일해저터널이 필요하다'는 응답을 했다. 한일해저터널이 필요한 이유로 '한일 간 활발한 교류를 위해서'(부산 33%, 전국 35%)가 가장 많았다. 반면에 해저터널이 필요하지 않은 이유로 전 국민조사에서는 '경제적인 효과가 별로 없기 때문에'가 1순위로 나타났으며, 부산시민의 경우 '일본과의 역사·문화적 문제가 복잡하기 때문'이 24%로 가장 높았다. 한일해저터널이 부산에 미치는 효과에 관해서는 부산시민과 국민 공히 79%가 매우 긍정, 또는 다소 긍정의 입장을 표명했다. '한일해저터널 건설 시 이용의사가 있느냐'는 질문에는 부산시민 78%, 전 국민 70.6%가 '있다'고 응답했다. 그러나 설문조사에서 한일터널에 대한 무관심이나 부정적인 인식도 주목해야 할 대목이다. 예컨대 한일터널에 대해 '전혀 들어본 적이 없다'는 응답자가 부산지역에서 39%(전국 43%)가 나왔다. 또한 한일터널이 필요하다는 이유로 '세계 및 아시아 지역 평화를 위해서'(1%)나 '건설경기 활성화를 위해서'(2%)라는 응답도 기대이상으로 낮았다. 이밖에 한일터널이 사회문화역사에 미치는 영향에서 '한일 간 갈등 완화'도 리커드 척도 3.6(부정과 긍정의 중간이 4.0)으로 부정에 가깝게 나타났다. 따라서 한일터널의 필요성이 전 국민으로 확산되기 위해서는 홍보 및 연구 강화 등 대안 마련이 시급한 것으로 보인다.

한일 미래를 위한 담대한 프로젝트

한국이나 미국, 일본 국민 가운데는 평화적 환경만 제공한다면 북한은 핵을 포기할 것이라고 주장하는 사람들이 있다. 그런데 북한이 세습체제와 사회주의 이념을 버리지 않는 한 그들이 만족하는 평화분위기는 절대로 오지 않는다. 주한 미군과 한미동맹이 문제가 아니라 외부세계의 자유 분망하고 역동적이며 특히 북한보다 잘 사는 모습 그 자체가 북한에는 위협이기 때문이다. 우리는 북한이 핵을 포기할 수도 있다는 미련을 가지고 있기 때문에 우리 스스로 안보의 핵심역량을 약화시키는 행위를 하게 되는 것이다. 가장 중요한 것은 북한의 핵 포기 환상에서 빨리 벗어나는 것이다. 북한의 핵은 그 자체가 북한이고, 북·중 관계이며, 북·러 관계라는 인식의 확대가 필요하다.

조 명 철 | 전 국회의원(전 김일성종합대 교수)

따라서 한·미·일 3국 간 협력의 회복은 매우 중요한 과제이다. 한·미·일 협력은 북한에 대한 핵 억지력 제공 외에도 한반도의 지정학적 리스크를 관리하는데 크게 기여해 왔다. 동북아시아에서 미국의 개입은 한일관계에 중요한 브릿지 역할을 해왔다. 미국은 미·일, 한미동맹이라는 두 개의 동맹을 통해서 적대관계에 있는 한일 양국을 준동맹관계로 만드는데 중요한 기여를 해 왔다. 한·미·일 협력은 현 미·중 갈등 국면에서 우리의 리스크를 줄이는 기제가 될 수도 있다. 한·미·일 동맹이 부재한다면 한반도는 제2의 애치슨라인 밖에 놓이게 된다. 이때는 미·중 사이에서 전략적 균형자체를 논할 수 없게 되고, 중국으로부터 우리의 이익을 보장받기 힘들게 된다.

한반도의 평화와 북한의 비핵화를 위해서는 일본의 역할 또한 중요하다. 한일관계 개선을 통한 북한의 비핵화를 위한 정책공조가 절실하다. 자존심보다는 지혜, 감정보다는 이성에 더욱 의존해야 한다. 모든 분야에서의 전면적 협력이 어렵다면 북핵에 대해서 만이라도 한·미·일이 긴밀히 협력해 나갈 필요가 있다.

정치권과 정권 차원의 한일관계 역사에서 벗어나 양국 국민들 차원에서의 친선·협력 확대를 위한 대규모 한일우호 운동을 전개해 나가자. 표를 위해서는 미래 지향적 한일관계 파괴도 서슴지 않는 정치인들을 배척하고, 양국 국민들끼리 미래를 개척해 나가야 한다. 한일터널 추진 운동 등 다양한 국민운동을 기획하고 행동하는 것이 필요하다. 한·미·일이 과거에도 그러했듯이, 앞으로도 긴밀한 공조를 통해 동아시아에서 전쟁을 억제하고 지속적인 번영을 주도해 나가야 한다.

동북아 평화지역 구축 선행과제

세계평화도로재단은 'One Family Under God'이라는 평화세계의 이상을 중심으로, 남미 산티아고에서 남아프리카 요하네스버그에 이르는 국제하이웨이를 건설하여 세계가 경제, 사회, 문화, 정치 등 각 방면에서 동서화합과 남북균형을 이루어 하나 되는 것을 목표로 삼는 구체적이며 실질적인 평화운동단체이다.

본 재단의 창설자 문선명 총재께서 1981년 수 십 명의 노벨상 수상자가 참석한 '10차 국제과학통일회의(ICUS)'에서 한일터널을 주창하셨고, 2005년 천주평화연합(UPF) 창설 때에는 베링해협터널을 주창하신 이래 국제평화고속도로를 통한 세계평화운동은 전 인류적이며 전 지구적인 사업으로 전개되어 왔다.

주 동 문 | 효정국제과학통일재단 이사장
(전 세계평화도로재단 이사장)

특히 21세기 문명을 대표할 아시아·태평양, 그 중에도 한일터널과 베링터널로 연결되는 동북아지역 경제협력체로서의 평화지역(Zone) 구축 논의는 재단 사업의 중요한 범주에 들어가 있다.

인류평화 초석 놓는 글로벌 평화운동

한반도는 물론 지구촌 평화와 번영을 구호로 내걸고 있는 통일대장정은 문선명 총재와 한학자 총재께서 제창한 세계적인 프로젝트이다. 세계 유일의 분단국인 한반도의 평화와 통일, 한일 양국의 화합을 위한 한일터널 건설, 미국과 러시아의 화합을 위한 베링터널 건설 등 단절된 길을 연결해 지구촌 평화 실현의 초석을 놓는 글로벌 평화운동이기도 하다. 국내적으로는 이념·지역·세대 간 갈등을 해소할 수 있는 사회화합 운동이요, 자유민주주의 정체성을 회복하는 정의로운 운동이다.

주 종 기 | 평화대사협의회 부산광역시 회장
(국제라이온스 한국복합지구 초대 의장)

5억의 인구가 한나절 생활권에 들게 돼

길은 물류와 인적 교류의 통로이다. 자동차길, 뱃길, 하늘길 등 모든 길은 사람과 물자의 이동을 촉진한다. 2000여 년 전부터 동서양의 교역로였던 실크로드는 물론 오늘날의 철도와 고속도로도 마찬가지다.

세계의 정치·사회 지도자들이 강한 나라, 잘 사는 나라, 또는 국가주의와 지역안보에 매달려 있을 때 문선명 총재는 일찍이 범지구적인 평화 프로젝트로 국제평화고속도로망(International Peace Highway Network) 건설을 주창하였다. 유라시아 대륙 서쪽 끝 파리나 런던에서 극동의 끝 서울과 도쿄를 이어 동북아와 유라시아 평화시대를 열어가자는 제안이었다.

문 총재는 그 일환으로 한일해저터널의 필요성을 역설하였다. 그 후

차 준 영 | 선문대학교 교수

일본과 한국의 학계와 전문가 그룹 등이 현해탄에 대한 지질조사를 실시하였고, 이어 일본의 가라쓰(唐津)에서 조사사갱(pilot tunnel)을 뚫어 그 꿈의 실현 가능성을 일깨워 왔다.

문 총재는 주요 단절구간 연결이야말로 세계평화의 문을 여는 요체임을 강조한다.

지구촌의 대표적인 단절구간은 어디일까? 바로 한국과 일본 사이의 현해탄, 남북한의 휴전선, 미·러 사이의 베링해협이다. 이들 지역은 지구촌 그 어느 곳보다 대립과 갈등의 골이 깊다. 한일관계는 일본의 독도 영유권 주장과 위안부 강제동원 부정 등 역사문제로 냉각돼 있다.

남북한 관계도 분단 이후 해빙은커녕 북한의 핵개발, 천안함 폭침사건과 연평도 포격사건 등으로 긴장관계가 이어지고 있다. 옛 소련의 붕괴로 냉전시대가 끝났다지만, 미·러 관계 또한 진정한 동반자 관계로의 전환은 요원해 보인다.

극동러시아의 최북단과 알래스카 사이는 인적 왕래가 전혀 없는 철저한 단절구간이다. 마음의 단절이 공간의 단절로 이어진 것이다. 이들 구간을 고속도로와 철도로 잇자면 당사국 간 마음의 벽을 허무는 작업이 함께 이루어져야 한다.

한일터널 프로젝트는 부산~쓰시마~가라쓰 구간 209~231㎞를 굴착하는 안이다. 착공 후 10~15년이면 완공이 가능하며, 비용은 최대 19조 엔으로 추산된다(일한터널연구회). 베링해협 프로젝트는 우엘렌(러시아)~웨일즈(미 알래스카) 간 98~113㎞를 굴착(해저구간 85㎞)하는 것인데, 착공 후 10년이면 완공할 수 있고 기술적인 장애는 별로 없다고 한다. 관련 비용은 2009년 기준 670억~820억 달러(미국 IBSTRG 추산)

였다.

지구촌의 평화를 위해 헌신해 온 문 총재의 국제평화고속도로망 건설 구상은 곧, 인류 모두가 가야할 피스로드(PeaceRoad)다. 피스로드의 소프트웨어는 인종 간, 종교 간 평화운동이고, 하드웨어는 국가 간 육로 연결운동이다. 이것은 선후를 따질 것 없이 동시에 추진되어야 한다.

어쩌면 피스로드를 위해 하드웨어가 더 앞서 나갈지 모른다. 중국과 일본, 한국 등에서 시속 500㎞의 초고속철이 20~30년 안에 상용화할 것으로 전망되고 있다.

한일해저터널이 완성돼 베세토(베이징~서울~도쿄) 회랑에 초고속철이 운행된다면 이들 구간을 중심으로 5억의 인구가 한나절 생활권에 들게 된다. 금세기 후반쯤 우리의 손자녀들은 이런 시대적 혜택을 누리게 될 것이다.

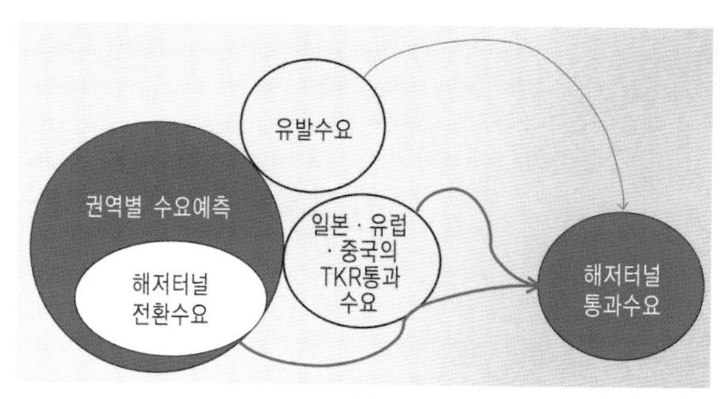

한일해저터널의 장래 수요 예측도

야심차고 원대한 제안…세계평화 앞당길 것

한일해저터널은 전 인류의 평화와 행복의 실현을 위한 국제고속도로의 건설에 관한 문선명 총재의 야심차고 원대한 제안이다. 문 총재의 '국제평화고속도로 건설' 제안의 중심 내용을 보면, 도로 중간을 국제중립구역으로 하여 국경을 초월하는 도로로 만들자는 것이다. 한일해저터널이 건설되면, 일본 도쿄에서 영국 런던까지 자동차나 고속열차로 거침없이 달리게 되고, 거리도 단축시켜 줌으로써 세계평화를 앞당길 수 있다고 보았다. 이를 구체화하기 위해 1982년 4월 일본에서 국제하이웨이 건설사업단을 설립하고 1983년에 큐슈 사가현 가라쓰와 이키, 쓰시마의 육상부와 해역부 조사를 개시했으며, 1986년 10월 사가현 진제이쵸 나고야에서 굴착공사를 시작했다. 다음은 총재의 말씀 일부이다.

최 병 환 | 대전대학교 명예교수

"진정한 새로운 문화를 창조하기 위해서는 쟁탈과 반목 일변도에서 자국 이익만의 추구에서 탈피하여 범 세계적 차원의 새로운 가치관을 확립하는 것이 절실히 요구되는 시점에 도달하였다. '인류는 한 가족 한 형제'라는 대명제 하에 동서제국을 연결하는 국제평화고속도로의 건설을 제안하는 바이다. 일본과 한국, 중국대륙을 거쳐 남아시아 중동, 유럽을 경유해 러시아까지 연결하는 것을 1차 안으로 시작하여 전 세계의 국가와 국가 간의 육지와 해저를 일직선으로 관통케 하는 것이다."

자기부상열차 상용화되면 경쟁력 충분해

권위 있는 국제적인 에너지 전문기관의 보고에 의하면, 장차 인류가 사용 가능한 에너지 자원의 양은 석유 50년, 천연가스 100년, 석탄 250년으로 잡고 있다. 원자력의 경우 한정된 우라늄의 양 때문에 재처리를 하지 않을 경우 65년, 재처리해서 사용할 경우 3000년으로 보고 있다. 태양에너지 같은 핵융합의 경우에는 대략 1500만 년으로 추정하고 있다. 문제는 지구상 장거리 운행의 주요 수단인 항공기가 거의 모두 액체 화석연료를 사용한다는데 있다.

앞서 석유자원의 한계를 50년으로 언급했지만 석유자원 관련 전문가들에 따르면 세계 주요 산유국 65개 국가 중 54개국은 이미 생산량이 최대에 이르는 피크오일(peak oil, 석유생산정점) 단계에 진입했다. 세계

최 성 규 | 전 한국철도연구원 원장

적인 석유 전문가들은 2012년을 기점으로 5년을 전후해서 전 세계 석유 생산량이 정점에 도달한 뒤, 급격히 증가했던 소비만큼이나 빠른 속도로 감소될 것으로 전망했다.

이런 한계성을 지닌 화석에너지에 이어 지구상의 차세대주요 에너지원으로 들 수 있는 것이 바로 원자력 또는 핵융합에너지다. 그리고 이들로부터 산출되는 에너지는 결국 전기에너지이다. 그동안 오일에만 의존해왔던 항공기와 선박을 전기에너지를 사용해 지속적으로 추진할 수 있으려면 전기를 대량으로 저장할 수 있는 소형 배터리의 발명이 필수이다. 그러나 이보다는 철도라는 육상교통 수단의 속도를 항공기 수준에 버금가도록 하는 것이 더 현실적일 것이다.

다시 말하면 차세대 주요 에너지원인 전기에너지로는 더 이상 항공기와 선박을 추진하기가 힘들어지기 때문에 대륙과 대륙, 국가와 국가 사이를 이동할 수 있는 교통수단으로서 '초고속자기부상튜브철도'가 더 현실적이라는 것이다. 초고속자기부상튜브열차는 첨단원천기술에 기반한 국가 신성장 동력으로서의 의미가 대단히 크다. 원천기술이란 시장가능성이 큰 만큼 리스크 역시 크기 때문에 민간이 선뜻 투자하기 어려운 분야를 의미한다.

그러나 일단 기술이 개발되고 활용되면 전 세계적인 시장과 세계표준을 장악함으로써 엄청난 국부를 창출할 수 있게 된다. 바로 초고속자기부상튜브열차가 그런 분야이다. 왜냐하면 오일 위기 시 선박과 항공 분야를 대체하는 대안이라는 사실이 바로 이를 입증하기 때문이다. 한국철도기술연구원에서는 장차 화석연료의 고갈과 원자력에너지 시대에 대비하여 2009년부터 항공기 속도에 버금가는 시속 700~800㎞ 초고속튜브열차 개발에 착수한 바 있다. 빠른 교통수단만 나오면 최장(最長) 터널 건설도 문제가 될 게 없다. 초고속 자기부상열차의 경우 진공상태에서 이론상으로 마하3까지 달릴 수 있어 한일터널을 건설하면 충분한 경쟁력을 가질 수 있다. 앞으로 지구촌의 석유가 고갈될 것을 상정하면 초고속 자기부상열차야말로 항공기를 대체할 수 있는 최적의 교통수단이 될 것이다.

초고속자기부상튜브열차 모형도

한국 첫 선진강국 되는 결정적 계기

세계평화도로재단의 요청에 의하여 시장경제연구원이 수행한 '한일터널 건설의 타당성과 추진방향' 연구는 중요한 의미를 가진다. 경제적 타당성 분석에 그쳤던 지금까지와 달리 한일터널 프로젝트의 국제적이고 정치경제적인 복합적 특성에 부응하는 연구가 이루어졌다. 기술·경제적 측면, 정치·외교·안보 측면, 그리고 역사·문화·국민의식 측면을 포함한 학제적 연구에 의하여 포괄적이고 체계적인 분석을 제시함으로써 앞으로 한일 간의 논의를 주도할 얼개(framework)를 마련하였다.

한일터널은 기본적으로 경제적 프로젝트다. 경제적인 편익이 비용을 초과하여야 한다. 격리된 육지 사이의 길은 하늘에도, 바다에도 있기 때문이다. 동북아 경제가 급성장하면서 일본과 중국, 그리고 유라시아 대

최 성 호 | 경기대학교 교수(시장경제연구원 초빙연구위원)

륙을 잇는 여객과 화물의 운송수요가 빠르게 확대될 전망이다.

특히 무역구조가 고부가가치 경량화하고 있어 신속하고 안전한 철도의 화물운송이 갈수록 중요해질 것이다. 더구나 기후변화에 대한 대응이 강화되는 상황에서 저탄소 녹색교통 수단인 철도의 환경적 외부효과가 크다. 런던과 파리, 브뤼셀을 연결하는 고속철도 회사인 유로스타의 관계자도 환경비용의 경쟁력을 강조하였다. 또한 터널건설기술의 눈부신 진보를 고려하고 일부 구간을 교량으로 대체하여 비용을 대폭 절감한다면 경제적 편익·비용 비율이 1에 접근할 수 있음이 확인되었다.

한일터널이 국제정치적 프로젝트라는 사실은 이 사업의 타당성을 보강하는 논점이 된다. 동북아시아는 역동적으로 발전하는 지역이지만 지정학적으로 매우 불안정한 것이 현실이다. 북한의 천안함과 연평도 도발을 둘러싼 각국의 입장은 이러한 현실을 극명하게 노출하였다. 세계 최대의 역사(役事)가 될 한일터널 사업의 성공적인 건설과 운영은 한일 양국 외에도 북미와 서구를 포함한 주요 강국의 자본이 참여하고 다양한 정책과 제도가 조율되어야 한다.

이번 연구는 한일터널이 한반도를 포함한 동북아시아의 평화와 번영을 담보하는 세계적인 자산이 된다는 사실이 가져올 국제 정치와 외교안보 측면의 이익을 확인하였다.

한일터널이 역사문화적 프로젝트라는 인식은 이 사업의 선결조건을 분명하게 한다. 세이칸 터널 답사에서 만났던 일한터널연구회의 후지하시 겐지 상임이사는 "한일터널은 마음의 벽부터 뚫어야 한다"고 했다. 한일 간에 과거사를 청산하고 미래지향적인 비전을 열어가며 경제와 문화 모든 면의 개방을 확대하는 것이 서로 이익이라는 국민적 공감대 형성이 관건이다. 많은 선결조건 때문에 아직 기업들이 적극적으로 나설 수 있는 여건은 아니다. 우선 양국의 지식인, 학자와 같은 오피니언 리더들이 논의를 주도하고, 정치지도자의 결단이 이루어져야 가능한 사업이다.

양국 정부는 사업의 공익성 범위 내에서 최대한의 지원조치를 강구하여야 할 것이다.

또한 양국 간에 또는 관련 이해 당사국 간에 다양한 민관 협력 채널이 구축되어야 함은 물론이다. 한일터널의 성공은 한국이 동북아의 지역 허브로 꽃피우고, 유라시아를 잇는 글로벌 허브(global hub)로 열매 맺어 소프트파워 시대의 첫 선진강국으로 도약하는 결정적 계기가 될 것으로 기대한다.

대한민국 성장의 새로운 동력

일본은 세계 최장인 세이칸터널을 비롯하여, 동경만터널 등 해저터널에 대한 운용과 새로운 건설 논의가 활발하다. 한일해저터널의 노선, 적용기술 등에 대해 우리보다 다양한 검토가 진행 중이다. 중국은 2010년 샤먼의 샤먼샹안 해저터널을 개통하면서 해저터널 건설 대열에 합류했다. 3만 2000㎞의 해안선을 가진 중국은 동부 연해 도시를 중심으로 곳곳에 해저터널 프로젝트를 추진 중이다. 얼마 전 시진핑 주석이 방한하면서 한·중 해저터널이 새롭게 주목받았다. 양국 간 교역량이 갈수록 커지고 한국을 찾는 중국인이 늘면서 해저터널에 대한 논의도 탄력을 받고 있다.

현재 운영되고 있는 세계의 해저터널은 20여 곳에 이른다. 그 중 가장

최 연 혜 | 전 코레일 사장(전 한국철도대학교 총장)

좋은 벤치마킹 대상은 일본의 세이칸터널과 유럽의 유러터널이다. 이들 터널은 20년간 성공적인 운영을 통해 기술적인 안정성과 효용성 검증을 마쳤다.

해저터널을 통해 얻을 수 있는 유·무형의 파급효과도 충분히 입증됐다. 우리나라도 세계 최고 수준의 건설 기술을 앞세워 거가대교의 가덕 해저터널, 분당선의 한강하저터널 등 주목할 만한 프로젝트를 성공리에 진행한 바 있다. 한일해저터널과 한중해저터널이 건설된다면 동북아를 하나의 경제공동체로 묶어줄 것이다. 일본과 중국, 우리나라가 하나의 철도망으로 연결되면, 유라시아 대륙은 물론 미국, 캐나다를 연결하는 글로벌 물류망의 경제성이 한층 배가될 것이기 때문이다. 또한 각국에서 해저터널 건설 붐이 일 것이다. 우리나라는 막대한 해저터널 시장을 선점할 수 있고, 해저터널 건설 사업은 우리나라 국가성장의 새로운 동력이 될 수 있을 것이다. 한일터널은 기술적으로도 문제가 되지 않는다고 생각한다.

지구촌 피스로드 구축 중심축·막강한 동력

현재 한일터널의 일본측 예상 출발지인 일본 큐슈 사가현 가라쓰시에는 본 공사가 시작되면 보조역할을 할 수 있는 547m 길이의 조사사갱이 굴착돼 있으며, 국제하이웨이재단과 일한터널연구회가 조직돼 일본 이키섬~대마도~거제 또는 부산에 이르는 전체 설계도가 제작된 상태다. 2014년 5월에는 대마도 서해안의 아레(阿連)에서 조사사갱 입구 공사를 위한 상세측량이 실시되기도 했다.

조사사갱 굴착 공사의 경우 4분의 1 구배(4m 나아가면 1m 내리는 각도), 지름 약 6m로 1300m까지 굴착하고, 사갱 밑바닥에서 수평갱(선진도갱)을 1700m가량을 굴착하는 계획이 추진되고 있다. 한국 측에서도 1986년 한일해저터널연구회가 설립돼 1988~1990년 2년여 동안 대마

최 윤 기 | 전 통일그룹유지재단 이사장

도와 거제도 일대 5개 지역에서 시추조사를 벌였으며, 그 바통을 받아 세계평화도로재단과 한일터널연구회가 각각 서울과 부산 양쪽에서 추진 사업을 이어가고 있다.

한일터널 건설과 관련해 전문가들 사이에서 기술적 문제는 거의 없는 것으로 알려져 있다. 한일터널은 해저구간만 150㎞에 달하고, 가장 깊은 곳은 수심이 최대 220m에 이르는 점을 고려할 때 NATM과 쉴드TBM, 침매 등 지금까지 개발된 해저터널 굴착 공법으로 가능하다는 게 전문가들 견해다. 한일터널은 한반도종단철도 연결과 함께 피스로드 구축의 중심축이자 막강한 동력이 될 것이다.

대한민국 대표할 랜드마크 건설상품

미래 건설산업 신상품군은 △글로벌 경제 상품군 △녹색건설 상품군 △삶의 질 향상 상품군 △남북협력산업 상품군 △건설현장 기술 상품군 등 5가지 영역으로 분류할 수 있다. 첫째, '글로벌 경제 상품군'은 한일터널과 200㎞/h 이상의 초고속도로 등을 들 수 있다. 한일터널의 경우 부산과 일본 사가현(佐賀縣) 가라쓰(唐津)를 잇는 최적 노선이 타당성 검토를 거쳐 본격적으로 착수될 것으로 예상된다. 한일 간 육로교통인 철도노선이 확보될 경우 두 나라 사이에 유동인구는 물론, 철도를 이용하는 물동량도 급격하게 증가할 것으로 보인다.

한일터널 건설은 기술적인 제약보다 경제성이 더 문제가 되어 왔다. 그러나 해저터널 역세권 지역을 도시개발과 연계한다면 경제성 확보도

최 재 범 | 전 한진중공업 부회장(전 서울시 부시장)

무난할 것으로 판단된다. 해저터널을 완공하면 해저역사, 해상호텔 등 새로운 관광 자원의 발굴도 가능하다. 일례로 유러터널 입·출구인 영국의 포크스톤과 프랑스 칼레 지역은 인구가 많이 유입되었고, 새로운 상권이 형성되었다. 유러터널은 민간 자본으로, 일본 세이칸터널은 정부재정으로 충당돼 각각 장단점을 지니고 있다. 한일터널은 유러터널이나 세이칸터널의 단점을 보완해 민간과 정부 간 상하분리 방식으로 자본조달을 추진해야 할 것으로 분석된다. 경제성이 담보된다면 민간 투자자그룹에서 사업을 주도하게 할 수도 있다. 예컨대 포크스톤과 칼레처럼 인구 유입과 상권 형성을 통해 발생한 개발 이익을 터널사업자에게 보장해 준다면 수익성을 담보로 하는 민간자본의 대거 유입도 기대할 수 있다.

한일터널 건설을 위해 시공방식 등 신기술이 계속 개발될 것으로 예상된다. 수직터널을 사용하여 해저터널을 개발하는 신기술은 공기 단축의 이점이 있다. 공사에 사용된 수직터널은 완공 후에는 해저역사 및 해상호텔 등 새로운 관광자원으로 개발할 수 있으며, 인공 섬 건설로 연결될 수 있다. 또한 지진, 화재, 누수 등 터널에 문제가 발생할 경우 승객 탈출구로 활용되어 안전도도 높일 수 있다. 한일 해저터널은 신기술, 신공법의 실험 무대가 될 것으로 기대된다. 한일터널은 한국을 대표할 수 있는 랜드마크 건설상품에 선정된 바 있다. 이를 실현하고, 국내 건설 산업의 경쟁력을 키우며, 새로운 활력소로 삼기 위해서는 국가의 전폭적인 지원이 필요하다. 특히 중앙정부, 지자체, 기업 간 3자 공동출자방식 등 다양한 지원방안이 적극 검토되어야 한다. 미래예측 활동이 더욱 중요하게 다뤄지는 것은 그 잠재력이 크기 때문이다.

동북아 철도·에너지망 연결 통합네트워크 완결판

동북아시아 지역 대외 협력정책으로 문재인 대통령의 동아시아 이니셔티브, 미국 바이든 대통령의 한미일 동맹강화 정책, 중국 시진핑 주석의 일대일로, 러시아 푸틴 대통령의 신동방정책이 있다. 우리 정부의 '동아시아이니셔티브'는 한반도 신경제지도, 신남방·신북방 정책, 동아시아철도공동체를 하나로 집약하고 있으며, 평화·사람·협력 등 3 공동체로 요약된다. 바이든 대통령은 트럼프와 달리 한미일 동맹강화가 예상되며 시진핑의 일대일로는 중국 중심의 대륙과 해상 교통망을 연결해 국제경제회랑을 구축하려는 새로운 개혁개방의 핵심정책이라고 할 수 있다.

푸틴의 신동방정책은 아태지역과 연계한 러시아 북동지역 개발인데, 특히 천연가스의 동북아 판로에 포커스가 맞춰져 있다. 문 대통령의 동

최 치 국 | 한국정책공헌연구원 원장
(부산대학교 도시문제연구소 특별연구원)

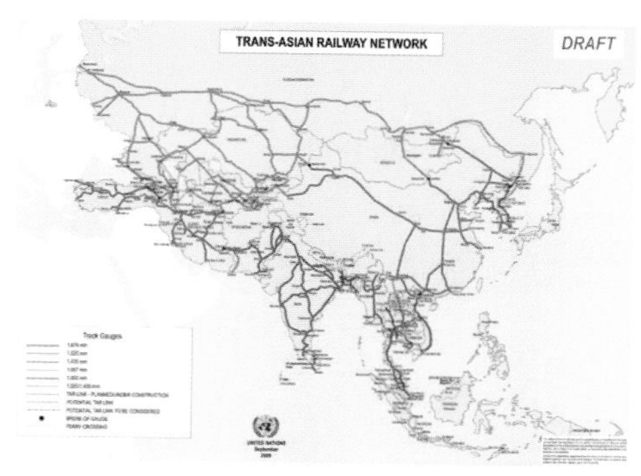

아시아철도 노선도

아시아철도공동체 구상은 유럽연합을 촉진시켰던 철도망처럼 전 동북아를 연결하는 철로망을 구축해 동북아 통합 환경을 조성하겠다는 발상이다. 여기에는 철도망뿐 아니라, 남북러 가스관 노선 등 에너지망도 포함시켜 통합개발이 이뤄져야 한다. 동아시아철도공동체 구상을 위해서는 대한민국에 거점지역이 필요하다. 여수~부산~울산~포항의 동남해안 300㎞를 연결해 인구 약 1000만 명, 지역내 총생산(GRDP) 약 280조원을 가진 거대한 해양경제권으로 만들면 거점지역 역할을 할 수 있을 것이다. 특히 한국과 일본 국경은 세계에서 가장 안전하며, 이 거대경제권은 세계 368개 항만, 도시와도 연계가 돼 있다.

지구촌은 국경과 국경을 연결하는 초국경 경제권이 계속 증가하고 발전하는 추세다. 동아시아철도공동체가 실효를 거두려면 한일터널을 핵심사업으로 추진해야 한다. 부산에서 쓰시마, 이키섬을 거쳐 큐슈 가라쓰에 이르는 한일터널은 동북아의 철도망과 에너지망을 연결하는 통합네트워크의 완결판이라고 할 수 있다. 한일터널은 100년의 한일 상생프로젝트로 선정돼야 한다. 앞으로 한·중·일 회담이 열리면 한일터널이 공동의제가 될 수 있다. 무엇보다 한일터널은 동북아평화와 번영을 위한 철도공동체의 선도 프로젝트로 논의돼야 할 것이다.

새로운 '길 프로젝트'로 동북아 새 성장동력 기대

세계문명사는 지구촌의 정복과 개척이라는 목적 하에 다양한 교통수단 개발과 새로운 길을 만드는 과정으로 점철돼 왔다. 이 과정에서 인류에게 많은 긍정적 효과를 유발시켰지만 갈등과 반목, 전쟁, '철의 장막' 설치 등 부정적 요인들도 함께 나타났다. 제국주의와 냉전시대 종료 이후 '길'을 연결해 지구촌 평화를 달성한다는 구상은 부정적 요인을 완화하면서 교류 증대는 물론 인류의 삶을 증폭시킬 수 있는 선순환 구조를 만드는데 이바지할 것이다.

시베리아횡단철도(TSR)~중국횡단철도(TCR)~한반도종단철도(TKR)의 연결, 베링해협과 한일터널 건설, 북극항로 개척 등 새로운 길의 연결은 북한을 포함한 동북아 3국은 물론, 세계 모든 국가들이 윈윈할 수 있

한 종 만 | 배재대학교 명예교수(전 시베리아학회장)

다고 생각된다. 한·중·일은 '길 프로젝트'를 통해 새로운 성장 동력을 가질 수 있다. 프로젝트에 소요되는 재원은 국제기구와 아시아개발은행(ADB), 유럽부흥개발은행(EBRD), AIIB 등을 통해 조성할 수 있다.

한일터널 등 한국과 주변 4강과 연계되는 새로운 '길 프로젝트'를 통해 동북아는 새로운 성장 동력을 가질 수 있으며, 한반도 통합과정을 가속화시킬 수 있는 계기를 조성할 수 있다. 당연히 군비경쟁의 감소와 평화정착 등 막대한 혜택도 공유할 수 있을 것이다. 길은 인류의 위대한 진전이기에 평화로 귀결되어야 마땅하다.

'아시아의 터널'…'베세토 하이웨이' 구축

한일터널 건설을 통한 양국 간의 협력은 동북아 지역의 긴장 관계를 완화하고, 지역 내 국가들 간의 응집력을 더욱 높이는 중요한 정치적 계기를 제공하게 될 것이다. 한일관계의 새로운 협력시대를 과시하고 실질적인 동북아시대의 건설을 위한 정치적인 주춧돌을 쌓는 데 한일터널은 크게 공헌할 수 있다. 영불해저터널은 그것이 갖는 통합 유럽적 상징성으로 인해 '유러터널'이라 불려지듯이 한일해저터널은 그것이 갖는 아시아적 상징성으로 인해 '동북아 터널' 또는 '아시아 터널'이라 불릴 수 있다.

한일해저터널의 건설이 이루어질 경우 동북아 권역내 경제활동 중심지인 베이징~서울~도쿄를 고속철도로 연결하는 이른바 '베세토

허 재 완 | 중앙대학교 명예교수

(BESETO) 하이웨이'가 구축될 수 있다. 일본과 중국은 현재 GNP 기준으로 세계 2위와 3위를 차지하고 있다. 그리고 한국은 제10위의 경제대국이다. 더욱이 현재의 경제성장추세를 볼 때 조만간 중국이 타의 추종을 불허하는 세계 최대의 경제대국이 될 것이며, 일본이 제2위 그리고 한국 역시 제7위 안에 들 것으로 보인다.

따라서 베세토 하이웨이는 세계경제를 주도하는 중심지역이 될 것이다. 이 경우 한국은 세계 최대의 경제중심지들을 연결하는 거점지역으로 부상하게 된다. 더욱이 베세토 하이웨이는 베이징, 천진, 서울, 오사카, 도쿄 등 인구 1000만 명의 5대 거대 도시권을 포괄하고 있을 뿐만 아니라, 인구 20만 이상의 도시 112개가 인접해 있어 총 1억 명의 인구가 이용하는 철의 실크로드가 된다. 베세토 하이웨이의 구축은 영종도 국제공항과 더불어 한국의 서울을 동북아 항공교통 및 육상교통의 중심기지화하는데 결정적인 공헌을 할 수 있다.

남북갈등 일거에 해소하는 피스로드 프로젝트

문선명 총재와 지속적으로 교류하면서 그의 사상과 세계관을 지켜보았다. 그의 사상은 우리 민족의 개국이념인 '홍익인간, 이화세계'를 기저로 하여 보편화된 세계적 고등종교의 옷을 입히고, 오늘의 기독교사상까지 융합·통일시켜 세계적 보편사상으로 재창조한 것이 아닌가 생각한다. 문 총재는 한국 문화와 사상을 전 세계에 전파한 최초의 한국인인 동시에 전 세계에서 가장 넓게 존경받는 한국인이라고 생각한다.

한일 해저터널과 베링 해저터널 등 지구촌의 도로와 철도를 연결해 평화와 번영의 가교를 놓으려는 문 총재의 피스로드 구상은 미래지향적인 기발한 아이디어요, 상상밖의 일이다.

하늘의 이치를 알지 못하고서는 생각할 수 없다. 피스로드 프로젝트가

홍 일 식 | 선학평화상위원회 위원장(전 고려대학교 총장)

남북 갈등도 일거에 해결할 수 있을 것이라고 본다. 지금은 꿈같은 이야기지만, 점점 필요성이 대두하고 있음을 부인하기 어려울 것이다. 천동설이 정설로 통할 때, 지동설을 주장한 사람은 정신병자 취급을 받았다. 그러나 역사는 지동설이 정설로 귀결이 났다. 서산의 해가 지고 싶어 지겠는가. 북한 김정은도 문을 열지 않으면 안 될 상황이 올 것이다. 문 총재의 전 지구적 피스로드 프로젝트는 반드시 재평가될 것이다.

3국 철도 연결효과…북한개방도 앞당겨

한일 해저터널 건설은 아시아와 유럽을 잇는 유라시아 철도망 구성으로 경제적 효과는 물론이고 남북통일, 동북아 긴장 완화 효과까지 기대할 수 있다. 규모부터 막대하다. 길이만 무려 200km에 달한다. 영국~프랑스 간 도버해협을 가로지르는 유러터널 길이가 50.54km인 것과 비교하면 거의 4배에 이른다. 전문가들은 공사비로 약 70조~100조 원을 추산한다.

공시기간도 최장 20년이다. 유러터널이 공사비 14조원, 공사기간 6년 걸렸던 것과 비교하면 4배쯤 된다. 하지만 일본 해저터널연구회 측에서는 개통 15년이면 건설비를 회수할 수 있다고 주장한다. 특히 일본~유럽 간 해상운송 기간이 현재 20일인 데 비해 해저터널이 뚫리면 7~8일

황 종 택 | 녹명문화연구원 원장
(전 한국신문윤리위원회 전문위원)

만에 가능하다는 분석이다. 자기부상열차를 타고 갈 경우 한·일 간 1시간 내 이동이 가능하다는 주장도 있다.

실제 한일 해저터널을 통해 '일본 신칸센~한국 KTX~남북 경의선'을 연결하면 동아시아 3국 철도가 완성되는 효과가 기대된다. 전문가들은 일본에서 대륙으로 수송되는 물동량이 늘어나 통과료 수입만 꽤 챙길 수 있다고 강조한다. 이뿐 아니다. 중국횡단철도(TCR), 시베리아횡단철도(TSR)와의 연계를 고려하면 북한의 개방과 협력도 앞당길 거란 분석이다.

한일 해저터널 건설은 어제 오늘 갑자기 나온 사안이 아니다. 더불어민주당이 '비조(鼻祖)'로 받드는 김대중 전 대통령은 일본 대중문화를 과감히 개방해 오히려 한류 확산의 기폭제로 삼았다. 영국과 프랑스가 이웃에 살면서도 경쟁심으로 그렇게 사이가 좋지 않아도 도버해협을 해저터널로 연결해 양국은 공존공영하고 있다. 언제까지 철 지난 민족 감정에 사로 잡혀 국가 진운(進運)의 걸림돌이 될 것인가. 국리민복을 위해 세상을 크게 봐야 한다.

실크로드 출발점 한·일로 확장하는 계기

매년 전 세계에서 건설에 투자되는 금액은 2천조 가량이다. 건설은 토목공사와 건축공사를 합쳐서 이르는 말인데 2천조 가운데 4분의 1에 해당하는 500조가 일본 단독으로 투자하는 금액이고, 나머지 500조를 그 밖의 나라에서 투자하고 있다. 일본의 경우 건설업과 관련해 생계를 유지하는 사람이 전 국민의 40%에 이르고, 우리나라의 경우도 전 국민의 25%라는 적지 않은 비율을 가지고 있다. 그러나 최근 양국의 어려운 경제사정을 감안할 때 건설업이 활성화되지 않으면 한국도 더 이상의 발전은 어렵고, 일본 역시 퇴보의 길을 갈 수밖에 없게 되었다.

이를 타개하기 위해서는 건설사업이 부흥해야 한다. 그 가운데 하나가 한국과 일본 사이 대한해협(현해탄)에 해저터널을 건설하는 일이다. 이

황 학 주 | 전 연세대학교 명예교수(작고)

사업에 예상되는 비용이 100조 원이지만, 이를 통하여 양국이 누리게 될 파급효과는 수백조 이상이 될 것이다.

실크로드는 과거 중국 서쪽 장안(현재 서안)을 기점으로 로마로 이어지는 길이다. 수 천 년 전 낙타에 비단을 실어 동양과 서양의 문물이 운반되던 그 길의 연장선에 이제 대한해협에 해저터널을 놓으면 실크로드의 출발점이 한국과 일본으로 확장되며, 수 천 년 전 낙타로 서역 땅을 연결한 실크로드가 이제 지구상 최초로 고속철도가 내달리며 전 세계를 연결하는 신 실크로드가 될 수 있다. 한일터널은 엄청난 프로젝트다. 이 사업이 바탕이 되어 한국과 일본이 손을 잡으면 21세기 양국이 전 세계를 주도해 나갈 수 있을 것이다.

18세기는 네덜란드, 19세기는 영국, 20세기는 미국이 세계를 리드했다. 그러나 새롭게 맞이한 21세기는 전 세계가 좁아지고 크게 변했기 때문에 한 나라가 1백 년을 주도해 나간다는 것은 불가능하게 됐다. 많은 학자들이 21세기는 아시아지역 국가가 리드할 것을 예견해 왔는데, 결과적으로 2040년까지 일본, 2040년부터 2070년까지 한국, 2070년부터 2100년까지는 중국이 세계를 리드해 나갈 것으로 본다. 그러나 최근 3국의 상황을 살펴볼 때 일본 혼자서 세계를 주도하기는 어렵게 됐고, 한국 역시 단독으로 세계의 주도 국가가 되기는 감당하기 어려운 상황이라고 보고, 긍정적인 방안의 한 가지로 한국과 일본이 손을 잡고 협력하여 60~70년간 함께 세계를 이끌어 가는 것이. 두 나라가 손을 잡을 수 있는 좋은 소재가 바로 한일터널이다.

가장 큰 장애물 '반일감정' 극복해야

한일 해저터널 건설 등 국제평화초고속도로 건설 사업은 전 세계를 소통시키는 중차대한 역할을 하게 될 것이다. 아무리 두터운 장벽도 개미구멍에서 무너진다. 길을 뚫는 것을 창조적 과업이라고 생각해야 한다.

그런데, 한일터널은 가로막고 있는 것은 오래된 반일 감정이다. 사실 필자를 비롯한 대부분의 한국인들은 아직 진심으로 일본을 용서하지 않고 있다. 그렇지만 고려 말기부터 우리를 지배해 많은 문화재와 전리품을 가져갔고, 수많은 공녀를 끌고 갔으며, 우리를 총알받이로 세워 일본 정벌을 시도하였던 몽골에 대하여 이를 가는 사람은 드물다. 왜 그럴까? 우선 너무 오랜 세월이 지난 탓도 있지만 지금 몽골이 우리보다 훨씬 못사는 약소국이기 때문이 아닌가 한다. 심리적 우월감이 과거의 상처를

황 호 균 | 전 삼성건설 건설부문 전무이사

치유하는지도 모르겠다.

그렇다면 반일이 아닌 진정한 극일은 어떻게 이루어야 하는가? 바로 우리가 일본보다 잘 사는 길밖에 없다. 개인적 인간관계로 놓고 보아도 결국 자기가 상대보다 잘 살고 있으면 모든 것이 덮이고, 용서할 아량도 생기는 것이다. 일본보다 잘 살기 위해서는 외국이 도와주는 것이 아니라 우리 스스로 국가 경쟁력을 갖추어야 한다. 이를 위해 정부는 물론, 기업체와 개인 등 우리사회 전체가 자기를 성찰하고 방법을 강구하여야 한다. 쉬운 것부터, 작은 것부터, 할 수 있는 것부터, 안 해도 되는 것부터 돌아보고 경쟁력을 키워야 한다.

시민의식과 준법정신, 책임의식, 가정교육 등 정말 할 일이 많다. 우리나라 사기범이 일본보다 8배나 많은 것은 정말 뼈아프게 자각하여야 한다. 우리의 고소·고발이 일본보다 157배 많다는 사실도 행정력과 정부 예산의 낭비이다. 국가 경쟁력 향상에 불필요한 과다한 법조인력 양산과 갈 때까지 가보자는 심리로 대법원까지 가는 소송 풍토 등으로 인해 사회·정치적 의사결정도 지연되고 있다. 아니면 말고 식의 헌법소원 남발도 과연 옳은 일인지 자각하여야 한다. 그 외에 보험사기 증가로 인하여 타인이 부담하게 될 사회적 손해와 불필요한 비용 등 헤아릴 수 없는 문제점이 우리사회에 엄존하고 있다. 한국의 국내총생산(GDP)과 기타 모든 지표가 일본을 앞설 때, 진정한 극일이 이루어질 것이다.

한일터널을 우리가 먼저 뚫자고 해서 손해 볼 것은 없다. 오늘날 우리가 몽골 대하듯이 너른 마음으로 일본을 대하게 될 그런 날을 조심스럽게 기대하여 본다.

동북아 지역 공동체 형성 출발점

한일터널 프로젝트를 검토해 보니까, 양국 국민 사이에 '과거사'라는 갈등 요소를 해소하는 일이 시급했다. 이것을 해결하지 않고는 아무 것도 못하겠다는 생각이 들었다. 한일터널을 놓으려면 양국 국민들의 마음을 소통시키는 일이 무엇보다 중요하다. 그런데 이것은 국가가 전면에 나서기 보다는 시민단체나 우리 같은 사람이 나서서 민간차원에서 대화와 교류를 통해 해법을 모색하는 것이 좋다.

부산에서 군중 10만 명 모으는 것은 어렵지 않다. 노태우 대통령 때도 두 번 다 모아드렸다. 그래서 큰 집회나 법회에서 어떻게든 반일감정을 누그러뜨리고, 양국을 이해시키는 일을 해왔다. 가장 좋은 방법은 한국 사람들이 일본사람 욕 안하게 하는 거다. 조선시대에 우리가 중국에다

흥교스님 | 대한불교조계종 전계대화상(성주사 회주)

얼마나 많은 조공을 갖다 바쳤는가. 당시 처녀도 갖다 바치고, 소나 인삼도 바치고, 5백 년 동안 기둥뿌리까지 쏙 뽑아다 바치지 않았는가. 그에 비해 일본이 우리나라를 통치한 것은 40년이다. 그런데 우리는 중국에게는 아무런 욕도 하지 않고 유독 일본에만 심하게 욕을 한다. 우리는 아직도 일본의 도움을 받고 있다. 휴대폰만 해도 부속품의 절반은 일본서 가져오지 않는가. 그런데 국가 위정자들이 중국 눈치는 봐도, 일본 눈치는 안 본다. 일본서 돈 안 끌어오면 아무 것도 못한다. 일본 욕할 거 없다.

남의 나라 국민 욕보인 것 꼽으라면 우리도 마찬가지다. 과거 월남전 때 한국 군인들이 베트남 사람들에게 얼마나 못 된 짓 많이 했는가. 사람의 사지를 찢어 걸어놓기도 했다. 일본 사람은 그렇게까지는 하지 않았다. 그래서 대중들을 만나면 일본을 품어야 한다고 일러준다. 이제 양국간 감정싸움은 끝내야 한다. 서로 좋게 지내야지, 그렇지 않으면 미래가 없다. 한일관계는 정치인들이나 윗선에서만 이뤄질 일이 아니다. 높은 사람들에게 백 번 이야기해도 소용없다. 국민 속에 뛰어 들어가야 일이 된다. 재단에서 사람을 키워서 학교나 단체, 모임 찾아가서 설득할 수 있어야 한다.

한국 경제의 비약적인 성장은 과감한 대외개방을 통해서 이뤄졌음은 이미 알려진 사실이다. 특히 상대적 우위에 있는 일본에 대한 개방 효과가 컸다. 나는 무엇보다 한일터널을 통해 양국이 문화적, 경제적으로 가까워질 거라고 확신한다. 평소 일본문화에 관심이 많았다. 일본이 우리보다 정신적으로 앞서 있다고 본다. 동일본 대지진 때 목격하지 않았는가. 그 사람들은 구호대원들이 물 한 병만 가져 가라고하면 꼭 한 병만

들고 간다. 우리가 백 년 닦아서 그렇게 되겠는가. 따라가기 어렵다. 일본은 한 때 동방예의지국이었던 우리 민족이 지금은 변질됐다고 비웃는다.

일본의 공중도덕과 질서의식은 세계 으뜸이다. 유럽의 식당에 가면 한국인은 구석진 곳으로 보내고, 일본인은 창가로 안내한다. 한국인들은 술 한 잔 먹으면 소리치니, 호텔에서 받아주지 않는 거다. 이것이 하루아침에 되는 것이 아니다. 일본인들은 얄밉도록 깨끗하고 잘 한다. 치안은 또 어떤가. 일본의 치안은 세계 최고다. 일본 언론에는 송장이 안 나온다. 쓰나미 때 그렇게 많이 죽었어도 방송에서 죽은 사람 못 봤다. 우리와 사뭇 다르다. 기자가 판단을 잘 하는 거다. 국가관이 충실해서 그렇다. 우리 같으면 난리 났을 거다. 언론에 돈다발 나오는 것도 못 봤다. 언론에서는 죽은 사람이나 돈다발 등은 꼭 모자이크나 안개 처리하여 안보이게 한다. 우리는 부도가 나든지, 돈 봉투 사건이 터지면 으레 신문· 방송에서 돈 다발을 보여준다. 내일 먹을 것이 없어 쩔쩔매는 사람이 돈 덩어리를 보면 환장하지 않겠는가. 가진 자들에 대해 거부감이 생기는 것이다. 알 권리를 막는다고 반발할 수 있겠지만, 인본주의는 사람이 중요하기 때문이다. 일본은 그렇게 문화가 다르다. 현재로선 일본 문화를 따라갈 수 없다. 우리는 '일본 놈'이라고 욕하지만, 중국 사람들은 자기 민족을 죽여 비누 만들고, 생체실험을 했어도 일본 사람을 욕하지 않는다. 그게 문화다. 외국 문화가 다 좋다는 것이 아니라, 좋은 점은 배울 필요가 있다는 거다.

오늘날 경제와 정치는 이미 국경이 없어졌다. 증권시장만 해도 세계가 공유하고 있지 않는가. 유럽에서는 아침출근을 다른 나라에서 한다. 문화의 이동은 물과 같다고 본다. 보다 많은 물줄기와 연결된 강은 마르지 않으며, 더 멀리, 더 넓게 흐른다.

한일터널을 뚫으면 반드시 두 나라가 문화와 경제적으로 차이가 좁혀질 것이다. 그래야 한일 간에 진정한 국경의 의미가 사라질 수 있다. 또한 한일터널이 연결돼야 한반도종단철도도 제대로 위력을 발휘할 수 있다. 그래야 남북통일도 탄력을 받을 수 있고, 우리 민족이 동북아 시대의 주역이 될 수 있다. 한일터널은 한반도 문제 해결의 촉진제와 같다고 할 수 있다. 경제적으로도 일본과 가까워지면 얻을 것이 많다. 일본 가서 일당을 받아도 우리나라의 몇 배를 받을 수 있지 않는가.

2차 대전 당시 일본에 끌려가 죽은 한국 사람들의 유골이 아직 일본의 사찰이나 신사, 굴 등에 그대로 있다. 그런 것부터 하나하나 해결해야 한다. 그 다음에 일본 내 조총련도 다독거리고, 일본의 아스카 문화가 곧 백제문화이니 공동으로 행사도 개최하면서 가까워져야 한다. 한국과 일본은 서로 유대를 공고히 해서 더불어 살아야 한다. 서로 돕고 살아야 발전하지, 평생 다퉈 봤자 되는 일이 없다. 어차피 두 나라는 '자유민주주의'와 '시장질서'라는 인류의 보편적 가치를 추구하고 있다. 그 가치의 공유야말로 지역 공동체 건설을 위한 출발점일 수밖에 없다. 양국 국민들의 마음이 열려야 한일터널도 빨리 뚫을 수 있다.

아픈 과거사 딛고 미래로 나아가자

1981년 서울에서 거행된 '제10차 과학자 회의'에서 문선명 총재께서 '국제하이웨이' 구상을 발표하신 뒤, 그 분의 지도로 일본에서 국제하이웨이사업단과 일한터널연구회가 창설되었는데, 선친(가지쿠리 겐타로)께서 두 단체의 초대 이사장이 되어 바쁘게 활동하셨다. 그때 처음으로 일한터널 프로젝트를 깊이 접하게 되었다. 이후 83년부터 한국 선문대에서 유학생활을 했는데, '앞으로 비행기가 아닌 열차나 자동차로 두 나라를 왕래하게 되겠다'고 상상하며 매우 흥분했었다.

앞으로 한일터널은 일본과 한국은 물론, 동북아시아의 평화와 안정 그리고 번영에 결정적이고, 필수적인 역할을 수행할 것이다. 선친이 생명을 바칠 각오를 가지고 임해 오셨던 사업을 2대에 걸쳐서 맡게 되어 영

가지쿠리 마사요시(梶栗正義) | 세계평화도로재단 일본회장

광으로 생각한다. 또 그 중요성을 생각면 늘 긴장과 셀렘으로 가득하다.

한일터널에 관하여 2010년에 한일 양국 전문가들에 의해 제시된 '어젠다 21'이 있다. 거기에 소개된 글에 '양국 국민들의 충분한 이해와 동의를 얻어서 추진되어야 한다'는 표현이 있다. 이를 위해 일본에서는 한일터널 추진 현민회의와 전국회의가 조직돼 있다. 이들 조직은 일본 국민들이 한일터널에 대한 이해와 관심을 형성하는 역할을 하게 될 것이다. 또한 한일터널을 희망하는 전국의 목소리를 모아 일본 정부 당국에 전하는 데 크게 기여할 것이다.

11년 동안 한국서 유학생활을 하며 한국인의 문화와 정서를 접했다. 여기에 더해 일본 국내외에서 진행해 왔던 평화사업의 유산을 활용해서 한일 간 민간차원의 교류를 촉진하고, 한일터널 추진을 위한 여건 조성에 힘을 보탤 것이다. 또한 한일터널을 지지하는 일본 국회의원들과 함께 의원외교 차원에서 양국 간 대화의 채널을 마련하는데 기여할 것이다.

한일터널이라는 테마를 놓고 양국 국민이 서로 교류를 심화하고, 다방면으로 협력관계를 구축하면 한일은 물론, 동북아시아에 큰 축복이 열릴 것이다. 한일 간 불미스런 역사를 잊지는 말되, 양국은 미래를 보고 나가야 한다.

한일터널을 건설해야 하는 이유

일본과 한국은 2000년 이상 교류해온 역사가 있다. 불행한 시기도 있었지만, 우호적인 교류가 더 오랫동안 지속됐다. 고대부터 근대에 이르기까지 중국이나 인도 등의 융성한 대륙 문명을 일본에 전래한 것은 조선의 지식인들이었다. 〈논어〉와 〈천자문〉을 일본에 전한 것도 오진천황(應神天皇, 201~310) 시대 백제의 왕인(王仁) 박사였다. 불교문화와유교사상을 전한 것이나 도자기 기술을 가르친 것도 모두 조선의 지식인과 도공들이었다.

19세기 접어들어 조선, 중국 등 동양 제국이 문호를 굳게 닫음으로써 문명 개화가 늦어진 반면에, 일본은 일찍이 서양문명을 수용해 근대화의 꽃을 피웠다. 하지만 일본은 구미제국으로부터 배운 지식이나 가치관 등

나가노 신이치로(永野愼一郎) | 다이토 분카대학교 명예 교수

을 영토 확장을 위한 수단으로 이용해 한국이나 중국 등 아시아 근린 제국에 많은 피해를 주기도 하였다.

양국 미래지향적 관계 새롭게 구축해야

고통스런 기억은 뇌리에서 잘 지워지지 않는다. 20세기 전반부에 있었던 조선에 대한 일본의 강압통치가 그렇다. 그 시대를 살아 온 한국인들은 잊으려고 해도 잊히지 않는다. 과거를 직시하지 않고 조심성 없는 발언을 반복하는 일부 지도자들의 언동으로 인해 과연 일본이 과거의 잘못을 진심으로 반성하고 새로운 신뢰 구축을 바라는 것인가 하고 의구심을 가질 것이다. 일본은 과거의 잘못을 솔직하게 인정하고 진사(陳謝)해야 한다. 한국도 넓은 마음으로 포용하여 미래 지향적 관계를 새롭게 구축해야 한다. 양국 국민 모두에게 중요한 것은 신뢰를 쌓는 일이다.

시대가 변하였다. 특히 양국을 둘러싼 국제환경이 크게 달라진 사실을 전쟁 전에 태어난 세대는 깨달아야 한다. 지금은 전후(戰後)에 태어난 사람들이 사회의 주축이 되어 있다. 그들은 과거를 넘어 미래에 대하여 더 많은 관심을 가져야 하는 세대이며, 글로벌 마인드와 새로운 가치관을 끊임없이 요구받고 있다. 한일 관계를 상호의존 관계로 발전시켜야 하는 것이 공생공영의 시대가 주는 메시지다. 미래를 향해 발진하기 위해서는 장해(障害)가 되는 역사 문제를 청산할 필요가 있다. 장해의 가시를 빼지 않으면 앞으로 나갈 수 없다. 문제가 발생할 때마다 그동안 쌓아올린 우호적인 관계가 한 순간에 무너지고 멈춰 설 수밖에 없다. 작금의 한일관계가 그러한 악순환의 반복이다. 신뢰 관계를 구축하려면 많은 노력이 필요하다. 무엇보다 상대방의 역사관을 존중하는 관대한 마음을 가져야 한다.

한일 관계에서 중요한 역할을 했던 인물로 야스오카 마사히로(安岡正篤)를 꼽을 수 있다. 야스오카는 전후 일본 정·재계에서 가장 영향력을 끼친 인물이며, 한일 관계에 큰 공적을 남겼다. 특히 한일 국교 정상화 과정에서 신중한 일본측 지도자들을 설득해 신생 한국과의 협력을 이끌어낸 것으로 유명하다. 야스오카는 일본의 국익을 생각하면서도 한 차원 더 높여 양국의 장래를 내다봤던 인물이다. 눈앞의 이익을 추구하는 것이 아니라, 넓고 깊고 장기적인 안목을 가졌던 사상가이다.

양국 협력으로 거대 사회주의 중국에 맞서야

이제 한일 관계는 한층 더 중요한 시기에 와 있다. 무엇보다도 일본과 한국은 이웃일 뿐만 아니라, 자유민주주의와 시장경제라는 공통 가치관을 가지고 있다. 그것이 주변 사회주의국가와 다른 점이다. 거대한 사회주의국가인 중국과 맞서기 위해서는 한일 양국이 공통인식을 가지고 협력할 필요가 있다. 중국과 단독으로 맞서기보다는 가치관이 가까운 나라끼리 제휴해 대응하면 전력은 배가 된다. 그것은 동아시아 지역의 세력균등 유지에 도움이 될 뿐만 아니라, 역내 평화와 안정에도 기여하게 된다. 일본과 한국은 '가깝고 먼 나라'에서 최근 '가깝고 가까운 나라'가 되고 있다. 한일 양국은 경제, 문화, 예술, 스포츠 등 다양한 분야에서 폭넓은 교류가 진전되고 있다. 일본의 26개 공항에서 한국으로 가는 직행 정기운항 편은 주 618편이고, 하네다~김포 간은 하루 14편 운항되고 있다. 하네다~김포는 액세스(Access)가 편리해서 당일치기가 가능하며, 비즈니스로도 유효하게 이용되고 있다.

2010년에 연간 546만 명이 양국을 왕래하였다. 일본을 방문한 한국인은 244만 명이고, 한국을 찾은 일본인은 302만 명이다. 이것은 각기 외국 방문객의 29%와 35%를 차지하여 모두 국별 1위를 기록하고 있다. 이와 같이 상호 교류가 확대됨으로써 양국 간 이해가 깊어지고 있는 것이다. 현재 한일 양국 간 자매결연한 도시는 134곳에 이른다. 지방 차원의 교류도 꾸준히 확대되고 있다. 양국을 왕래하는 사람의 대부분은 항공기를 이용한다. 항공기가 시간적으로 절약되는 것은 말할 나위 없다. 그러나 크루즈를 타고 세계일주 길에 방문하는 사람도 늘어나고 있다. 여행 마니아들은 한일해협을 해저터널로 건너 한반도를 종단한 뒤, 시베리아를 거쳐 런던까지 가는 로망 여행의 꿈도 가질 법하다.

한일터널은 로망만이 아니라, 양국의 경제력 향상에 더 큰 역할을 할 수 있다고 생각한다. 글로벌리제이션(Globalization)이 진행되고 있는 요즈음, 국경의 의미는 희박해지고 있다. 교통수단으로 육로, 해로, 공로가 있는데 각각 시대의 흐름에 따라 발달하고 있다. 일본과 한국은 바다로 연결되어 있으므로 종래 카페리나 항공기에 더해 철도나 도로로 연결하는 수단으로서 해저(또는 해중) 터널의 필요성이 증대되고 있는 것이다. 문명의 발달은 길에서 시작된다. 도로가 만들어져 그 위를 자동차가 달리고, 사람이나 물건을 대량으로 운송하는 수단으로서 철도가 만들어지면 번영은 저절로 싹튼다.

기술 진보 21세기는 해저터널시대

기술의 진보에 따라 단절된 곳이 교량이나 터널 등으로 연결되기도 한다. 한편, 교통수단 간 속도경쟁이 붙어 시속 300㎞의 신칸센, 시속 500㎞의 리니어 모터카도 출현했다. 일본 열도는 혼슈, 홋카이도, 시코쿠, 큐슈 등 4개 지역으로 나누어져 있으며, 지역 간은 철도나 도로로 촘촘히 연결되어 있다. 일본 최초의 철도는 1872년 도쿄 신바시~요코하마 간을 운행하였다. 이어 1874년 오사카~고베, 1877년 고베~교토, 1889년 신바시~고베 간이 속속 연결되었다. 일본은 이른바 태평양 벨트 지대의 도시 간을 연결하는 형태로 철도망을 확대하였던 것이다. 화물열차와 함께 장거리 열차도 달리게 되었다. 철도망은 도쿄, 나고야, 오사카의 3대 도시를 이었고, 큐슈와 홋카이도 등 전국의 지방도시까지 연결되었다. 여기에 산업 발달에 속도가 붙으면서 신칸센이나 고속도로 시대를 맞이하게 된다.

일본 최초의 신칸센은 도쿄올림픽 개최 직전인 1964년 10월 1일 개통된 도카이도(東海道) 신칸센이다. 개통 당시 도쿄~오사카 간 515.4㎞를 4시간에 달렸다. 현재는 2시간 25분으로 단축되었다. 신칸센은 큐슈와 하카타에 이어 가고시마까지 연장되었다. 도쿄~하카타 간의 도카이도·산요신칸센은 1,175㎞의 거리를 4시간 50분에 주파한다. 일본은 머잖아 일본 전역을 신칸센으로 연결할 계획이다.

일본이 신칸센 계획을 발표했을 무렵은 일본 경제가 좋지 않은 시대였다. 1961년 5월 세계은행에서 연리 5.75%로 8,000만 달러(288억 엔)를 대출한 것으로 보아 알 수 있다. 3년 거치, 20년 상환 조건이었다. 고도성장의 기세에 편승하여 일본열도 개조의 일환으로 만들기 시작한 신칸센과 고속도로는 지금도 건설이 계속되고 있다. 혼슈~큐슈 간은 해저터널로 연결되어 있다. 혼슈 시모노세키(下關)와 키타큐슈(北九州)의 모지(門司)를 연결하는 간몬(關門) 철도터널은 1942년에 개통한 세계 최초의 해저터널로, 70여 년에 걸쳐 양안의 지역경제를 지지해 왔다. 현재 간몬 해협을 통과하는 교통루트는 '간몬 철도 터널' '신간몬터널' '관문 철도 터널' '간문교' 등 4개가 있다.

혼슈와 홋카이도를 연결하는 세이칸터널은 1988년 3월에 개통하였다. 전체 길이 53.85㎞의 이 터널은 교통기관용 터널로서는 세계 최장이었다. 세이칸터널이 생기기 전에는 아오모리와 하코다테 간에 철도연락선인 세이칸 연락선이 운항되었다. 그러나 쓰가루해협에서 폭풍우 등에 의한 사고가 빈번하게 발생하고, 항로 안전에 위협을 받음에 따라 선박 수송의 대체 수단으로 세이칸터널이 건설된 것이다. 앞으로 수년 후에 쓰가루해협을 신칸센으로 건너게 되면 혼슈와 홋카이도는 훨씬 더 가까워질 것이다. 신칸센은 항공기와 비교해 에너지 대책에도 공헌할 것이고, 기상 조건에 의한 결항 사태도 피할 수 있으며, 안정된 수송력 확보에도 도움이 된다. 세이칸터널에 이어 드디어 1988년 4월 세토((賴戶)대교가 개통되면서 일본 열도 4개의 섬은 전부 철도로 연결되기에 이른다. 정비 신칸센 건설과 고속도로 연장이 아직 남아 있지만, 앞으로 교통망을 새로 확대하기 위해서는 이웃국가와의 연장이 필수적이다.

따라서 한일터널 건설은 시대의 요청이 아닐 수 없다. 일본의 터널 기술은 장기간에 걸쳐서 축적되어 왔다. 신칸센 운행이나 도로 확장에 따라 터널 건설 경험 또한 풍부하다. 1994년 개통된 유러터널 건설에도 일본 기술진과 일본자금이 투입되었다. 그동안 해저터널이나 철도, 도로 등을 건설해온 기술경영 노하우를 활용하면 한일터널 건설은 얼마든지 가능하다.

이제부터는 국민 논의의 장 마련을

그럼에도 불구하고 아직 착공에 이르지 못하는 것은 양국정부 간 합의에 의한 최종 사인이 안 나왔기 때문이다. 양국정상 간 터널 건설 의사는 자주 표명되었는데, 협정 또는 조약 체결에는 이르지 못하였다. 현재 양국 사회 전반에 한일터널 건설에 대한 때가 무르익었다고 단언할 수 없다. 여론이 비등하지 않는 것이 적극적으로 임할 수 없는 이유일지도 모른다. 한일터널의 필요성을 양국민이 공통으로 인식하기위해서는 폭넓은 계층이 참가하는 논의의 자리가 필요하다. 무엇보다 양국 정부가 적극적으로 논의의 발판을 마련해야 할 것이다.

가장 이해관계가 큰 지역을 중심으로 논의를 전개하여 여론을 조성해 나갈 필요가 있다. 그러나 일부 지역을 위한 한일터널이 되어서는 안 된다. 국책 사업으로 시작하는 것이 가장 이상적이다. 국익에 플러스가 안 되면 많은 국민이 납득하지 않을 것이며, 일부 지역이나 정치가, 기업, 단체, 이해관계자의 이익을 위해서 국책 사업이 이용되고 있다는 인상을 주어서는 더더욱 안 된다. 한일터널을 누가, 어떠한 의도로 제안했는지는 문제가 되지 않는다. 그 제안이 대승적으로 중요하다면 검토해 볼 가치가 충분하다. 일단 가치가 인정되면, 어떻게 합의를 이끌어내고, 어떻게 추진해 갈지 머리를 맞대야 한다. 최종적으로 국민적 합의를 도출하는 것이 가장 중요하다. 그러나 국민적인 합의가 그렇게 쉽게 결정되지 않는 것도 현실이다.

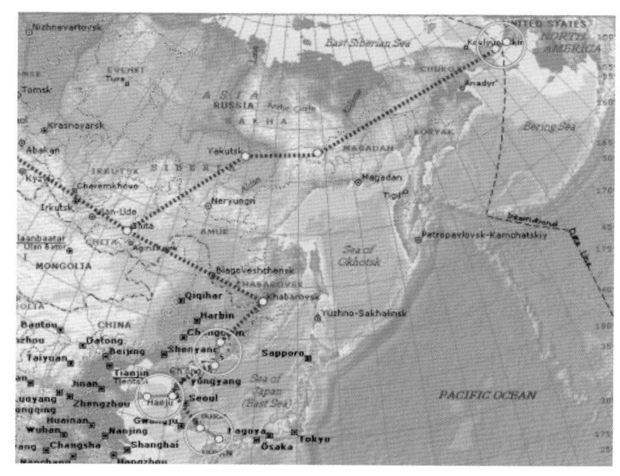

한국중심의 4대 국제교통망 예상도

유러터널의 경우 18세기 초 나폴레옹 시대에 처음으로 구상되었으나, 여러 가지 이유로 지연되다가 1984년 대처 영국 총리와 미테랑 프랑스 대통령 때 와서야 합의되어 그로부터 10년 뒤 개통에 이르렀다. 1980년대는 유럽연합(EU)이 본격적 시장 통합으로 움직이던 시기였다. 또한 영·불 관계가 개선되면서 유러터널 건설은 시대의 요청으로 떠올랐다. 결국 타이밍과 양국 수뇌의 리더십이 결정적 역할을 한 것이다. 현재 한일 양국에 해저터널 건설을 위한 정치적 환경이 조성되어 있는지는 조금 의문이다. 그러나 시기는 계속 무르익고 있다. 때를 위해 준비를 철저히 해 둬야 한다.

1930년대 '대동아 종관 철도구상'서 시작

한일터널은 1930년대 일본제국의 '대동아 종관(縱貫) 철도구상' 일환으로 처음 구상되었다. 당시 일제는 대륙을 오가는 물자 수송로와 교통수단으로서 해저터널을 계획하였던 것이다. 그러나 패전으로 좌초된 뒤 지지부진하였다. 그러다가 고도성장기인 1980년대 한일해저터널 건설에 대한 구상이 재부상하였다. 일본에서는 대기업 건설회사 오바야시구미(大林組)가 1980년 7월 '유라시아 드라이브웨이 구상'의 일환으로 한일터널 구상을 발표한 것이다. 오바야시구미는 당시의 기술력으로 충분히 실현 가능하다고 호언하였다.

한편 기술자 니시보리 에이자부로(西堀榮三郞), 지질학자 사사 야스오(佐佐保雄) 등을 중심으로 1983년 5월 한일터널 추진 모체로 일한터널연구회가 설립되었다. 일한터널연구회는 설립 후 오랜 기간 여러 각도에서 조사연구를 병행하였으며, 2004년 2월 일본 내각부에서 특정비영리활동 법인으로 인증받아 본격적인 활동을 펼치고 있다. 현재 동 연구회는 노자와 다이조(野澤太三) 회장의 지휘 아래 한국의 관련 단체와도 연락하면서 현지 조사를 실시해 루트나 시공법 등에 관하여 연구를 진행하고 있다.

또한 경영 방식에 대해서도 세이칸터널과 유러터널의 운용 상태를 참고하여 인프라 건설과 보유는 공적 주체가 맡고, 운영은 민간이 실시하는 상하분리 방식이 효과적이라는 연구보고서를 펴내기도 하였다. 한일터널은 일본과 한국을 연결할 뿐만 아니라 북한을 통과해서 중국 동북지방의 철도망으로 연결되어 시베리아횡단철도를 경유해 유럽까지 도달한다는 원대한 프로젝트이다. 이 매머드 프로젝트는 언젠가 실현될 것이라고 생각한다. 국제 환경이 날로 변화함도 상서로운 일이다.

국제환경도 한일터널에 우호적으로 조성

얼마 전 러시아가 천연가스를 북한을 경유하여 한국으로 보내는 이른바 '남·북·러 가스관 사업'을 제안했는데, 한반도종단철도 문제와 연계돼 크게 클로즈업되고 있다. 가스관사업은 북한의 정치 경제적 안정과 한반도의 평화 정착이 기본 조건이 된다. 북한은 현재 경제적으로 어려운 상황에 놓여 있다. 남북 관계가 결코 좋지 않지만 가스관이 연결되면 북한은 막대한 통과료 수입을 챙길 수 있다. 북한에 실리가 아주 많은 사업이다. 가스관 사업은 남북한 모두에 리스크도 따르는 사업인 만큼 국민적 합의를 얻어야 하며, 관계국들과도 협의해 신중하게 추진해야 한다.

일찍이 독일은 함부르크에서 서베를린까지 고속도로(아우토반)를 건설하여 훗날 동서독 통합에 지대한 공헌을 하였다는 전례가 있다. 남·북·러 가스관 사업이 실현되면 러시아는 한국에 대량으로 천연가스를 팔게 될 것이며, 이 경우 3국 모두에게 이익이 돌아가는 윈윈 전략이 될 것이다. 평화는 가만히 있으면 찾아오지 않는다. 노력해야 얻을 수 있다. 남·북·러 가스관 사업은 북한의 개방과도 연결된다. 그렇기 때문에 북한이 신중한 자세를 취하고 있는 것이다. 통과료라는 열매는 따고 싶은데, 개방으로 연결되면 체제 붕괴를 초래할까봐 신중할 수밖에 없는 것이다. 이러한 북한 입장을 주변 국가들이 충분히 인식하고, 배려할 필요가 있다. 북한이 안심하고 개방할 수 있는 환경 조성이 요청된다.

한일터널 건설에 대해 양국 정부 간에 공식적인 합의에는 이르지 않았지만 각종 조사는 진전되고 있으며, 연구 성과도 많이 나와 있다. 실현을 위한 프로세스로서 양국 정부의 합의에 의한 공동조사연구 체제의 구축이 필요하다. 이미 세계 여러 나라에는 세이칸터널, 유러터널, 외레순드터널 등 수십 개의 해저터널이 건설 운용되고 있으므로 한일터널 건설에 많은 참고가 될 것이다. 해저터널은 기술력, 안전성, 경제성 등에서 일진월보하고 있다. 한일터널은 공사비가 약 10조 엔, 공사기간은 약 10년으로 예측된다. 그러나 기술의 진보에 따라 공사기간과 비용을 더 많이 줄일 수 있다는 연구 결과가 나오고 있다.

지금은 국제간 자원공유·교류협력 시대

한일터널의 궁극적인 목표는 동아시아의 평화와 안정, 공생공영의 길이다. 그리고 당면 목적은 한일 양국의 경제 교류 활성화와 가교 역할이라고 생각한다. 터널이 생기면 사람들의 왕래가 활발해지면서 교류가 잦아지고, 상호 이해가 깊어져 문화와 경제 교류 심화로 이어질 것이다. 터널의 완성으로 양국민의 마음이 통하는 교류가 진전되면 두 나라는 좋은 이웃으로 발전할 것이다. 한일터널은 경제적 효과뿐만 아니라, 양국의 번영이나 평화적 가치도 가산할 필요가 있다. 한일터널은 21세기의 새로운 한일 관계를 구축하는 상징적인 사업인 동시에 상호 이해정착의 첫걸음이 될 것이다.

현재 일·한·중 3국의 경제 교류는 제한 없이 진전되고 있으며, 효과 또한 크다. 그 배경에는 중국 경제의 급성장과 동아시아 지역의 존재감 상승에 따른 상호의존 관계 심화에서 찾을 수 있다. 2010년 세계인구 68억 1,810만 명 중 일·한·중 3국의 인구는 15억1,780만 명으로 세계 인구의 약 22%를 차지하고 있다. 이 거대 인구는 노동 자원으로서의 역할도 막대하다. 3국은 명목 국내총생산(GDP)의 19.62%, 무역 총액의 17.36%, 총수출액의 18.63%를 각각 차지하고 있다. 2015년 예측 중국의 명목 GDP 10조 618억 달러와 일본 6조 3797억 달러, 한국 1조 4760억 달러를 합치면 17조 9175억 달러가 된다. 세계 184개국 GDP 85조 3672억 달러의 21%를 일·한·중 3국이 차지하는 것이다. 2015년 1인당 예측 GDP도 중국 7316달러, 한국 2만 9713달러, 일본 5만 450달러로 동반상승세를 보인다. 중국 경제의 급상승은 동남아시아국가연합(ASEAN)을 포함한 동아시아 지역 전체의 무역 확대로 이어지고 있다.

일찍이 한국은 일본에서 자금, 기술, 중간재 등을 도입해 염가의 노동력을 무기로 제품을 생산해 미국 등에 수출함으로써 급성장을 이룩한 경험이 있다. 그로 인해 일본으로부터 수입이 증대하여 일본 경제에도 파급효과가 컸다. 그와 똑같은 현상이 지금 중국에서 벌어지고 있다고 봐야 한다. 글로벌리제이션의 심화에 따라 국경의 개념은 약화되고 있다. 이미 '사람, 물건, 정보, 지식'이 국경을 자유자재로 왕래 이동하고 있다. 이제 경제 자원도 한 국가만의 소유물인 시대는 지나갔다. 동아시아 생산 네트워크 구축을 위하여 일·한·중은 전략적 제휴가 필요하다. 각각 가지고 있는 자원도 공유하고 활용할 수 있어야 한다. 생산재, 기술, 경영노하우, 에너지 자원, 노동력도 공유재산으로 활용해 공생공영의 길을 모색해야 한다. 일·한·중은 현재 유럽연합(EU)이 안고 있는 문제점을 참고하여 함께 번영의 길을 찾아 가는 진지한 자세가 요청된다. 그 돌파구 역할을 하는 것이 바로 한일터널이다.

공사대출금 착공 35년 후 상환 끝나

한국을 방문하는 일본인과 일본을 찾는 한국인 모두 갈수록 증가하는 추세다. 교통수단은 항공기 활용 비율이 높다. 특히 방일 한국인의 경우 90% 이상이 항공기를 이용하고 있다. 화물 역시 수입수송량(한→일), 수출수송량(일→한) 공히 순조로운 증가 경향을 보이고 있다. 화물은 선박의 비율이 압도적으로 높아서 97~98%로 조사된다.

2015년 기준 한국을 찾은 일본인 숫자는 183만 7000명이고, 일본을 방문하는 한국인 숫자는 400만 2000명으로 나타나, 한일 간 국제관광 수지는 일본이 큰 폭의 흑자 기조를 유지하고 있다. 한일해저터널이 개통되면 한국 남부와 일본 큐슈·주고쿠 지방이 하루생활권이 된다. 이 경우 한일 양국은 더 많은 관광 수요가 발생할 것으로 예상된다. 영국과 프

노다 도시야스(野田順康) | 세이난대학교 교수

랑스 간을 잇는 영불터널의 경우 1995년 여객수가 730만 명에서 2016년 2061만 명으로, 3배 가까이 늘어난 것으로 보아도 충분히 짐작할 수 있다.

한일터널의 예상루트는 히가시마쓰우라반도~이키~대마도~거제(부산 인근)로 상정할 수 있다. 한일터널 이용 교통수단은 철도와 자동차가 될 것으로 보인다. 운송수단 모두 복선으로 연결될 것이며, 거리는 250km에 이를 전망이다. 건설기간은 약 10년, 건설비는 10조 엔 가량 들 것이다. 한일터널을 유라시아 국가들이 이용할 경우 주요 국가별로 교통량을 예측해 볼 수 있다. 해양산업연구소의 '양자 간 무역 수송량 통계조사'를 바탕으로 터널이 준공됐을 경우 한·일, 러·일, 일·중의 2030년 화물 수송량을 추정해 보면 다음과 같다.

엑셀예측함수(EXCEL FORECAST)에 의해 먼저 2030년의 한일 간 교통량을 추계해 보자. 총화물 수송량은 4431만 6000t으로 조사된다. 한일 간 여객과 물류에 1TEU당 평균 t수는 수입 약 7.2t, 수출 약 2.1t으로 추정하고 있다. 평균 약 5t이 예상되므로 TEU 기준으로 총 수송량은 886만 3000TEU에 이른다. 러·일 간 교통량은 2059만 4000t의 값이 얻어진다. TEU 기준으로는 411만 9000TEU이다. 일·중 간 교통량의 2030년 값은 5558만 3000t. TEU 기준으로는 1111만 6000TEU가 나온다.

일본·북한 간 총화물 수송량도 파악할 필요가 있다. 북한에 관해서는 대부분 통계 데이터가 없기 때문에, 단순히 한국의 인구 대비로 추산할 수 있다. 인구대비 한일 간 총화물 수송량(0.477×4431만6000t)은 2113만 9000t이다. 한국 중앙은행 예측으로는 2016년 북한의 경제성장률이 약 4%이며, 2030년에는 6%로 예상되지만, 한국의 1인당 GDP 격차는 2030년에도 절반 이하로 예상된다. 따라서 인구대비 추정한 값의 50%를 북한~일본 간 총화물 수송량으로 가정하면, 1057만t, TEU 기준으로는 211만 4000TEU로 추산된다. 이상 남북한, 러시아, 중국, 일본 간 4개 데이터를 합하면 총화물 수송량은 1억3106만3000t, 2621만3000TEU이다. 이 가운데 어느 정도의 수요가 한일해저터널을 통해 발생할지 예측할 필요가 있다.

앞서 유러터널의 경우 영국과 대륙의 총화물 수송량의 25%를 담당하고 있는 것으로 알려져 있다. 화물은 선박에 비해 상당히 빠른 속도를 기대할 수 있어 한일 해저터널도 충분히 경쟁력을 가질 수 있다고 본다. 따라서 총화물 수송량을 상기 합계의 25%로 가정하면, 3276만 6000t, 655만 3000TEU가 발생한다고 추산할 수 있다. 독일 함부르크항 등의 사례를 볼 때 철도 한 차량 당 컨테이너 수송량은 약 36TEU이다. 1년에 655만 4000TEU를 처리하게 된다면 약 18만 2000대의 차량주행이 가능하다. 이 경우 운송비용의 가정이 중요하다. 영불터널의 경우 철도 한 차량 당 약 45만 엔의 요금을 징수하고 있다. 이를 약 5배 길이인 한일 해저터널에 적용하면 차량 당 225만 엔의 요금을 상정할 수 있다. 즉, 1컨테이너당 6만 엔으로, 부산~요코하마 간 컨테이너 운송비용과 거의 같은 금액이다. 한일 해저터널을 이용한 경우 선박보다 빠른 속도를 감안하면 충분히 경쟁력을 갖춘 요금으로 평가된다. 이것을 전제로 연간 수익을 계산하면 18만 2000대×225만 엔, 즉 4095억 엔이 된다. 영불터널의 영업 이익률이 50~55%이기 때문에, 동일하게 적용하면 연간 2253억 엔의 영업 이익을 올리게 된다.

이번에는 한일해저터널 공사비 충당 방법을 알아보자. 한일해저터널은 매머드급 프로젝트이기 때문에, 출자 비율을 40% 정도 잡아 착공 시점에서 4조 엔의 자금을 모아야 한다. 이어 착공 3년 후에는 3조 엔의 대출(금리 1%)을 받고, 착공 6년 후에 3조 엔의 대출(금리 1%)을 받아 건설비 전체를 커버할 수 있다. 대출금상환은 터널 운용 개시 시점인 2030년부터 원리금을 균등 상환할 수 있다. 2030년 운용 개시 직후 4조 엔의 출자금에 대해 약 0.85%의 배당을 실시하면 연간 340억 엔이 필요하다. 연간 영업이익이 2253억 엔이기 때문에 상환여력 확보 자금은 1914억 엔이다. 이 경우 6조 엔의 대출금(금리 1%)을 상환하는데 대략 50년이 걸린다. 즉, 2080년이면 다 갚게 된다. 단, 출자금에 대한 배당은 대출 갚을 때까지 유보해야 한다. 이 경우 영업이익 총 2253억 원을 상환으로 돌릴 수 있으므로, 35년 후인 2065년에 대출 상환을 완료할 수 있다.

동아시아 지역이 평화와 안정을 유지하고, 충분한 출자가 보장된다면 한일해저터널 프로젝트를 얼마든지 금융권에서 실시할 수 있으며 승산도 크다. 한일터널 건설을 위한 기술적인 문제와 카보타지(cabotage, 외국항공사의 국내선 운항)의 자유화 측면에서는 계속 보완과 조율이 필요할 것이다. 참고로 유러터널은 1994년 5월 영업을 개시한 이래 약 3억 9000만 명이 이용하고 있고, 화물은 3억 6000만t이 수송되고 있다. 유러터널사는 2007년 이후 순조로운 경영 개선을 추진하고 있으며, 현재의 경영상황이 계속되면 약 10년 후에는 대출을 다 갚는다.

본 연구가 현재 진행되고 있는 다양한 한일터널 논의에 참고가 되고, 자극이 되길 기대한다. 본 조사에 대한 많은 비판과 반론이 없지 않겠지만, 한일해저터널 실현에 대한 논의가 더욱 활발해 지기를 기대해 마지 않는다. 한일해저터널 건설을 위한 꾸준한 논의를 통해 동아시아 평화 모멘텀이 지속적으로 유지되고, 나아가 북한 문제 해결의 실마리를 찾아낼 수 있을 것이다. 또한 중국의 일대일로(一帶一路, 육상·해상 실크로드) 구상과 맞물며 러시아 라페루즈해협(일본명 소야해협, 일본 홋카이도 북부 소야곶과 러시아 사할린섬크릴론곶 사이 해협) 터널을 포함해 러시아와의 연계를 고려하는 것도 가능하다. 한일터널은 동아시아 지역 모든 사람들, 심지어 지구촌 사람들의 평화와 행복까지 연결된다고 생각한다.

아시아와 유럽 잇는 '평화의 터널'

한일터널은 한일관계의 새로운 미래를 열고 동아시아 제휴를 강화하는 상징적인 프로젝트이다. 그런 점에서도 이 프로젝트는 반드시 추진할 필요가 있다. 2010년 10월에 한일 양국 지식인 26명이 발표한 '한일 신시대 공동 프로젝트 보고서'는 '해저터널 추진'이라는 항목 아래 그 필요성을 역설하고 있다. 보고서에는 양국 정부에 21개 과제를 제시하고 있지만 한일 관계 개선을 위해 제안된 하드웨어 부분은 한일터널뿐이란 점에 주목하게 된다.

한일터널이 실현되기 위해서는 한일 양국 국민이 이 프로젝트에 대해 이해의 폭을 넓히는 것이 무엇보다 중요하다. 따라서 양국의 많은 분들이 마음을 열고 서로 교류를 넓혀가는 것은 물론, 이 프로젝트에 대해 찬

노자와 타이조(野澤太三) |
일한터널연구회 회장(전 법무부 장관, 공학박사)

성하는 사람들을 확산시킴으로써 서로의 연결 고리를 넓혀 나가는 것이 절실한 과제이다.

유러터널은 영국과 프랑스의 양 국민이 유럽연합(EU)이라는 틀 안에서 이제 두 번 다시 전쟁은 하지 않겠다는 제도적 장치가 만들어진 단계에서 처음으로 정상끼리 악수를 할 수 있었고, 유러터널이 건설되면서 EU는 더욱 활기를 띠게 됐다. 그런 점에서 한일 양국도 경제뿐만 아니라 유럽 의회나 북대서양조약기구(NATO)와 같은 정치, 안전 보장 측면에서 보다 견고한 틀을 만들어 영불 관계 수준까지 끌어올릴 필요가 있다. 그렇게 되면 한일터널 건설도 가능하게 될 것이고 동아시아 공동체 형성도 기대할 수 있을 것이다.

양국 국민 마음의 앙금 해소가 우선

유러터널이 건설되기까지는 약 200년이 소요됐다. 한일터널은 20세기 중반부터 건설의 필요성이 제기되기도 했지만, 민간 주도로 한일 양국이 관심을 갖기 시작한 것은 1980년대에 들어서면서부터이다. 1990년에는 노태우 대통령이 일본 국회 연설에서 한일터널의 필요성을 강조했다. 한일 양국의 정상은 그 후에도 이 문제에 서로 언급했다. 그러나 양국 사이에는 역사적으로나 국민 정서상으로 앙금이 남아 있기 때문에 한일터널이 실현되기까지는 양국의 각계각층이 서로 마음을 터놓고 교류하는 것이 중요하다고 본다.

한일터널 건설을 놓고 지금까지 많은 논의가 있었지만 아직도 그것으로는 충분하지 않다. 이 메가 프로젝트를 실현시키기 위해서는 이제 기본으로 되돌아가서 각국의 해저터널 건설의 선례나 실례를 배우는 것은 물론 앞으로의 기술적 가능성과 경제적 전망을 분명히 짚어야 한다. 그러한 토대 위에서 한일 양국 국민의 이해와 찬동을 끌어내야 한다. 그러기 위해 한일 양국 전문 연구자와 관련 단체가 참여한 가운데 기술적, 경제적, 사회적 차원에서 해저터널 건설의 필요성을 분석하고, 한일터널이 양국에 끼치게 될 전망을 정확히 공표하는 것이 지극히 필요하다고 본다.

한일 양국 사이에 터널이 완성되면 사람이나 화물, 차량의 교류가 활발하게 될 것이다. 더구나 배나 비행기를 타는 것보다도 터널을 이용하는 편이 빠르고, 게다가 값싸게 왕래할 수 있다면 양국의 교류는 비약적으로 확대될 것이 틀림없다. 세이칸터널이나 유러터널을 보더라도 짐이나 화물을 운반할 경우 배보다 빠르고 비행기보다 운임이 싸다는 것이 드러나고 있다. 사람의 이동이라는 측면에서는 터널을 중심으로 500km 정도의 지점까지는 어느 교통 수단보다 가장 큰 효력을 발생하게 된다는 것이 밝혀지고 있다.

현재는 한일 양국의 터널로 국한되지만, 장래는 북한을 경유해 중국과도 연결될 수밖에 없을 것이다. 따라서 물류 면에서도 비행기보다 대량으로 운송하는 것이 가능하고, 게다가 값싸게 화물을 보

한국 고속철 KTX 질주 모습

낼 수가 있다. 또 배보다 빨리 보낼 수 있어 터널 수송은 매우 효율적이라고 판단된다. 한일터널은 물류가 주축이 되고, 거기에 차량의 이동과 인적 교류가 동반된다고 볼 수 있다.

기점은 후쿠오카 종점은 부산

터널 안을 무엇이 달리는가에 대해서도 짚어볼 필요가 있다. 물론 철도나 도로, 리니어 모터카 등 선택사항은 여러 가지가 있지만 실제로 실행 가능한 안을 만들어야 한다. 세이칸터널이나 유러터널에서 이미 경험한 것처럼 철도터널이 적절하며, 현실적으로는 일본의 신칸센과 한국의 KTX가 상호 운행하는 터널이 될 것으로 전망된다. 리니어 모터카는 고속 주행이나 경사가 심한 구간에서 주행하는 것도 가능하고, 발상도 뛰어나지만 아직 실험 단계에 머물러 있기 때문에 해저터널로 적합한지 여부는 미지수이다.

도로 터널로 활용하는 연구도 거듭돼 왔지만 10km에서 15km 마다 배기용 인공 섬이 필요하고 수심이 150m라는 것을 생각하면 약간 무리가 있다. 또 운전상의 심리적인 문제까지 생각할 때 자유 주행은 어려울 것으로 본다. 도로로의 기능은 셔틀 열차에 의해 자동

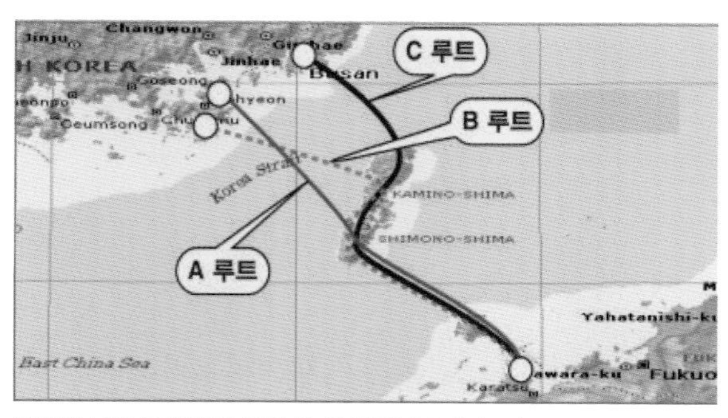

일한터널연구회에서 제안한 한일터널 3개 노선도

차를 운송할 경우 충분히 이뤄질 수 있기 때문에 도로의 대체 기능은 대부분 실현될 수 있다.

한일터널은 사람과 화물 양쪽 모두 교통 수요에 대응할 수 있는 것이 중요하고, 유러터널에서 그 효과가 실증된 카 트레인 방식인 셔틀 열차를 터널 부분에서 달리게 하면서 도로 기능을 겸비하는 철도터널이 현실적이라고 생각된다.

노선의 선정은 터널 건설비를 구체적으로 책정하고, 앞으로 어떻게 운용할 것인가 하는 계획을 세우는데 가장 중요한 과제이다. 터널의 시점이나 종점은 경제적으로도 발달되고 인구 배치가 가장 뛰어난 도시를 선택할 필요가 있다. 노선은 해저를 지나게 된다는 난점을 극복하기 위해 건설과 보수를 고려해 선정해야 한다. 특히 해저부는 최대 거리가 짧고 수심이 얕은 곳을 선정하는 것이 중요하다.

한일터널의 일본 기점이 가라쓰로 되어 있지만 실제 노선으로는 볼 때는 후쿠오카가 기점이 된다. 도중에 이키, 대마도, 거제도를 경유하며 한국 측 종점 기점은 부산이다. 기점, 종점은 철도나 고속도로, 공항, 항만 등 양국의 기존 인프라를 최대한 활용할 수 있는 곳이 돼야 한다. 그러기 위해 야드(yard)로 불리는 환적 기지를 터널 갱구 부근에 설치해 차량의 하역이 가능하고 화물을 취급하는 발착선이나 하역선, 대피선 등을 확보해 하역이 신속하게 이뤄질 수 있도록 해야 한다. 고속열차와 저속열차의 분리로 열차 운행의 효율화를 도모할 필요도 있다.

노선 종단을 결정하는 큰 요소는 터널 경사도와 해저 지형이다. 터널 경사도는 신칸센과 화물열차의 운행을 고려할 때 12~15%로 설정함으로써 속도나 견인 정수(定數)가 저하하지 않게 배려한다. 터널 상단에서 해저까지 지층 두께(土被)는 산악 공법에 의한 굴착 가능성과 터널의 안전성을 확보하기 위해 100m는 필요하다. 또 이키, 대마도, 거제도의 각 역은 모두 지상역으로 하되 시공 기지나 차량 기지로 이용할 수 있도록 한다.

일본 세이칸터널은 복선 단면이며 대단면 터널 하나에 왕복 궤도가 깔려 있다. 이것은 산악 공법을 전제로 주로 액체 주입 작업의 효율화를 고려해 하나로 집약했기 때문이다. 한편 유러터널은 단선 병렬형으로, 비교적 소단면 단선 터널을 2개로 뚫어 양쪽 모두 왕복할 수 있게 되어 있다. 터널 도중에는 한쪽 단선에서 다른 쪽 단선으로 열차를 바꾸는 시사스크로싱(Scissors Crossing)이 있어 보수나 터널 내 화재 발생 등 만일의 사고에 대응할 수도 있다. 한일터널의 경우 수심이 깊고 수압도 높기 때문에 터널 굴착이나 보수 면에서 소단면이 유리하고 열차가 스쳐 지나갈 때의 안전성 확보를 위해 유러터널식 단선 병렬형이 적합하다고 생각된다. 단면 형상은 지질 성질과 상태나 공사 비용 등도 고려해서 결정하게 될 것이다.

일본 고속철 신칸센이 역에 정차해 있다.

한일터널 최심부는 대마도와 한국 간 해협이며, 수심은 대체로 160m에서 230m정도이다. 세이칸터널이나 유러터널에 비해 상당히 깊다. 시공법은 터널 볼링 머신(TBM) 공법을 중심으로 한 실드공법의 고속 굴착이 필요하다. 물론 일부는 산악 공법, 매우 얕은 곳은 부분적으로 침매 공법도 검토하는 등 3가지의 공법이 채택될 것으로 보고 있다. 굴착 기간은 착공 후 10년을 전망하고 있다. 공법 선정에는 무엇보다도 해저터널 건설의 가능성이 가장 높고 안전한 시공을 하는 것이 우선이며, 아울러 장래 사용법, 이용 효과를 고려해 시공하는 것이 중요하다.

총 건설비용 10조엔…양국 공동사업으로 추진

한일터널 건설비용은 약 10조 엔을 전망하고 있다. 한일터널 건설이 실현되기 위해서는 가장 먼저 건설에 필요한 기술적 문제를 구체적으로 짚어보고, 수지 채산이 맞는 운영 구조를 구축할 필요가 있다. 한일터널은 해저를 안전하게 굴착함으로써 안정된 운행이 가능하도록 하기 위해서는 많은 투자가 필요하다. 이 투자비용이 운영비용에 전가된다면 경영 전망은 어두울 수 있다. 유러터널은 전액 이자를 부담하는 민간 자금에 의해 건설되면서 그 이자를 갚는 것이 도저히 불가능하게 되자 53%의 채권을 포기함으로써 정상화하는 길을 걸었다. 일본 세이칸터널은 당초 정부 재정투융자의 차입금으로 건설됐지만 국철 개혁안으로 인해 전액 나라 부담으로 대체함으로써 공공사업으로 전환했다. 또 펌프 교체 등 고액 보수비는 국가에서 3분의 2를 부담하고 있다.

지금 건설 중인 정비 신칸센 1500㎞는 기본적으로는 국가 공공사업으로 자리 매김하고 있다. 국가 3분의 2, 지방 3분의 1의 공적 자금으로 건설해 운영 주체인 JR은 수익 범위의 사용료만 대출료로 지불하는 상하분리방식을 채택하고 있다. 이 구조 덕분에 수송량이 적은 정비 차원의 신칸센도 모두 채산이 맞게 건설되고 있다. 한일터널도 한일 양국의 공공사업으로 하되, 필요에 따라 유지 관리도 정부가 보증함으로써 경영 안정을 도모할 필요가 있다. 그래서 인프라 건설과 보유는 공적 주체가 담당하고 운영은 민간이 맡는 상하분리방식의 도입이 효과적이다.

대마도와 한국 사이 대한해협은 한일터널 중에서 기술적으로 가장 주의해야 할 구간이다. 그 깊이는 160m에서 230m정도로 보고 있다. 이 지역은 한일 양국 국경을 통과하기 때문에 정밀하고 광범위한 조사가 이뤄지지 않고 있다. 따라서 정확한 해저지형 조사를 실시해 가능한 한 얕고 지질이 양호한 노선을 찾을 필요가 있으며, 양국 공동 프로젝트로 시행하는 것이 중요하다. 지금까지 일본 측에서는 오랜 세월에 걸쳐 대마도에서 한국에 이르는 3가지 노선안이 병렬적으로 제안됐지만 실행 단계에서는 하나로 좁힐 필요가 있으며 지금 그것이 최대의 과제이다. 이러한 목적을 달성하기 위해서 지금 한일 양국이 공동으로 조사를 실시해야 한다. 해저 지형, 지질, 수심 등 필요한 데이터를 갖춰 공동으로 최적 노선을 선정하는 것이 필요하다.

동아시아 지역은 향후 비약적인 발전이 기대되고 있다. 한일터널은 물류를 기반으로 동아시아 경제 공동체를 실현하는 구체적인 프로젝트로서 큰 가능성을 지니고 있다. 머지않아 북한이나 중국도 참가함으로써 동아시아 공존공영 시대가 도래하기를 간절히 염원해 본다. 한일터널은 앞으로 시베리아철도나 실크로드와 연결함으로써 유럽으로 나가는 길을 열어갈 가능성도 갖추고 있다. 해로를 경유하는 것보다 육로에 의해 거리나 시간, 비용을 줄일 수 있는 노선이 열림으로써 아시아와 유럽 등 전 세계를 연결하는 '평화의 터널(Peace Tunnel)'로서 일익을 담당할 것으로 기대하는 것이다

한일 신시대 아젠다 21

한일 관계	국제 정치	국제 경제
역사화해 노력	공생 복합 네트워크 강화	공생 번영 네크워크 구축 연구
고위급 대화의 활성화	대북 정책 공조	포괄적 FTA
교류 네트워크 다층화	안전 보장 협력의 강화	금융질서 안정화 협력
캠퍼스 아시아 실현	신아시아 질서 공동 구축	금융질서 장기발전 협력
동아시아 지식은행	지구적 안보 협력	정보통신 협력
멀티미디어 협력	에너지 환경 협력	개발협력
해저터널 추진	글로벌 거버넌스 협력	환경사업 기회확대

2010년 한일 지식인들이 공동 발표한 '한일 신시대 아젠다21'

국민 과반수 찬성하는 합의 이끌어내야

중국 시진핑 주석이 추진하는 일대일로(一帶一路, 내륙과 해상의 실크로드경제벨트)는 중국의 서쪽 방면을 지향하고 있다. 하지만 북한과 한국, 일본이 있는 동쪽 방면을 지향하는 것도 중요하다. 그렇게 될 때 일대일로는 대양주나 미국을 포함한 거대한 경제권으로 연결된다. 동쪽으로 향하는 경로의 핵심이 일본과 한국을 연결하는 한일터널이다. 일한터널연구회는 그 실현을 위해 1983년 설립 이래 36년간 연구를 계속해 왔다.

베이징~도쿄 간 3483km를 표정속도 300km/h의 열차가 11시간여 만에 주행 가능하게 되고, 육로 4시간 교통권이 크게 확대되는 날이 도래할 것으로 전망된다. 현재는 프랑스 TGV가 표정속도 199.8km/h로서 세계 최대이다.

국가 간 해저터널의 성공 사례로 1994년 개통된 영불해협터널, 일명 유러터널을 꼽을 수 있다. 유러터널은 사람과 차, 화물을 3종류의 열차로 효율적으로 분담해 대량수송을 실현했다. 향후 건설될 한일터널의 안정적인 운용에는 일본의 차세대 신칸센 ALFA-표나 중국에서 운용 중인 CR400 푸싱호(復興號, 부흥호) 등의 철도기술의 연마가 필요하다.

일본의 신칸센이 1964년 개업 이후 지난 50여 년 동안 승객 누적 인원이 50억 명을 넘었음에도 사고로 인한 사망자가 단 한 명도 발생하지 않은 것은 ▲확인차에 의한 매일 점검 ▲닥터 옐로(신칸센 전기궤도 종합시험차) 등에 의한 선로 및 가선의 정기점검 ▲승무원의 통보체제 ▲눈 대책 ▲보수 시기 ▲세대교체 작전 ▲지진대책 ▲테러대책 ▲수화물검사 AAI 등의 활용 ▲보충 밸러스트와 멀티플 타이 탬퍼 ▲보수 기지 배치 등 12개 항목으로 이뤄진 철저한 안전점검 결과였다.

한일터널을 실현하는 데는 필히 갖춰야 할 3개의 포인트가 있다. 첫 번째는 굴착과 시공방법, 터널의 유지관리 등에 관한 기본적인 기술의 확립이다. 둘째는 비용 대비 효과로 나타나는 경제적인 근거와 10조 엔으로 가상하고 있는 건설비의 확보다. 셋째는 국회의 동의다. 이를 위해서는 국민의 과반수가 한일터널 건설에 동참하는 국민적 합의가 필요하다.

'꼭 이루어질 꿈'…실패 두려워 말아야

1981년 11월 8일 서울 세종문화회관에서 열린 '제10회 과학통일에 관한 국제회의'에서 문선명 총재를 뵙고 강연을 들은 것이 나로서는 대단히 큰 감동이었다. 이날 문 총재의 '국제하이웨이와 일한터널 건설' 주창은 쇼크라고 말하는 것이 좋겠다. 그러나 그것은 기폭제이며, 폭발하는 것이 원래부터 내 안에 있었기 때문에 그렇게 느낀 것이 아닐까 생각한다.

내 종교관은 많이 변천되어 왔지만, 극단적으로 말하면 무종교다. 그러나 대자연이나 우주에 대하여는 대단히 큰 매력을 느끼고 있다. 나의 경우, 자연 안에는 원자, 분자, 인간, 생물 등 삼라만상이 포함된다. 그러한 대자연을 생각했을 때 과학이라고 하는 것은 자연을 아는 하나의 방

니시보리 에자부로(西堀栄三郎) |
전 남극 월동대장 (엔지니어, 발명가, 산악인) (1903~1989)

법이다. 거기에서 얻을 수 있었던 지식을 응용해서 인간생활을 풍부하게 하는 기술이 생겨나게 되는 셈이다. 나는 젊은 시절부터 사랑하는 자연과 그것에 상처를 주는 기술과의 사이에 모순을 느끼고 있었다. 그러나 세월이 지나면서 기술은 대자연의 혜택을 받기 위한 것이기 때문에 감사해야 한다고 다시 생각해서 오늘에 이르고 있다.

예전에는 '아름다운 구로베(黒部)강을 막아서 수력발전소를 만든다는 건 있을 수 없다'고 생각했지만, 대자연을 생각하면 은혜를 받는 것에 감사하는 것이 이치에 맞다. 또 하나는, 지구는 태양계의 일원이기 때문에, 보는 시각을 글로벌하게 하고 싶었다. 그러한 생각이 마음 깊은 곳에 있었기 때문에 문 총재의 구상을 들었을 때 '이것이다!'라고 무릎을 쳤다. 이 구상은 언젠가 실현되지 않으면 안 된다. 게다가 후손들을 위해서는 반드시 이루어져야 한다.

꿈은 실현되는 것이라고 생각한다. 모든 일은 비관적으로 보면 이루어질 수 없다. 낙관적인 사고관이 필요하다. 인간만의 힘은 약하기 때문에, 자연의 도움이라고 할까, 은혜를 감사하게 받는 마음이 필요하다. 그러면 반드시 길이 열린다고 생각한다. 인간으로서 최선을 다한 뒤, 천명을 기다려야 한다. 아무 것도 하지 않고 천명을 기다리는 것은 도리가 아니다. 그러한 의미로 문 총재의 사상에 탄복하고 있다. 일견 불가능으로 보이는 것이라도 누군가가 앞장서고, 찬동자가 조금씩 확대되면 가능해진다고 생각한다.

내가 한일터널 건설에 공감하고 동참한 것은 단지 신(神)의 지시로 움직인 것에 지나지 않는다. 어떤 보이지 않는 힘이 나에게 응답하도록 요구한 것이다. 자석에 철분이 달라붙을 수 있게, 많은 훌륭한 분들께서 지혜를 모아 준 것이라고 생각한다.

나는 문 총재로부터 세계평화 구축 일환으로 '국제하이웨이 프로젝트' 설명을 듣고 이 프로젝트의 성공을 위해 한시도 마음을 떼지 못하고 있는 사람 중의 하나이다. 이 계획에는 낭만이 들어있다. 인류는 지금까지 낭만이 있기에 살아온 것이 아닐까 생각한다. 과학이나 학문 등 모든 면에서 웅대한 낭만을 가지고 발전시켜 나왔던 것이다. 이것은 인류가 다른 포유류와 달리 탐구심이 강하기 때문일 것이다. 이것은 나와 같은 모험가만 가진 것이 아니라 전 인류가 가지고 있는 공통적인 본능일지도 모른다.

낭만을 추구하는 본능은 환경이나 교육에 의해 발휘되기도 하지만, 각자의 심연 속에 누구에게나 잠자고 있는 것이라고 믿고 있다. 나 역시 낭만과 꿈 혹은 '거대한 동경'을 좋아하는 평범한 사람이다. 그것을 무기로 일본의 최초 남극 월동대장이 되었고, 70세 때는 히말라야 등반대 대장이 되는 등 여러 가지 일들에 도전해 왔다. 과학기술의 분야에서도 마찬가지다. 근래에는 여러 가지 논란이 있었지만, 일본의 첫 원자력선 '무쓰(8200t급)' 설계에도 종사했다. 이 모든 것은 늘 새로운 것과 낭만을 추구하는 내 본능에서 빚어진 현상이 아닌가 생각한다.

누구나 꿈을 현실로 실현하려면 많은 어려움에 봉착한다. 과연 그러한 일을 할 수 있을까 하는 의구심도 많이 생긴다. 이때 '낭만'이라고 하는 힘은 언젠가 반드시 이루어질 것이라는 확신을 들게 한다. 아폴로 계획에서 인류는 예전에 불가능하다고 여겼던 우주에 올라갔고, 달의 표면을 밟고 왔다. 많은 사람들은 '대체 무엇 때문에 그런 일을 벌일까' '저것을 하면 돈이 벌리는 것일까'하고 의아해 할 것이다. 꿈은 실현되는 과정에서 많은 실패와 위험이 뒤따른다. 분명 모험과 위험이 수반되지만, 그것을 즐기는 사람을 모험가라고 말한다. 나는 솔직히 모험가라고 불리는 것은 싫다. 사전에 충분히 조사하고, 분석해 확신이 섰을 때 밀어붙이기 때문에 과학자라고 해야 적확한 표현일 것이다. 일한터널은 일한 두 나라가 도전해 볼 만한 미래가 보장된 사업이다.

하나로 된 경제존 형성 동북아 공동체 시발점

유명한 투자가 짐 로저스 회장은 한일터널은 막대한 경제적 가치를 창출할 것이며, 양국의 경제적 발전에 크게 공헌할 것이라고 높이 평가하였다. 게다가 한일터널은 양국의 신뢰와 우호를 돈독히 하는 중요한 사업이다. 한일터널은 9년 전 일본과 한국 정부의 공동연구 프로젝트의 하나로서 채택이 된 적이 있다.

이 사업은 한일 양 국민의 이해와 지지를 더욱 높여서 조기에 시행되도록 양국 정부에 제안하는 것이 중요하다고 생각한다.

니시카와 요시미쓰(西川佳秀) | 토요대학교 교수

한일관광객 1천만 돌파…한일터널 수요 커져

한일터널은 관광 분야에서도 엄청난 역할을 할 것이다. 현재 악화하는 한일의 정치적 대립과 달리 양국민의 관광과 풀뿌리 간 교류는 더욱 활발하게 진행되고 있다. 예컨대 양국의 연간 왕래자는 1998년 270만 명에서 작년에는 1000만 명을 돌파했다. 4배가 늘어난 것이다. 일본과 한국 모두 많은 인원의 관광객을 상대국으로 보내고 또 받아들이고 있는 것이다.

일본과 한국을 연결하는 LCC(저가 항공)도 많아졌다. 그러나 비행기로 운반할 수 인원은 한계가 있다. 하카타와 부산을 연결하는 고속선 비틀도 인기지만 통계를 보면 대한해협에 풍랑이나 악천후로 인해 10회에 1회꼴로 결항이 된다.

갈수록 증가하는 관광수요를 채우기 위해서는 보다 확실하고 대량으로 실어 나르는 운송수단이 필요하다. 그러한 교통수단으로 철도운송을 능가하는 것은 없다. 철도로 양국을 연결하기 위해서는 한일터널이 절대적으로 필요하다. 한일터널이 생기고 고속철도가 달리면 한국을 방문하는 일본인 관광객의 게이트웨이는 인천과 김포가 아니라 부산으로 바뀔 것이다.

엑스피디아라고 하는 일본 여행사가 2016년 상반기에 실시한 조사에 따르면, 한국인의 인기의 관광지 상위 10위 안에 일본의 관광지 3곳이 랭크되고 있다.

내용을 보면 5위의 도쿄, 4위의 오키나와를 누르고 2위로 자리매김한 곳이 오사카이다. 일본인의 한국 선호 관광지 1위는 제주도였다.

왜 한국인이 오사카를 좋아할까. 먹거리가 많고, 이동 거리가 짧다는 것 등 여러 가지 이유가 있을 것이다. 그러나 가장 많은 답변은 "오사카의 거리와 사람들 분위기가 한국과 비슷하다"였다. "오사카의 풍토가 한국과 비슷하고 친밀감이 솟는다"라고 말한 분도 많다고 한다.

오사카를 비롯해 관서지방과 큐슈를 한국인들이 좋아하는 것은 서일본이 한반도와 닮은 풍토와 환경이어서 마음이 풀어지고 기분이 릴렉스된다고 생각한다. 외국이면서도 자기 나라에 있는 것처럼 편안함을 느끼는 것은, 지금까지의 역사를 통해서 서일본과 한반도 사이에 문화와 정신적인 면에서 깊은 일체성, 공통성이 형성되었기 때문에 그러리라고 본다.

실제로 서일본과 한반도 사이에는 3천 년에 가까운 교류의 역사가 있다. 그러한 긴 역사의 축적에서부터 나온 문화, 풍토, 의식 등은 절대로 지울 수가 없을 것이다.

그러한 공통의 기반이 있는 한, 정치와 외교 관계가 아무리 나빠지더라도 양국 국민들은 마음의 편안함과 그리움을 찾아서 교류와 왕래를 끊임없이 이어갈 것이다.

한국에서는 J-POP과 일본요리가 인기가 있고, 일본에서는 K-문학으로서 한국의 출판물이 주목받고 있다. 여성이 살아가는 방법과 교육, 저출산·고령화 등 사회문제에 관해서도 서로가 배우며 공감하는 부분이 확실히 퍼져가고 있다. 이러한 조류를 양국의 발전으로 보다 확산시키는 것이 중요하다.

정치적 갈등은 도쿄와 서울의 정치가들에게 맡기고 오사카와 부산, 서일본과 한국 남부는 터널을 통해서 관광과 풀뿌리 교류를 더욱 깊이 다져나갔으면 한다. 한일터널은 관광의 형태를 갖추어가면서 서로의 문화와 전통, 사회에 관한 관심과 이해를 깊이 있게 하는 새로운 문명의 터널이다.

더 나가 한일터널은 양국 사이에 얽힌 '마음의 상처'를 치유할 중요하고 유효한 수단이 될 수 있다.

한국남부·서일본 풀뿌리 교류 더욱 다져야

한일 간에는 전전(戰前) 일본에서 조선인 노동자의 강제노동과 징용 등 문제로 정치적인 논의가 끊이지 않고 있다. 모든 것이 강제노동이 아니었다고 해도 조선에서 온 많은 사람이 열악한 환경 아래 가혹한 노동을 강제당한 사실은 부정할 수 없다.

세기의 난공사라고 하는 동해도선(東海道線)의 단나터널, 전쟁 중에 돌

한학자 총재가 한일터널 조사사갱을 방문해 관계자들을 격려하고 있다.

관(突貫)공사로 개통한 관몬(關門)터널, 각지의 광산 등 일본의 발전에 관계된 토목·건축 시설의 많은 것은 일본인뿐만 아니고 다수의 조선인 노동자의 땀과 피로써 만들어진 사실을 일본인들은 잊어서는 안 되며, 지워서도 안 된다.

더 중요한 것은 비참한 역사적 사실을 정면으로 마주쳐 그 터 위에 양국이 원수를 넘어 과거를 극복하고 미래를 향해 더불어 협조하는 관계를 만들어 내야 한다. 이를 위해서 양국은 끊임없이 노력해야 마땅하다.

대규모의 어려운 사업일수록 양 국민이 긴밀히 협조하고 일체화하지 않으면 완성할 수 없다. 짜내는 지혜와 흘리는 땀이 많으면 많을수록 완성의 그 날에는 상호일체와 신뢰 관계가 더 큰 유대관계로 발전할 것이다.

그것을 위한 중요한 발판이 되는 프로젝트가 바로 한일터널이다. 일본의 가라쓰와 한국의 부산·거제도에서 서로 해저터널을 파 나가 갱도가 하나로 연결될 때 한일의 새로운 시대가 시작될 것이다. 이 터널은 양 국민의 마음을 하나로 하는 '마음의 터널'이 될 것을 의심하지 않는다

1994년 도버해협을 건너는 유러터널이 개통돼 유로스타로 런던과 파리가 연결된 지 올해로 사반세기가 지났다. 지금 유러터널은 양국을 연결한 대동맥이 되고 있다. 1986년 유러터널 건설이 정치적으로 결정되었을 때도 양국에는 반대론이 팽배했다.

그러나 그 반대를 누른 것은 영국의 마거릿 대처 총리였다. 대처의 강력한 정치적 지도력이 있기에 반대론을 제치고 공사에 착수할 수 있었다. 프랑스에서는 미테랑 대통령이 용기 있게 훌륭한 파트너가 돼 주었다.

브렉시트로 혼란스럽던 영국은 2020년 1월, 유럽연합(EU)에서 이탈했지만, 유러터널이 불필요하다고 느끼는 사람은 하나도 없다. 유러터널은 양 국민의 없어서는 안 되는 중요한 사회적 인프라가 돼버린 것이다. 매일 많은 사람과 화물이 유러터널을 통해 왕래하고 있다. 유러터널은 영국과 프랑스의 관계가 좋아서 완성된 것이 아니었지만, 터널이 건설됨으로써 양국 관계는 더욱 가까워지고, 일체화를 빠르게 이뤄낸 것이다.

한일터널, 유러터널보다 파급력 훨씬 커

유러터널은 구상이 생기고 나서 건립이 될 때까지 200년 가까운 세월이 있었다. 한일터널은 80년 전 전전(戰前) 일본에서 비슷한 구상이 나오긴 했지만, 40전 전인 1981년 문선명·한학자 총재께서 제창하면서 양위분의 구체적 노력으로 빠르게 공론화되었다. 한 총재께서는 문 총재의 유지를 받들어 더욱 힘차게 밀어붙이고 있다.

현재 한일터널을 반대하는 의견이 있다고 해서 포기하거나 절망할 필요는 없다. 침착하게 이 사업에 몰두해서 착실히 양 국민의 이해와 지지를 높여가야 한다.

한일터널은 국가가 나서야 하는 사업인만큼 한일 양국에서 대처 같은 강한 지도력을 가진 정치가가 나와 리더십을 발휘한다면 이 구상은 국가사업으로 지정돼 분명 현실화할 것이다.

영국과 프랑스에서는 가능했던 것이 일본과 한국에서 불가능하다고 할 수는 없다. 아시아지역이 유럽에 밀릴 이유가 없다. 일본과 한국이 손을 잡으면 반드시 해낼 수 있다.

한일의 우호관계 확립과 번영, 나아가 동북아시아의 평화와 발전을 위해 한일터널은 반드시 건설돼야 한다.

한일터널은 양국 간 경제발전에도 크게 공헌할 것이다. 현재는 바다가 무역에 큰 장애가 되지만 터널이 건설되면 하나로 연결된 경제존이 형성될 것이다. 정치적인 효과로는 인적 및 정보 교류가 활발해져 평화와 안보를 이루는 기틀이 마련될 것이다. 우리는 이미 유럽에서 이와 같은 일을 목격했다. 나아가 동북아 공동체 설립의 시발점도 될 수 있다.

일본의 세계적 수평볼링 굴착기법 사용될 것

세이칸터널(青函, Seikan tunnel, 연장 53.85km)은 일본 혼슈(本州)와 홋카이도(北海道)를 잇는 해저터널이다. 세이칸터널에 대해 처음으로 언급된 것은 1923년이다. 당시 아베 카쿠지라고 하는 하코다테의 한 해산물 상인이 '다이하코다테론(大函館論)', 즉 아오모리와 하코다테를 하나의 상권으로 성립시키자고 해서 처음으로 세이칸터널이 구상됐다.

이것은 문헌에도 나와 있다. 결정적인 계기는 선박 침몰 사고였다. 1954년 하코다테를 출항한 세이칸 연락선 토야마루(洞爺丸)호가 태풍 15호로 인해 좌초해서 '승객 1155명 사망'이라는 일본에서 전무후무한 해난사고가 발생했다. 그것이 계기가 되어서 '전천후형 교통기관이 필요하다'는 분위기가 고조되었고, 10년 후 1964년 북해도형 조사사갱이 일

다케우치 류조(竹内雄三) | 국제하이웨이재단 기술위원장

본철도건설공단 직할공사로 개시되었다.

외국서 도입한 기술 별로 도움 안돼

나는 그 3년 뒤, 철도건설공단에 입사해 17년 동안 세이칸터널 건설 업무에 종사했다. 1971년 선진도갱이 관통됐고, 착공부터 약 20년 후, 본갱이 개통돼 1988년 정식으로 재래선 열차가 투입됐다. 그리고 드디어 2016년 홋카이도에서 출발한 신칸센 열차가 세이칸터널을 통과해 혼슈에 닿았다. 세이칸터널의 총길이는 53.85km이지만, 해저부 거리는 23.3km이다. 세이칸터널은 12파밀리언의 완만한 구배를 가지고 있다. 고속열차가 달릴 수 있는 구배는 1000분의 15정도까지이지만, 세이칸터널은 12로 안정적이다. 또한 세이칸터널은 폭 11.1m의 본갱과 그 아래 약 5m의 선진도갱, 약 30m 떨어져서 폭 5m의 작업갱으로 이뤄져 있다. 사갱 중간에 파이프가 많은 것은 화재대책 설비인데, 열차에서 화재가 발생하면 승객을 피난시키고 화재를 진화하는 역할을 한다.

NATM 공법으로 해저터널을 굴착하는 모습.

세이칸터널은 일본 국내 기술과 외국에서 도입한 기술이 있었지만, 사실상 외국 기술은 별로 도움이 되지 않았다. 기술은 일반적으로 백화점에서 판매되는 범용기술이 아니니까 필요한 사람이 만들어 쓸 수밖에 없다. 세이칸터널은 기존의 제품들이 안 맞아서 선진볼링을 리버스(역순환 굴착) 공법으로 사용했다. 예상하지 않은 곳에서 대량의 물이 나오는 것을 이상출수(異常出水)라고 하는 데, 1969년에 한차례, 1974년에 두 차례, 1976년에 다시 한차례 이상출수가 발생했다.

특히 1976년 5월 6일에는 분당 85톤, 총 216만 톤이라는 많은 양의 물이 작업갱 구배에서 들어왔다. 선진도갱은 올라가는 구배라서 물이 나오면 갑자기 펌프실까지 날아 오는데, 작업갱은 들어가 있으므로 그렇게 뛰어서 도망가지 않아도 될 정도로 서서히 들어온다. 작업갱이 3000m 가량 물이 차자 이제 안 되겠다고 생각했는데, 본갱에도 물이 찬 단계에서 겨우 토사가 무너져 갱도를 막는 바람에 물이 멈춰 선진도갱의 펌프실을 지킬 수 있었다. 그렇지 않으면 해안선까지 물이 넘치는 상태였다. 물은 수심펌프로 퍼냈다.

재발방지를 위해 300m 아래라서 80kg 가량 압력으로 시멘트밀크와 물, 나트륨 등을 합해서 LW를 주입해 지수했다. 또한 본갱은 한 번에 큰 단면을 팔 수 없어서 측벽(側壁) 도갱이라는 주변에 작은 단면의 도갱을 파내고, 벽에 콘크리트를 발라서 그 위에 상부판단면(上部判断面)이라는 아치형 사방갱을 올리고, 가운데를 파내서 약액을 주입해서 지수를 했다. 약액 주입 후 암반 속이 어떤 상태인가 확인했는데, 30년이 지났는데도 아직 단단하다, 이른바 중성화되거나, 열화하지 않았다, 이것이 변질되면 물이 들러오게 되니까 항상 체크하고 괜찮은지 확인해야 한다. 이 지수 재료는 현재까지 거의 완성품이라고 생각한다.

세이칸터널에서는 수평볼링을 사용해 2150m를 파냈는데, 지금도 기네스북에서 그 기록이 깨지지 않고 있다. 수평볼링은 세계에 자랑할 수 있는 기술이다. 별로 사용이 되지 않아 발전이 더딘 상태이지만, 기술로는 충분하다. 한일터널에서 대단히 중요한 기술로 사용될 것이다.

한일터널은 어떤 형태일까. 1982년부터 국제하이웨이재단과 일한터널연구회에서 해양 음파탐사와 해상 11만 6600킬로의 음파탐사가 이뤄졌다. 또한 해양볼링으로 해상 500m와 육상에서 다각도로 조사를 해 막대한 데이터를 수집했다. 디지털 멀티채널 음파탐사와 워터건이라는 파워풀한 발신원으로 상당히 깊이 있게 조사하고 데이터를 얻었다. 우선 지질은 퇴적암이 눌러 찌그러지고 굳은 것이 토대가 되어 있다. 이 퇴적암은 화강암(花崗岩)의 돔과 접촉해 매우 호른펠스(hornfels, 흑색세립의 견고한 암석)화해서 단단해진 상태다.

한국 남쪽에서부터 쓰시마(対馬) 주변은 단단한 퇴적암이 쌓여 있다. 유라시아플레이트의 조산운동으로 끌어당겨 태평양쪽으로 와서 생략된 일본의 한 산 가운데 뾰족한 것이 쓰시마이고, 그 왼쪽이 한국이다. 한일터널 구간은 대부분 퇴적암이라 거의 산악터널공법으로 굴착할 수 있다고 본다. 다만, 점토와 모래가 쌓여있는 쓰시마 해협에 대해서는 실드공법으로 파야할 것이다.

퇴적암에 대해서는 산악터널이나 터널볼링머신 공법 등 일반적인 굴착 방법으로 가능하지만, 신규 퇴적층은 이수(泥水) 실드로 파는 것이 좋다. 다만 고압 대책을 마련해야 하고, 비트교환도 장수화 대책을 어떻게 세울까 하는 것이 과제이다.

현재 일본 사가현 가라쓰 아레(阿連)에 굴착된 조사사갱에서 선진도갱을 파서 수평볼링으로 굴착하면 신규 퇴적층의 모래를 흐트러뜨리지 않은 상태로 가져올 수 있다고 생각한다. 이것을 물리적 혹은 공학적 수질 파악으로 재이용할 수도 있고, 아니면 건설 자재나 농업 자재로 이용하는 방법도 가능하다. 한일터널은 이러한 경제성 문제도 고려해 합리적인 건설 계획을 세워야 할 것이다.

한일터널은 양국 국민화해의 동력

본 재단이 주도해 일본 규슈(九州) 남단 가고시마현(鹿児島県)으로부터 시작된 '한일터널 추진 현민회의'가 8년여 만인 지난 2020년 47번째 현민회의 결성에 이르렀다. 도도부현 전체에 현민회의가 결성된 것은 감개무량한 일이다.

한일터널 추진을 위한 현별 결성 움직임이 요원의 불처럼 전국적으로 퍼져 나갔다는 점이 큰 결실이다. 지금까지는 민간 레벨의 풀뿌리 운동으로 전개되었으나, 이제부터는 정부 당국에 영향을 줄 수 있는 국가적 레벨, 즉 국민운동 단계에 올라섰다고 평가할 수 있다.

한일터널 프로젝트를 국가 레벨로 격상시키기 위해 다양한 사업을 펼칠 것이다. 예컨대 일본 국토교통성과 정부 여당인 자민당 정조부회에

도쿠노 에이지(德野英治) | 국제하이웨이재단 회장

'한일터널 실현을 위한 특별 연구 프로젝트'팀도 만들 계획이다. 이와 함께 한일 정상회담에서 한일터널이 주요 의제의 하나로 채택될 수 있도록 영향을 주고 싶다.

현재 한일터널의 해결과제는 크게 4가지가 있다. 첫째는 한일 양국의 국민감정, 특히 한국 분들의 일본에 대한 역사적인 감정이다. 그 해결이 무엇보다도 필요하다. 둘째는 한일 간 정상회담이 셔틀 외교와 같이 빈번하게 행해지고, 한일터널이 정상회담의 주요 의제로 다뤄지는 것이다. 이를 위해 양국 정상들의 신뢰 관계 구축이 급선무다. 셋째는 비용의 문제다. 한일터널 건설은 최저 10조 엔의 예산이 소요된다고 추산하고 있다. 단순하게 거리 비율로 산출하면 일본측이 7할(약 70조원), 한국측이 3할(약 30조원)을 분담해야 한다. 국가 자금이 어려우면 세계은행이나 아시아개발은행, 아시아 인프라스트럭쳐(infrastructure) 투자은행, 실크로드 기금 등에서 빌릴 수도 있다. 마지막으로, 충분한 기술적 연구가 뒤따라야 한다.

한국인의 역사적 감정을 해소하기 위해서는 다섯 가지를 생각해 볼 수 있다. 우선, 한일 양국 간보다 활발한 문화와 경제 교류, 의원외교, 민간외교가 이뤄져야 한다. 둘째, 2018년 평창 동계올림픽에 이어 도쿄 하계올림픽을 양국민이 긴밀한 협조로 대성공을 거두는 것이다. 그렇게 되면 양국의 국민감정이 틀림없이 좋아질 것이다. 한일 간 국제결혼을 더욱 장려해 나가는 것도 한 방법이다. 한일 국민이 혈통적으로 연결되면 더욱 가까워질 것이다. 넷째, 각각의 입장 차이에 대한 상호 이해의 심화가 필요하다. 일본 측은 피해자인 한국의 입장을 이해해 반성해야 할 점은 반드시 깊이 반성하지 않으면 안 된다. 그러한 자세 없이는 한일의 진정한 연대는 어렵다. 마지막으로 한일터널 프로젝트의 추진이다. 한일터널이 뚫리면 한일 간 화해의 동력이 될 수 있다.

일본은 섬나라이기 때문에 육로를 통해 대륙에 연결되고 싶은 역사적 비원이 있다. 한일터널이 건설되면 사람·물자·문화의 유통과 무역이 한층 더 왕성하게 되어 일본은 모든 분야에서 발전을 거둘 수 있다. 한국은 일본과 연결됨으로써 대륙과 섬나라를 이어주는 중개역 및 중립 지대가 될 수 있다. 이러한 역할을 통해 얻을 수 있는 이익이 막대할 것이다. 한일터널은 한반도 통일 실현의 단초와 자극제가 될 수 있다.

과거 영국과 프랑스는 정부와 국민들의 고매한 사상공유와 일체감에 의해 유러터널을 실현할 수 있었다. 이러한 전례가 좋은 참고가 된다고 생각한다. 영불은 역사적으로 100년 전쟁을 치러 온 원수국가라고도 말할 수 있다. 이러한 양국 국민의 입장을 대표해서 1986년 영불 정상회담에서 미테랑 프랑스대통령과 대처 영국총리가 유러터널 건설을 위한 캔터베리 합의를 성사시켰다. 이후 공사가 급 발전된 것이다. 당시 두 정상은 두 번 다시 전쟁을 하지 않는다는 '영원한 부전의 맹세'를 했다. 그 결과 유러터널은 양국의 화합은 물론, 유럽연합의 단결에도 큰 힘을 실어주었다. 일본과 한국도 영불에 필적하는 '영원한 평화의 맹세'를 주고 받아 일체감을 형성하길 간곡히 염원한다.

한일터널은 2개 정부, 2개 국민의 합의와 노력이 전제돼야 하는 국제적인 공동 프로젝트이다. 본 재단은 전 국민의 참여를 이끌기 위해 불철주야 매진해 나갈 것이다.

신의·사랑의 나라 한국이 중심돼 추진해야

한일터널 사업은 반드시 한국의 국민운동으로서 추진되어야만 한다. 만일 일본이 앞장서서 그것을 주창한다면, 그 의미는 마치 일본 국익만을 위한 목적처럼 될 것이고, 과거 일본의 만행을 아는 아시아와 세계가 반대하고 나설 것이다. 그뿐 아니라 본래 세계를 한 가족으로 맺기 위해 세계평화고속도로를 구상했던 한국인 주창자의 의미도 반감될 수 있을 것이다.

그러나 현실로는 일본 쪽에서 한일터널이 구체적인 국민운동으로 번지는 움직임을 보이고 있다. 일본의 경우 국제하이웨이재단이 운영하는 '일한터널추진 현민회의'가 일본 47개 도도부현 전체에 결성되었다고 한다. 한일터널은 아시아와 세계 평화를 주도하는 역사적인 사업이다.

무토 가쓰키요(武藤克精) | 한일문화교류연합회 사무국장

그렇다면 한일터널을 대한민국에서 어떻게 국민운동으로 승화시킬 수 있을까. 한국에서 26년을 살고, 이 나라를 누구보다 사랑하는 한 사람의 일본인으로서 그것을 생각해 보았다.

한국, 亞최초로 관세 자주권 실현

나는 처음으로 한국을 방문한 대학시절부터 한일의 문화비교를 전공하고, 현재에 이르기까지 한국과 일본 각지에서 한일 간의 비교문화학을 강의하고 있다. 그러한 가운데서 언제나 가슴 아프게 생각하는 것이 한국 문화와 역사의 빛나는 가치를 한국인 자신이 거의 자각하지 못하고 있다는 사실이다. 그러므로 한국 국민들은 모든 국제관계를 대할 때에도 자국은 결코 주체적인 자리에 설 수 없다고 믿는 것 같다. 한국은 실제로는 어떤 나라보다도 주체적으로 국제적 위치에 설 수 있는 문화적 코드를 갖고 있다. 그럼에도 불구하고 도리어 단순한 힘과 경제 중심의 국제관계에 끌려가고 있는 것이 가슴 아플 뿐이다. 왜냐하면 일본인인 나로서는 그러한 한국국민들의 성향이 한때 일본에 의한 식민지배를 통해 자신의 문화를 철저히 과소 평가받고, 말살 당했던 그 '일제'의 책임에서 비롯된 것일 수 있기 때문이다.

국사편찬위원회 위원장을 역임한 한국이 자랑하는 역사학자 이태진 서울대 명예교수가 2005년에 한국과 일본 양쪽에서 출판한 '동경대생들에게 들려준 한국사'에 의하면, 한국은 서양세계에 대해 아시아에서 처음으로 관세 자주권을 실현한 놀라운 나라이다. 왜 그러한 일이 가능했는지를 상고할 필요가 있다.

조선말기인 1882년 4월 6일 고종이 미국과 맺은 '조미수호통상조약'이 바로 그것이다. 놀랍게도 이것은 조선이 처음으로 구미제국과 맺은 조약이면서 그 이전 1876년 2월 27일에 일본이 강제적으로 맺은 '조일수호조규'(강화도조약)와는 완전히 다르다.

조미수호통상조약
미국은 조선이 통상 요구를 거절하면 힘으로라도 조선의 문을 열려고 했다. 그러던 중에 청나라의 도움을 받았고, 결국 1882년에 조선과 통상 조약을 맺게 되었다.
출처: 한국사 사전 2 - 역사 사건·문화와 사상 (촬영:)

이 조약에서 미국은 한국의 관세 자주권을 인정하고 일반 물품 10%, 사치품 30%의 관세율을 인정하고 있다. 게다가 치외법권에 관해서도 제한규정이 있다. 미국은 추후 조선이 법률을 개정하고 구미와 비슷한 수준이 된다면 그때 치외법권을 철회한다는 잠정안을 제시하고 있다.

또 영사재판권에 관해서도 조선인과 미국인 간 분쟁이 일어났을 때에는 피고국 관리가 재판을 주재하고 원고국 관리가 참관하며 반대신문과 항변을 실시할 권리를 갖는다고 돼 있다.

왜 미국은 당시 지금보다 훨씬 아시아의 약소국이었던 한국과의 사이에 그러한 거의 대등하다고도 할 수 있는 관계를 맺었을까.

한편, 일본이 구미제국과 맺은 조약들은 처음부터 위와 같은 것이 일체 인정받지 못한 불평등조약이었다. 일본은 오랫동안 온갖 방법을 다 써가면서 그 해소를 시도한 뒤에 미국과의 관세 자주권을 회복하기에 이른다. 다름 아닌, 1911년의 '일미통상 항해조약'이었는데, 한국보다 29년이 뒤진 때였다. 왜 아시아에서 최초로 근대화를 이룩했다고 자부하는 일본이 관세 자주권 회복에선 조선보다 30년 가까이 뒤졌을까.

근대정신 이해한 한국, 이해 못한 일본

그것은 일본의 근대화가 반쪽 밖에 안 되는 근대화였기 때문이다. 근대화라는 것에는 두 가지의 흐름이 있다. 하나는 일본이 받아들인 르네상스 이후의 '근대합리주의'에 의한 '근대제도' 실현의 흐름이고, 또 하나는 오히려 한국이 아시아에서 가장 빨리 이뤄낸 종교개혁 이후의 '기독교 도의주의'에 의한 '근대정신' 실현의 흐름이다. 한국에는 고래로 아시아에서 가장 높은 종교사상이 모여 결실돼온 전통이 있다. 특히 조선시대 500년을 통해 연마돼온 유교의 도의주의가 명확히 존재하고 있었다. 즉, 서양과의 '관계 맺기'에서 한국은 문화적으로 서양의 기독교 사상과 통하는 유교 도의주의라는 코드를 가지고 있었던 것이다. 당시에는 구미의 '문명국'이 그 외의 '비문명국'을 합법적으로 착취가 가능했던 제국주의시대였다.

그런데 그 상대가 '문명국'이었을 경우에는 어떻게 될까. 조선은 당시 '만국공법(국제법)'을 주자학의 도의주의에 입각해 '신의(信義)와 사랑' 정신이라고 받아들이고, 각국과 맺은 조약을 항목별로 정리해서 품목과

세율을 일람표로 만든 '각국약장합편'이라는 책을 1885년부터 1899년까지 7번에 걸쳐 간행했다. 그 서문에 아래 내용이 명기되어 있다.

'신의를 근본으로 하라. 예의로 상대를 대우하고 애정으로 약서를 제정하라. 그래서 이것을 관리들만 가지고 있을 것이 아니라 국민들이 모두 알게 해서 온 국민이 각국에 대해서 신뢰를 가지게 되면 양국 간에 우호관계가 저절로 생길 수 있다.'

그렇다면, 일본은 어땠을까. 당시 일본 근대화를 대표하는 사상가는 후쿠자와 유키치(福澤諭吉,1835~1901)였다. 일본에서 가장 존경 받으며 최고지폐 1만 엔의 얼굴이 되고 있는 인물이다. 당시 그가 쓴 '통속국권론'에 이런 글귀가 나온다. "백권의 만국공법은 수문의 대포만도 못하고, 수많은 화친조약은 한통의 탄약만도 못하다. 대포와 탄약은 있는 도리를 주장하기 위한 것이 아니라 없는 도리를 만드는 기계이다."

또 메이지 정부의 문부대신을 역임하고, '유신 삼걸'의 한 사람이기도 한 기도 다카요시(木戶孝允)는 자신의 일기에 "병력이 갖추어지지 않을 때는 만국공법도 원래부터 믿어서는 안 된다. 약소국을 향해 만국공법을 명분으로 걸고 이익을 챙기는 나라도 적지 않다. 고로 나는 만국공법은 약소국을 약탈하는 하나의 도구라고 생각한다"라고 적었다.

일본에서 유행한 노래에도 "겉으로 맺는 조약도 마음 속은 알 수 없고 만국공법이 만개가 있더라도 막상 일이 나면 완력의 강약 싸움인 것은 이미 각오한 바이지"라는 내용이 들어있다. 조선과는 그 자세가 너무나도 대조적이다.

日, 약육강식만 알았지 도의주의 몰랐다

일본이 당시를 약육강식의 세계라고 본 관점도 100퍼센트 틀리지는 않을 것이다. 일본은 그것을 출발점으로 했기 때문에 그 안에서 살아남기 위해 오로지 부국강병의 길로 나아가 자국을 지킨다는 미명 하에 반도를 지배하고, 또 그 영토를 지킨다는 변명 하에 대륙으로 진출했다. 그에 비해 한국은 세계가 일견 약육강식의 양상을 나타내고 있고, 그 가운데에서 강국에 둘러싸여 아무런 의지할 곳이 없는 약소국인 것을 알면서도, 실제로는 기독교 정신이 바탕이 된 서양세계의 가장 높은 상위가치로서의 '하늘의 도의'를 간파했다는 사실이다.

대저 '국제법'이란 무엇인가. 1648년에 유럽에서 가톨릭과 개신교 간의 30년에 걸친 종교전쟁을 끝낸 베스트팔렌조약이 '근대 국제법의 원조'라고 여겨진다. 즉, 당시 한 하늘 아래 전 국가의 평등을 주창하는 종교개혁 정신에 의해 '신성로마제국'의 교황과 황제라는 초국가적 권력은 부정되고, 각국이 대등한 주권을 갖는 '국제질서'가 처음으로 가능하게 된 것이다. 바로 이때 가톨릭을 상대로 승리를 거둔 개신교 정신이야말로 자연법사상에 의한 '만국공법(국제법)'의 출발이었다. 그 후 세계는 '하늘의 도의'와 '힘의 논리'가 맞부딪치고 패자를 결정하려는 싸움이 벌어졌다. 결과적으로 두 번의 세계대전을 거쳐 개신교·기독교 국가인 연합국 측이 승리를 거뒀다. 이로써 세계는 '약육강식'의 이념이 아닌, UN(국제연합=연합국)이 내거는 '국제법'의 이상을 공유하게 되었다. 당연히 한국은 세계를 올바르게 꿰뚫어 본 것이며 일본은 잘못 봤다고 하지 않을 수 없다.

도쿄보다 서울의 전철 개통이 먼저다

그러므로 일본이 지금도 주장하는 '식민지지배에 의해 한국을 근대화시켰다' 따위의 말은 허무맹랑한 소리다. 우선, 일본이 말하는 '근대화'는 근대화 제도에 관한 이야기에 불과하고, 근대화 정신인 개신교·기독교의 도의주의에 관해서는 오히려 한국국민이 일본의 억압에 대항하는 과정에서 '3·1 운동' 등을 통해 스스로 확립한 바 있다. 광복 후 건국정신으로 삼은 사상이 바로 그것이다. 현재 한국이 아시아에서 가장 적극적으로 개신교·기독교를 받아들인 반면, 일본은 아직껏 가톨릭과 개신교를 합쳐도 인구의 1%에도 못 미친 그야말로 가장 기독교가 발을 못 붙인 나라인 것으로도 그것을 충분히 알 수 있다. 역사문제를 놓고 한일 간 대립에서도 그것이 현저히 나타나고 있다.

일본은 어디까지나 합리주의적·제도적 주장만을 되풀이 하고 있다. 부정하기엔 너무 많은 위안부 할머니의 증언이 있음에도 '군이 관련했다는 공문이 없다', ' 강제 연행한 증거가 없다' 따위의 주장만을 반복하고 있다. 독도가 엄연히 1905년 일본이 한국의 외교권을 빼앗은 상황 하에 러·일 전쟁을 유리하게 이끌기 위해 일방적으로 일본에 편입시켰다는 사실이 있음에도 이를 외면하고 '합법적으로 편입되었다', 한국으로부터 항의가 없었다'라는 말만 앵무새처럼 되풀이하고 있다. 그것들은 모두 일본의 문화적 코드에 도의주의가 결여되어 있고, 모두 '근대 합리주의'만으로 이루어져 있다는 증좌이다. 일본은 일찍이 한국이 이뤄낸 근대화정신을 아직도 배우지 못하고 있다. 일본은 이제부터라도 한국을 통해 그 정신을 배워나가야 할 것이다.

두 번째로, 실제로 한국의 제도적 근대화 과정을 봐도 한국은 결코 일본에 의해 근대화 된 것이 아니다. 정확히 말해 일본에 의해 근대화의 기회를 빼앗긴 것이다. 고종황제가 아관파천에서 돌아와 1897년부터 진행한 '대한제국'에 의한 8년간의 '광무개혁'을 보자. 대한제국은 1899년 국가기본법인 '대한국국제'를 제정하고, 국고은행으로서 '대한천일은행'을 발족함과 동시에, 서울의 서대문~청량리 간 노면전차까지 개통시켰다. 한편 일본은 교토에서 1895년에 개통시킨 것이 최초이기는 하나 도쿄는 1903년의 개통 된 것으로, 수도의 전철 개통은 한국 쪽이 빨랐던 것이다. 이것은 1901년 독일 기자 지그프리트 겐테(Siegfried Genthe)가 '쾰른신문'에 기고한 '겐테의 한국기행'(아직도 잠에서 깨어나지 않은 줄로 여겼던 '고요한 아침의 나라' 국민들이 서구 신발명품을 거침없이 받아들여 서울 시내 초가집 사이를 누비며 바람을 좇는 속도로 달리는 전차를 타고 여기저기를 구경할 수 있다니 어찌 놀랍고 부끄럽지 않으랴!)에도 잘 나타나 있다.

그 후에도 대한제국은 1902년 중앙은행 조례를 제정하고, 중앙은행 건물의 설계도를 완성시켰다. 현재의 한국철도 주요 노선이 모두 당시 계획된 전국철도망에 의해 착공되었고, 서울의 도시계획도 당시 워싱턴 DC를 모델로 해 작성되었다. 일본이 1905년에 한국의 주권을 침해했기 때문에 한국인은 남대문에서 근사한 한국은행 건물을 보면 '일제가 세웠다'라고 느끼고, 철도를 타면 '이것도 원래는 식민지 시대 때 일본이 깔았다'라고 느낄지 모른다. 그러나 정확히는 모두 대한제국 자체가 착수했던 것을 그대로 일본이 빼앗아서 추진한 것에 불과하다.

일본에는 '하늘'이라는 고유어 없어

여기서 잠시 내 전문인 문화론 하나만 소개해본다. 한국에 있는 '하늘'이라는 말에 해당되는 고유어는 일본에는 존재하지 않는다. 일본의 고유어인 '소라(そら)'는 공허한 그 푸른 공간만을 나타내는 말이지, 한국어 '하늘'이 갖고 있는 우주의 도의적 중심자이며, 주재자로서의 의미는 없다. 나중에 에도(江戶)시대에 들어 일본에도 한국의 유교학자들로 인해 주자학이 전파되고 그때 '천(天)'이라는 개념은 들어왔지만, '천'은 중국어이며 외래사상에 지나지 않아 아직도 일본국민의 관념 속에는 정착돼 있지 않다. '하늘'에 대한 관념은 한일 종교관의 근본적 차이를 결정짓고 있다. 한국에서는 항상 인간을 초월한 '하늘'의 존재가 모든 사람의 가치판단을 좌우한다. 어떤 주장을 갖더라도 비록 시장바닥에서의 아저씨끼리의 싸움이었다고 해도 한국인은 그 자리에서 스스로의 '하늘의 도리'를 주장하고 있는 것이다.

한편, 일본인이 항상 가치판단의 기준으로 삼는 것은 '공기'라고 하는 말로 표현되는 집단 분위기적 조화이며, '세간'을 지배하는 사회적 동조압력 뿐이다. 그에 따라 일본인은 자체 내에서는 '조화'를 절대시하고, 싸움을 좋아하지 않는다. 일본인은 아무도 한국인처럼 주체적으로 '알아서' 하는 일도 없고, 모두가 규칙에 충실히 따라서 위 사람과 주위 사람에 맞추어서 결코 타인에게 폐를 끼치지는 않는다. 그것이 일본인의 미덕으로 자리 잡았다. 일본이 내부적으로 이상적인 조화를 자랑하고 있는 것도 사실이지만, 거기에는 개인의 도의적 주체성이나 하물며 세계를 이끌어 갈 수 있는 사상 등은 존재하지 않는다. 아니 존재할 수도 없다. 그래서 한국국민들의 눈에 일본은 자꾸 손바닥으로 하늘을 가리려하는 편협함이 엿보이는 것이다.

한때 제2차 세계대전에서 일본이 주창한 '5족협화(五族協和)' '팔굉일우(八紘一宇)' '사해동포(四海同胞)'라는 말들도 '하늘의 도리'와는 무관하다. 눈에 보이는 '현인신(現人神)'인 일본 천황을 숭배하고 무조건 '큰 조화'안에 들어오라고 하는 실로 어처구니 없는 주장이었던 것이다. 주변 국가들은 모두 그러한 '이상한 주장'보다는 '하늘의 도리' 쪽을 좋아하는 사람들이었으므로 일본은 어쩔 수 없이 무력으로 그걸 강요해야만 했다. 그런데도 잘 안 되고 반발이 나오니 결국은 그 나라의 유구한 문화 자체를 송두리째 빼앗아 말살해 버리는 야만적인 짓을 자행했던 것이다.

결론적으로 내가 주장하는 것은, 본래 아시아의 근대화는 일본이 아니라 한국이 중심이 되었어야 했다는 것이다. 한국은 이를 준비하기 위해 조선시대 말기에 고도의 도의주의를 확립한 유교학자들이 스스로 천주교를 받아들여 '근대화정신'의 바탕을 만들어 갔다. 일본은 합리주의적 가치관을 가지고 많은 근대용어를 번역하는 등 일본 나름의 아시아의 '근대화제도' 확립에 공헌은 했다고 본다. 어디까지나 일본식 자기만족이었던 것이다. 역사에 가정은 없다고 하지만, 만약 그때 대한제국 고종황제의 '신의와 사랑' 정신으로부터 아시아의 근대화 길이 열렸다면, 그 후의 아시아의 역사, 동서양을 잇는 관계의 다리는 지금과는 전혀 다르게 전개 되었을 것이다. 이것은 필자의 단순한 공상이 아니다. 실제로 개신교·기독교 정신에 입각한 서구 선진국들이 유엔 중심의 평화 이상으로 지구성을 리드하고 있는 것으로도 이미 증명되고 있다.

한국인, '신의와 사랑'으로 다시 불타야

근대화 과정에서 주자학의 도덕주의로부터 점차 기독교 도의주의를 받아들인 한국이 만약 그 정신을 가지고 주도해 나갔다면 아시아제국은 구미에 대한 반역의 길을 가지 않아도 되었고, 거기에 따른 많은 희생, 솔직히 말해 일본 국민을 어마어마하게 희생시킨 히로시마와 나가사키 원폭 피해도 없었을 것이다. 한국이 아시아의 근대화를 주도했다면, 결과적으로 일본을 구하는 길도 되었던 것이다. 무엇보다도 남북분단의 비극도 없었을 것이다. 그렇게 되었다면, 아시아를 잇는 다리는 일본으로부터의 '기술력과 제도'도 아니고, 지금의 중국의 막강한 파워도 아닌 대한민국으로부터 '신의와 사랑'의 다리로 놓여 졌을 것이다. 거기서부터 뻗어나가 전 세계를 평화와 선(善)의 이상으로 이끌었을 것이다.

역사의 실패는 결코 반복되어선 안 된다. 그러기 위해서는 한국국민들이 스스로 그 웅혼한 문화적 가치와 역할을 자각하면서 주체적인 중심 국가로서의 위상을 회복해야만 할 것이다. 그리하여 아시아에 새로운 희망의 다리를 놓아 평화의 길을 열어 나가야 한다. 그 출발점이 바로 한국을 중심으로 하는

관문각
경복궁 건청궁 곤녕합(옥호루) 뒤로 보이는 양관이 건청궁 유일의 양관 '관문각(觀文閣)'이다.

'한일터널'이다. 부조리하고 혼탁한 세계에서도 분명히 인류의 이상은 한걸음, 한걸음 평화의 실현을 향해 진보하고 있다. 거기에 따라 한사람, 한사람 인간의 양심도 눈을 뜨고 있다. 표면적으로는 완전히 약육강식의 힘이 지배했던 그 황폐한 시대에도 한국은 스스로 도의주의의 코드에 의해 '신의와 사랑'의 외교관계를 열어갔던 것이다.

이제 인류사회는 그 정의와 이상에 대한 믿음을 가지고 미래를 새롭게 열어가야 한다. 한국인이 갖는 도의주의적 이상의 힘은 이 나라가 수많은 기적을 일구어 온 원동력이기도 하다. 반복하지만, 결코 스스로를 낮게 봐서는 안 된다. 다시 한번 한국이 자랑스러운 '인류 한 가족 사회'를 이끌어가는 아시아의 중심, 세계의 중심국가라는 사실을 자각하고, 국민 모두가 그 이상에 불타올랐으면 한다.

한일터널 추진사업은 한국이 중심국가로서 자리를 되찾는 최적의 매개체가 될 것이다. 한일터널이 한국의 국민운동으로 꽃피워 가야 하는 소이가 여기에 있다. 일본에서 처음으로 전등이 켜진 것은 1884년 도쿄 니혼바시에 있는 내각 인쇄국이었다. 한국도 같은 해에 에디슨램프회사와 계약을 맺었는데 실제로 그것이 켜지게 된 것은 3년 후인 1887년 3월 6일 경복궁 부지 내였다. 고종은 거기에 훌륭한 시계탑을 씌운 2층 양옥인 '관문각'을 짓고 중국식 벽돌로 지은 중국풍 '집옥재'를 이전시켰다. 한국의 왕궁 내에서 한국·서양·중국식이 조화를 이루는 가운데서 켜진 전등이야말로 아시아에 켜진 진정한 평화주의·근대화 정신의 등불이었음을 믿어 의심치 않는다. 그 위대한 불빛이 한국에서 다시 한번 켜지는 희망의 날을 기다려 본다.

한일터널 명칭을 '아셈 철도'로

한국과 일본을 잇는 해저터널을 만들어 '아셈(ASEM, Asia-Europe Meeting)철도'라고 이름 붙이자.

- 2000년 10월 서울 아시아유럽정상회의(ASEM) 기조연설에서

모리 요시로 (森喜朗) | 전 일본 총리

유라시아 하나의 시장으로 엮는 공동비지니스

내가 홋카이도(北海道)에 발령받아 갔을 때 홋카이도와 아오모리(青森) 사이에 세이칸터널이 개통되었다. 홋카이도와 아오모리의 경계선을 어떻게 지을 것인가를 결정하는 자리였고, 세금을 어떻게 부과해야 하는지를 놓고 양쪽 자치단체 간 굉장히 민감했다. 경계선의 길이가 세금과 관계가 있기 때문에 의견 충돌이 있었다. 4개월간 격렬하게 논쟁이 일어났는데 후에는 서로 존중하는 쪽으로 입장이 바뀌었다. 홋카이도와 아오모리 간 교류 방안이 폭넓게 논의됐고, 두 지역 간 신칸센이 개통되면서 세이칸터널이 두 지역의 대통로가 됐다.

당시 해저터널 개통이 지역 교류에 얼마나 많은 도움을 주는 지 실감했다. 이후 오이타(大分)현에 갔을 때, 오이타현과 에히메(愛媛)현을 연

미조하타 히로시(溝畑宏) |

오사카 관광국 이사장(전 일본관광청 장관)

결시키는 구상이 나왔다. 이것도 내가 담당했다. 큐슈(九州)와 시코쿠(四國)를 교량으로 연결시키는 프로젝트인데, 스포츠와 문화, 경제교류도 뒤따랐다. 이때 가장 강하게 느낀 것은 큐슈(九州)와 한국을 연결시켜야 한다는 생각이었다. 그 마음이 더 강해진 것은 오이타에 갔을 때였다. 2002년 한일 월드컵 공동개최를 놓고 오이타현 책임자로서 대회 활용방안을 강구해야 했다. 그때 한국과 일본은 서로 경쟁관계에 있었다. 나는 오이타현 프로축구팀을 창설하자는 생각을 했고, 축구장을 만들어 한국으로부터 관광객 3만 명을 유치하면 경제도 활성화될 것이라 생각했다. 만약 한일터널이 뚫려 있었다면 한일 양국의 교류가 활발했을 것이고, 한국 관광객 유치가 쉬웠을 것이다.

아시아 지역들과 새로운 유통과 수출관광 분야를 증대시키려면 한일터널 프로젝트가 매우 중요한 역할을 하리라 생각한다. 한일터널과 관련해 관광청 장관 시절에 많은 분들의 의견이 있었다. 경제계에서도 필요성을 인정하고 있었다. 한일터널에 관해 많은 분들이 긍정적으로 생각했다. 그 가운데 하나는 한일터널이 한·중·일 교류 관계를 증진·확대시킬 수 있다는 것이다.

한국도 그렇지만 일본도 계속 성장률이 감소하고 있어 경제 부흥을 위해 다이나미즘(활력)이 필요하다. 평범한 노력으로는 안 된다. 모든 이들은 최대한으로 마음을 내고 힘을 모아야 한다. 유라시아를 하나의 시장으로 연결시킨다는 발상 전환을 가져와야 한다. 아시아 다이나미즘으로서 한일터널은 세계 경제 측면에서 한일 월드컵 공동개최 이상의 의의가 있으며, 장기적인 경제·교류 효과는 월드컵이 감히 따라올 수도 없다.

일본도 굉장히 인구가 감소하고 있다. 지금까지의 경제 성장 틀로는 한계가 있다. 경제의 큰 흐름을 새롭게 일으킨다는 측면에서 한일터널에 적극 관심을 가져야 한다. 한일터널은 양국의 정치와 경제, 스포츠, 문화 발전은 물론 관광과 유통, 기술발전, 인재육성, 지역진흥, 동북아 평화 등 전 방위적으로 막대한 파급효과를 가져올 것이다.

앞으로 한일터널 문제를 국회에서 본격 논의할 수 있을 정도로 더욱 활성화할 것이라 본다. 최종 목표는 한일터널을 정부 프로젝트로 연결시키는 것이다. 보다 중요한 것은 한일터널이 언젠가는 실현될 것이라는 막연한 생각을 버려야 한다. 내 경우는 언제까지 실현하겠다고 결정한 뒤에 일을 추진한다. 언제 성사될지도 모르는 프로젝트는 누구도 그 결과에 대해 책임을 지지 않는다. 한일터널 건설 계획을 추진하자는 한일 양국의 장관이나 정상 차원에서 논의가 나오고 플랜을 만들어 가야 한다.

혁명은 한사람으로부터 시작한다. '내가 이것을 하겠다'고 생각하고 누가 뭐라 해도 끝까지 뚫고 가겠다는 각오가 서야 한다. 한일터널의 가치를 아는 한 사람, 한 사람이 한국과 일본의 미래세대를 위해서 다이나미즘을 제공하겠다는 의지로 굳게 협력하면 이 프로젝트는 반드시 성공한다고 본다. 한일 양국의 미래를 위해 밝은 기운을 만들어가는 것이 중요하다. 이제는 한국과 일본이 공동으로 비즈니스를 만드는 시대가 왔다. 한일터널이야말로 양국의 최대 비즈니스가 될 것이다.

국가 간 정식합의만 이뤄지면 바로 착공

내가 국제하이웨이와 한일터널 이야기를 처음 들었던 것은 1981년 일본 산악회의 연차 만찬회 자리에서 옆에 앉았던 전 회장 니시보리 에자부로(西堀榮三郎)씨로부터였다. 건네준 팸플릿을 보면 문선명 총재가 동년 11월에 서울에서 발표했던 것이고, 종교적인 경지에서 세계평화를 염원하고 그 달성 수단의 하나로서 세계를 하이웨이로 연결하려고 하는 것이었다. 국가 간 육로를 연결해 사람들의 왕래를 번창하게 하고, 상호이해를 깊게 하여 사람들의 사이에 평화를 가져오게 하려고 하는 이상(理想)에 불타는 장대한 계획이다. 그 구체적인 걸음으로써 일본과 한국 간 해저터널 건설 구상도 포함돼 있다.

1982년 1월에는 세계평화교수아카데미 주최로 세이칸터널 조사에 관

사사 야스오(佐佐保雄) |
홋카이도대학교 명예교수(전 일한터널연구회 회장) (1907~2003)

여한 분들의 모임을 열었다. 모두가 '한일터널'에 대해 의구심과 두려움이 많았지만, 먼저 터널을 만들려면 어떤 지형인가, 혹은 어떤 암반인가를 조사해 보자는 논의가 있었다. 이윽고 지형·지질조사위원회가 결성되었다. 기존의 모든 자료가 모여서 먼저 육상부와 해저 일부의 예측적 지질조사와 보링 등도 하게 되었다. 한편 이 계획에 어떤 의의가 있는지, 어떤 효과가 있는지, 어떻게 작업을 할 것인가를 생각하는 총괄위원회가 마쓰시타 마사토시 선생의 밑에 결성되었다. 또한 사사선생의 밑에 이 계획에 의한 환경문제를 다루는 위원회가 소집이 되었다. 1년 정도의 작업 끝에 한일터널의 기본계획에 관한 보고서가 만들어졌다. 그 위에 국제간 문제와 일본의 중지를 모아서 본격적으로 하지 않으면 안 되는 것으로 판단, 일한터널연구회로 새롭게 발족했다.

본래 국가 간 토목사업 계획은 정부가 취급하는 것이지만 그것이 언제 이뤄질 지 알 수가 없어 영불 간 유러터널처럼 당분간은 민간주도형으로 추진하는 것으로 가닥을 잡았다. 일한터널연구회는 이 계획에 관심을 가진 사람이라면 누구라도 회원이 된다. 연구회는 여러 전문분야가 만들어지지만 각자의 전공에 맞게 참가하기로 했다. 관심이 강한 회원에 의해서 몇 가지 부회가 만들어졌다. 터널의 이념·경제·문화정치를 생각하는 부회, 터널이 지나가는 지역의 지형·지질·수문의 조사에 관한 부회, 어디에 노선이 설계되고 어떠한 설계로 공사를 하는가를 생각하는 부회, 터널 환경문제를 생각하는 부회 등 4부회로 나누어져 연구와 조사를 진행키로 했다. 그리고 이 부서는 필요하다면 몇 가지 소위원회를 만들어 작업하는 것으로 되어 있다.

본회의 운영은 회원에 의해 선출된 이사가 시행한다. 회의 운영경비,

부회의 신청과 발주에 따른 조사경비 등은 일반회비와 찬조회원의 회비, 이 계획을 실무적으로 추진하고자 하는 하이웨이건설사업단의 기부금 등에 의해 운영하는 것으로 한다. 이 터널을 위한 조사는 작년부터 시작되었으나 올해 포함해서 3년 동안 철저히 기본적인 지질조사를 진행토록 한다. 즉, 어디를 통과할 것인가, 어떤 설계로 어떠한 공법으로 할 것인가 하는 방침을 세우기로 하였다. 노선의 후보지가 정해지면 한걸음 더 나가 상세한 조사와 공사를 진행한다. 이러한 조사연구의 진행과 더불어 일반인들의 이해와 협력을 얻은 터널건설 부지가 확보되면 절절한 시점에 정부에 소견을 신청해서 이것을 한일 양국 간 사업으로 채택되도록 노력하게 된다. 국가 간 정식으로 합의가 이뤄지면 한일터널을 착공하게 된다. 이러한 날이 빨리 오기를 기대하면서 본회로서의 착실히 결과로 만들어 갈 것이다.

한일터널 상하분리방식으로 건설·운용해야

한일터널에 대한 사회적 환경이나 인식이 크게 변화되었다. 특히 최근 한국에서는 이 프로젝트에 대해 활발한 논의가 일어나고 있다. 거기에 비해 일본 측에서는 우리 일한터널연구회를 중심으로 기술적 방면의 연구는 진행되어 왔지만 국토계획이나 사회자본으로 자리매김하는 논의는 이제 시작되었다고 할 수 있다. 그 이유는 한일터널에 대한 현실적 이미지가 아직도 확실히 정착되어 있지 않기 때문일 것이다. 그것은 사회자본으로서 관련 지역 인프라에 끼치는 영향과 국민에게 주는 사회, 경제, 문화 등에 대한 영향이 얼마나 되는가 하는 정량적인 예측과 판단이 현재로서는 어렵기 때문이다.

후지하시 겐지(藤橋健次) | 일한터널연구회 상임이사

기술진보된 현재 공사기간 10년이면 완공

현재 한일터널을 추진하는 데 있어서 정치·경제적 과제에 대해서는 가능한 한 명확하게 선을 긋고, 한일 쌍방이 협력하여 합리적이며 실행 가능한 건설 방안을 찾기 위해 노력해야 할 것이다. 몇 가지 중요한 한일터널의 과제로 1)지형, 지질, 수심 조사 2)노선 선정의 기본 조건 3)선로 규격, 경사도, 곡선 4)터널 이용 방법 5)설계와 시공법, 단면, 보조 터널 6)건설 주체와 건설비 재원 7)유지 관리와 운영 방법 등을 들 수 있다. 이러한 논의와 연구를 반복함으로써 한일터널 구상이 보다 선명해지고 양국의 국민적 이해와 합의가 형성되어 한일 쌍방의 위정자에 의한 의사결정에 이바지할 수 있을 것이다.

지금 한일뿐만 아니라 중국을 비롯한 주변 아시아제국의 경제발전은 눈부실 정도다. 이를 배경으로 한일 양국의 사회적 요구는 다양해지고 시간적 변천과 진보는 보다 급격하게 이루어지고 있다. 일본에서는 이러한 사회적 변화에 대응하지 못하고 대형 프로젝트의 재검토를 각방면에서 시행하고 있다. 즉 프로젝트 기획이나 계획시의 사회적 요청이 그것이 완성되었을 때와 큰 차이가 생긴다면 큰 문제가 아닐 수 없다는 우려가 제기되기 때문이다.

그것은 계획부터 완공까지 보다 시간을 필요로 하는 대형 프로젝트일수록 현저하다. 그리고 환경의 변화도 급격하게 진행되고 있다. 구체적으로 말하면 우리가 연구 조사를 개시한 29년 전에는 당시의 기술 수준으로는 한일터널 공사기간이 적어도 25년은 필요하다고 보았다. 그러나 건설 기술이 진보된 현재는 10년 정도면 완성할 수 있다고 보고 있다.

또 터널 내 주체(走體)는 일단 궤도 방식 열차에 의한 운용을 생각하고 있지만, 장래 화석연료 이외의 연료를 사용하는 친환경 자동차 및 ETC 등에 의한 완전 자동 제어 자동차가 실용화, 일반화되면 도로로 된 장대 터널도 가능하게 될 것이다. 이와 같이 새로운 기술 개발과 함께 양국민의 사회적 요구에도 충분히 대응할 필요가 있으며, 특히 한일터널이라는 세기의 대형프로젝트는 한일 쌍방의 장기적인 관계까지 고려해 구상하고 구체화해야 한다.

일본은 중앙정부와 지방자치단체를 합쳐서 1000조 엔에 육박하는 재정 적자를 안고 있다. 따라서 조금이라도 효율성이 높은 재정 운용을 꾀하려는 것은 당연한 일이다. 지자체마다 경제 효과를 감안해 사회간접자본의 정비를 구상하는 것도 그 까닭이다. 경제 효과가 낮은 지역에서는 당연히 사회간접자본 비용을 삭감하려 하지만, 이 경우 더욱 더 과소화를 부추기는 결과를 초래하고 만다. 이 문제는 근대국가로 이행해 가는 과정에서 반드시 경험하는 일이지만 이미 성숙기에 접어든 일본으로서는 매우 극복하기 어려운 과제인 것 같다. 이 문제를 극복하는 열쇠가 바로 도시와 지방을 잇는 교통인프라의 구축이다. 이것은 분명 최상의 시책임에도 불구하고 재정 문제와 경제 효과라는 두 개의 벽이 버티고 있어 헤쳐 나가기가 쉽지만은 않다.

큐슈 신칸센 정비사업 좋은 예 될듯

우리는 일본의 전후 복구 과정을 면밀히 지켜봤다. 전후 일본의 철도건설과 효율적 운용 방식이야말로 곤경에 처한 일본의 경제를 일으키고 지역 과소화를 극복해 내는데 일등 공신 역할을 해낸 것이다. JR큐슈도 신칸센 하카타역 개통 당시 '3.11 대지진'과 겹쳐 매스컴에 크게 어필되지 않았지만 철도의 이점을 알린데 큰 의의가 있다. 일본이 현재 자연재해로 심한 몸살을 앓고 있으면서도 다른 한편으로 에코스테이션 등 효율적인 철도 운용에 힘을 쏟고 있는 것은 힘찬 미래를 예약하는 사건임에 분명하다.

큐슈 신칸센은 바로 상하분리 방식으로 정비된 최근의 대표적인 고속철도라고 할 수 있다. 이미 4개월 이상 지났지만 예상 이상의 실적을 올리고 있다. 전국적으로 정비한 신칸센 1500㎞는 모두 이 상하분리 방식으로 건설되었는데, 일본의 종합적인 국토 개발 시 문제점과 과제를 해결하는 방안으로 큐슈 신칸센 운용 형태는 많은 참고가 될 것이다.

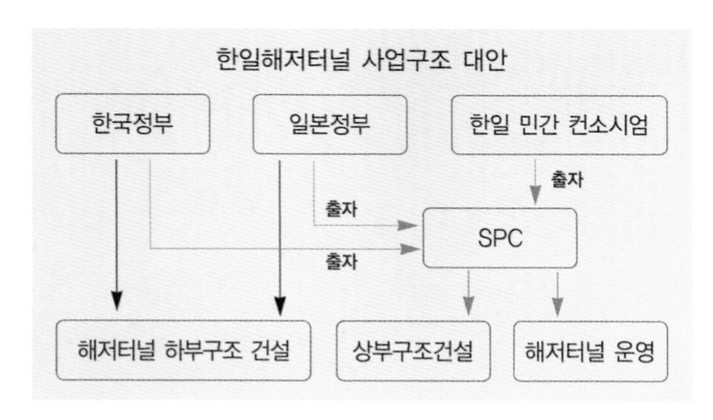

일한터널연구회는 그동안 한일터널 추진 시 부닥치는 여러 문제에 대해 많은 연구와 검토를 거듭해 왔다. 시대에 따라 여러 문제점이 대두돼 왔지만, 여전히 큰 과제로 남아 있는 것은 역시 재원이다. 해저터널을 건설하려면 막대한 비용이 소요된다. 우리는 그것을 해결하기 위해 보다 좋은 조건을 찾는 한편, 정보 수집에 주력해 왔다. 그 최상의 조건은 '루트 선정'이다. 다음으로 중요한 과제가 사업 주체를 세우는 일이며, 어떠

한 운용 방식을 택할까 하는 문제이다. 전술한 바와 같이 작금의 한일 관계와 사회적 여건 속에서 양국 정부 차원에서 인프라 정비 및 관리 운용을 모두 실시하는 것도, 또 이것을 완전히 민간기업에 이관하는 것도 현실적이지 않다. 과거 모든 사회간접자본 구축 시 좋든 나쁘든 계획대로 결과를 얻은 것은 아니다. 그렇다면, 공공기관의 계획성과 종합성, 민간기업의 창의성과 유연성 등이 융합적으로 이뤄질 때 양질의 결과를 얻을 수 있지 않을까. 그 대표적 해법이 상하분리 방식에 의한 운용이 될 것이라 확신한다.

기술개발과 경제적 타당성 제고에 진력할 것

1979년 영국에서 대처 정권이 탄생해 재정난 극복을 위해 여러 가지 시책을 세웠다. 이것을 이어받은 메이저정권에서 재정부 장관 노먼 라먼트는 1992년 민자우선방식(PFI) 개념을 발표하고 1994년에는 구체적인 사업을 전개했다. 이어 1997년에 탄생한 블레어 정권은 사회간접자본 정비 사업에 민관협력방식(PPP)을 도입해 각종 공공사업의 민간 참입(參入)과 재정 지출의 삭감을 수행했다. 일본에서도 1999년 PFI 법이 성립되어 일부 시행되고 있지만, 이러한 시스템과 운용 방법을 모색 중인 현장이 많다고 한다.

한편, 일본은 1987년 국철의 분할 민영화가 시행된 이래 다양한 경영방식이 모색되었고, 현재는 일본 특유의 경제사회 구조에 대응해서 착실하게 실적을 올리고 있다. 특히 일본 신칸센은 '3.11 대지진'같은 엄청난 지진해일을 겪으면서도 전혀 인적 재해를 일으키지 않음으로써 안전에 대한 신뢰성을 높이는 계기가 되었다. 이들 PFI/PPP 사업이나 상하분리 방식의 운용 등은 세계적인 추세로, 향후 등장하는 대규모 SOC 정비마다 적용될 가능성이 높다.

한일터널 프로젝트를 추진함에 있어서도 상하분리 방식이 불가결한 만큼 이에 관한 연구에 가일층 매진할 것이며, 더 나가 신기술 개발과 경제적 타당성 제고에도 진력할 생각이다.

통일한국시대 앞당기는 혁명적 사업

통일한국으로 남북의 철도가 연결되면 세계운송에 큰 변화가 올 것이며, 통일이 되면 더 관심이 가는 프로젝트가 한일해저터널이 될 것이다. 한일해저터널까지 개통되면 일본 도쿄에서 한반도와 유라시아 대륙을 거쳐 독일 베를린까지 육로로 이동하는 것이 가능해진다. 그것만으로도 대단한 경제적 가치를 창출할 것이다. 통일한국은 관광산업이 크게 발전할 것이 자명하다.

북한은 수십 년 간 관광 쪽에서 발전이 안 됐고 그동안 공개되지도 않았다. 또 미국이나 유럽 등에서는 관광지로 한국을 생각하지도 않는다. 남북이 열리고 철도가 놓이면 북한의 관광지도 알려질 것이고, 많은 사람이 한국과 북한을 앞 다퉈 방문하려 할 것이다.

짐 로저스 | 로저스홀딩스 회장

앞으로 10~20년 사이 한반도가 세계에서 가장 흥미롭고 역동적인 지역이 될 것이다. 남한과 북한이 언제 통일될지는 쉽게 예측하기 어렵지만, 어떤 관성력에 의해서 갑자기 막을 수 없는 불길처럼 급격히 도래할 수도 있다. 나는 그런 통일한국의 시대가 오는 것을 확신한다.

한반도가 통일돼 남북이 자유롭게 오가면 한일터널은 일본·한반도·유라시아대륙을 연결하는 중요한 통로가 될 것이다. 한일 양국은 오늘의 갈등 국면을 접고 희망찬 미래를 대비해야 한다. 양국이 현재의 갈등보다 한일터널 같은 대규모 프로젝트를 추진해 양국은 물론 전 세계에 긍정적 에너지를 제공해야 한다.

한일터널은 한국과 일본을 경제적으로 부흥시킬 뿐만 아니라 인간적 교류에도 훌륭한 프로젝트가 될 것이다. 한일터널이 완성되면 가장 먼저 가족들과 한일터널을 통과해 유럽까지 여행하고 싶다.

세계를 바꿀 엄청난 4개 교량 프로젝트

'기하급수적인 역량의 법칙2(Law of exponential capabilities 2)'란 현재 중요한 성과들이 점점 일반화되면 메가톤급 성과, 그러니까 엄청난 성과가 나와 그 자리를 대신한다는 법칙이다. 그렇다면 메가 성과란 무엇일까? 예를 들자면, 4개의 교량 프로젝트가 있다. 세계를 크게 바꿀 엄청난 시도이다.

첫 번 째는 베링해협(Bering strait) 연결 프로젝트이다. 즉, 북미와 아시아를 연결하는 것이다. 두 번째는 다리엔 갭(Darien Gap) 프로젝트이다. 다리엔 갭을 연결하면 북미와 남미가 이어진다. 현재는 자동차로 두 대륙을 건너는 건 불가능하다. 세 번째는 한일친선 (Korea-Japan friendship) 터널이다. 한국과 일본을 연결하는 터널이다. 결국 일본과

토마스 프레이 | 미래학자(다빈치연구소 소장)

아시아 대륙을 연결하는 브릿지가 되겠다. 그리고 네 번째는 지브롤터(Gibraltar) 터널이다.

좀 더 구체적으로 설명하겠다. 베링해협을 연결하려면 40km의 다리 두개를 건설해야 한다. 러시아와 미국 사이를 이런 식으로 연결하는 것이다. 중간에 섬이 두개 있기 때문에 연결이 조금 수월한 편이지만 동시에 굉장히 어려운 도전이라고 할 수 있다. 알래스카의 황무지와 러시아의 황무지를 연결한다고 해도 사람들이 몰려 사는 문명세계와 물리적으로 상당한 거리가 있다. 해저터널 방식으로 연결할 수도 있고 다리를 놓을 수도 있겠다.

범 미고속도로 사업은 1937년에 시작되었다. 고속도로 상의 모든 국가들은 모두 도로건설에 합의했다. 오래 전에 고속도로 건설은 끝났지만 40km 정도 파나마를 지나는 구간은 제외됐다. 그런데 도대체 어떤 지역일까. 이 지역은 환경적으로 굉장히 민감한 지역이다. 열대 우림지역인 다리엔 갭 지역이다. 열대밀림을 파괴하지 않고 도로를 건설하려면 큰 어려움이 따를 것이다.

이번엔 한일친선 터널이다. 양국을 연결하는데 대마도를 활용할 수도 있다. 지도를 보면 230km 길이의 교량이나 터널을 대한해협에 건설해야 한다. 마지막으로 지브롤터 터널이다. 한일친선 터널과 비슷한 길이지만 조금 더 어렵다. 수심이 더 깊은 해협이기 때문이다. 이렇게 네 개의 교량사업으로 각 대륙이 연결되면 초고속운송이 가능해진다.

진공관 열차에 대한 얘기이다. 이 얘기는 많이 들어보지 못했을 것이다. 일론 머스크(Elon Musk)와 대릴 오스터(Daryl Oster)가 서로 다른 방식으로 시도를 했다. 초고속 진공열차는 이런 것이다. 튜브 속의 공기를 빼서 진공관으로 만든다. 그리고 바닥에 자기부상철도를 깔아서 진공관을 통과하도록 한다. 그러면 최대시속 6000km로 이동할 수 있다.

현재 어떤 교통수단보다도 더 빨라지는 것이다. 초고속 진동열차가 개발되면 우리가 일하는 방식은 완전히 달라진다. 또 가장 친환경적인 교통수단이다. 오염은 전혀 유발하지 않기 때문이다. 그래서 대릴 오스터는 초고속 진동열차를 두고 지상에서 하는 우주비행과 같다는 말을 했다. 실제로 우리는 오늘날 다른 운송방법보다 파이프라인, 즉 관을 통해 다양한 것들을 운송하고 있다. 수도관도 있고, 송유관도 있고, 하수도관도 있다. 이렇게 여러 가지 관을 이용해 매일 무언가를 나른다. 그렇다면 사람이나 화물이 이런 관을 통해 이동하는 건 결국 이미 우리에게 익숙한 것들의 연장선 아닐까. 이렇게 생긴 캡슐에 사람이 타고 전 세계를 이동한다면 판도가 완전히 바뀔 것이다.

베링해협을 지하로 연결하거나 아니면 다리를 통해 연결할 수 있다. 한일친선 터널도 마찬가지다. 화물도 사람과 마찬가지로 운송할 수 있다. 여러 방식으로 초고속 운송에 대해 접근할 수 있겠지만 사실 나는 이런 과제를 기꺼이 받아들이고 풀어가야 한다고 생각한다. 왜냐하면 우리는 그 어느 때보다도 많은 역량을 보유하고 있기 때문이다. 워싱턴에서 서울까지 두 시간 만에 여행할 수 있다. 그것도 불과 200달러(21만원)의 비용이 들 뿐이다. 훨씬 저렴하고 빠른 운송수단이면서 동시에 여러 가지 운송문제를 해결해 주는 것이다. 점점 더 많은 일자리들이 자동화 때문에 사라진다. 초고속 진공열차는 역사상 가장 큰 인프라 프로젝트가 될 수가 있다. 앞으로 50여 년 간 투입해서 수억 명의 사람들이 전 세계 초고속 진공열차 네트워크 건설에 투입돼서 일할 수도 있다. 미래는 점점 더 유동적인 사회로 변할 것으로 예측된다.

워싱턴에서 서울까지 두 시간이면 충분하다. 그렇게 되면 서울에서 아침을 먹고 런던에서는 점심을 그리고 저녁은 토론토에서 먹는 일이 가능해 진다. 이런 생활이 꽤 흔한 일상이 되겠다. 그렇게 대륙과 대륙을 연결하는 교량 프로젝트 그리고 세계 전역에 깔린 초고속 진공열차는 지구를 일일 생활권으로 바꿀 미래혁명의 일부이다. 수많은 일자리가 창출되고 세계인들은 액체처럼 흘러가며 자유롭게 이동하겠다. 진정한 지구촌 시대가 비로소 열리는 것이다.

그렇다면 세상은 어떻게 변하고 있을까. 다양한 방식으로 변해 왔다. 19세기는 영국의 시대였고, 20세기는 미국의 시대였다. 그리고 21세기는 아시아의 시대가 도래한다. 지도에서 노란색으로 표시된 부분엔 바깥지역보다 더 많은 사람들이 살고 있다. 경제는 사람이 있어야 성립된다. 만약 전 세계 인구가 1명이라면 경제는 존재할 수 없다. 하지만 인구가 두 명이라면 매우 제한된 형태이긴 해도 경제가 성립될 것이다. 두 명 간에 거래가 생기는 것이다. 그렇다면 만약 100명의 인구가 있다면 2명일 때보다 경제가 50배 커질까. 아니다. 다양한 거래가 가능하기 때문에 주문은 훨씬 더 커진다. 이론적으로 인구가 많을 때 훨씬 더 나은 경제가 구현되는 거다. 미래엔 전 세계 인구의 유동성이 활발해질 것이다. 인구이동이 모든 곳에서 이루어진다.

- 2006년 구글이 선정한 최고의 미래학자 토마스 프레이가
2015년 KBS TV '오늘 미래를 만나다'에서 발표한 내용 중에서

자유·평화 지키는 지구촌 문명운동

한·미·일 3국은 위대한 가치를 많이 공유하고 있다. 법과 자유 민주주의, 인권, 그리고 자유시장경제가 강력하게 받쳐주는 국가이다. 절대로 틈이 생겨선 안 된다. 한·미·일은 앞으로도 태평양 지역의 자유, 평화, 안보, 번영의 핵심 토대를 이룰 것이라고 본다. 문선명 총재 내외분은 한·미·일이 가족과 같은 관계라고 말씀하셨다. 이들 3국이 협력하면 세계평화 실현이 훨씬 수월할 수 있다고 오래 전부터 주창해 오셨다.

피스로드 프로젝트의 원대한 비전은 한일해저터널을 건설하고, 베링해협에 동서를 잇는 다리나 터널을 건설하여 궁극적으로 전 세계를 연결하는 고속도로와 철길을 구축하는 일이다. 이같은 글로벌 프로젝트는 정부와 기업의 투자가 함께 이뤄져야 성공할 수 있다. 세계평화도로재단은 이같은 문명적 수준의 운동을 지원하는 중심적 역할을 할 수 있을 것이다.

토마스 맥데빗 | 워싱턴타임스 회장

양국 이해의 폭 넓히는 '화해의 터널'

영국은 프랑스를 침략했고, 프랑스는 영국을 침략했다. 제2차 세계 대전과 전전(戰前) 동맹국이 되기 전에 영국과 프랑스는 서로 천 년 이상 서로 싸웠는데, '100년 전쟁'이라는 말이 있을 정도로 전쟁이 오래 지속되었다. 그러나 제2차 세계 대전을 끝난 뒤, 양국의 경제 협력은 유럽석탄철강공동체에서 시작해 유럽연합(EU)의 창설까지 이끌어 냈다. 영국과 프랑스를 잇는 유러터널이 양국 관계의 돈독함과 미래 번영을 웅변하듯 보여주고 있다. 비록 영국과 대륙의 연결고리의 강도는 세월이 흐르면서 점점 약해지고 있지만, 두 나라 사이에 지배하고 있는 평화는 결코 약화되지 않았다.

영국과 프랑스처럼, 한국과 일본은 바다로 분리돼 있으나 이웃하고 있

제럴드 윌리스 | HJ매그놀리아 한국재단 이사장
(전 허니웰 인터내셔널 아시아태평양지사 부회장)

는 나라이다. 20세기에 전쟁으로 인해 관계가 악화되었지만, 오늘날 양국은 공통된 유산과 유사한 정치 체제와 이념을 누리고 있다. 두 나라를 평화로 묶는 연결고리로 해저터널을 통한 육로 연결보다 더 좋은 방법이 있을까. 경제적 이익은 말할 것도 없다.

현재 영국과 프랑스 사이에 거래되는 모든 교역품의 4분이 1이 유러터널을 통과하고 있다. 해저터널은 대체 교통수단에 비해 더 많은 통합공급망을 구축하고, 세관 병목 현상을 줄이며, 여행비용 절감 및 온실가스 배출 감소에 기여함은 두 말할 나위 없다. 무엇보다 2100만 명이 넘는 사람들이 터널을 오가면서 양국 사이의 통합과 이해를 강화시켜 주고 있다. 왜 한일터널을 뚫어야 하느냐고 묻지 말고, 무엇을 더 기다려야 하느냐고 물어야 할 때이다.

03 한일 해저터널 프로젝트의 개요

1) 한일터널 제안과 추진 현황

문선명 총재가 1981년 제10차 국제과학통일회의에서 국제평화고속도로 건설의 일환으로 한일터널을 공식 제안한 이후 한일 양국의 정상들 간에 이에 동조하는 발언이 잇따라 나왔으며, 국가 정책기관에서도 한일터널 건설의 타당성 조사 연구가 본격화됐다.

1990년 5월 노태우 전 대통령이 일본 국회 연설에서 한일터널의 필요성을 양국 정상 가운데 처음으로 역설했다. 이어 2000년 9월 김대중 전 대통령과 2003년 2월 노무현 전 대통령도 각각 한일 양국 정상회담에서 한일터널의 필요성을 언급했다. 일본에서는 2000년 10월 모리 요시로(森喜朗) 전 총리가 서울 아시아유럽정상회의(ASEM)에서 한일터널과 함께 'ASEM철도' 건설을 제안했다. 그 뒤 2003년 3월 일본 자민당은 '국가 건설의 꿈' 아이디어로 한일터널을 선정했다. 2007년 4월 아라이 히로유키(荒井廣幸) 전 신당 일본 간사장이 한일터널을 뚫고 철도와 고속도로를 연결하자는 한국의 전직 대통령들의 제안을 지지하는 발언을 했다.

2008년 12월 2일 나카소네 야스히로(中曾根康弘) 일본 전 총리와 남덕우 전 국무총리가 회장으로 있는 한일협력위원회도 양국 교류 확대를 위한 한일터널 건설 공론화를 촉구하는 내용의 공동성명을 채택했다. 2008년 3월 자민당 큐슈지역 중의원 14명을 중심으로 '일한해저터널추진동맹'을 결성하면서 한일터널 건설 문제가 커다란 사회적 이슈가 됐다. 특히 큐슈와 부산시, 경남도 등 양국의 관련 지자체나 정·재계가 적극 나서서 한일터널 건설을 촉구했다.

이명박 정부도 적극적인 관심을 보였다. 2009년 12월 2일 대통령 직속 지역발전위원회는 대구 경북도청에서 이 대통령 주재로 열린 회의에서 '초광역 개발 추진 전략'의 일환으로 한·중·일 해저터널 건설 구상을 밝힌 바 있다. 이어 2010년 9월 국토해양부는 한국교통연구원에 한일터널 타당성 연구용역을 의뢰했다. 또한 2010년 10월 한일 양국 학자 26명이 참가한 한일신시대연구회는 '한일 신시대를 위한 제언-공생을 위한 복합 네트워크의 구축' 보고서에서 양국 정부에 한일해저터널 건설을 제안하기도 했다.

일본은 그간 대륙 진출의 꿈을 실현하기 위해 많은 노력을 기울여 왔다. 1920년대 일본 군부가 이른바 대륙진출루트 확보 일환으로 시모노세키(下關)와 부산을 철도로 연결하는 계획을 세운 것이 일본으로서는 첫 시도다. 당시 일본은 대한해협을 해저터널로 연결하여 만주와 중국에 주둔하고 있는 군인들에게 군수품을 보급하려는 계획이었다. 뒤이어 일본 국영철도주식회사 간부 구와하라는 큐슈(九州)~한반도~베이징(北京)~천산남로~파밀고원~테헤란을 거쳐 이스탄불에서 오리엔트익스프레스와 연결하고 도버해협 터널을 통해 런던에 이르는 구상을 내놓았다. 그리고 비슷한 시기에 일본의 대림건설주식회사가 '계간 대림' 7호에 '유라시아 드라이브웨이' 구상을 발표하는 등 대륙 진

세계평화고속도로 건설을 주창한 문선명 총재

출의 꿈을 줄곧 키웠다. 문 총재는 지구촌의 항구적 평화와 번영을 위해 한일터널을 포함한 국제평화고속도로 건설을 제안한 뒤 1982년 4월 이를 구체화하기 위해 일본에서 국제하이웨이건설사업단(IHCC)을 창설했고, 1982년 2월 일한터널 조사위원회를 설립하면서 7월에는 일본 큐슈 사가현 가라쓰와 이키, 쓰시마의 육상부와 해역부 조사를 개시했다. 1983년 5월에는 일한터널조사위원회가 일한터널연구회로 이름을 바꿔 해저터널 건설과 관련된 각종 조사와 연구를 수행했다. 그 후 한국 측에서도 한일해저터널연구회가 발족돼 1988년 10월 거제도 일대 5개 지역에서 시추조사를 벌였다.

이 같은 기초작업을 토대로 1986년 10월 사가현 진제이쵸(鎮西町) 나고야(名護屋)에서 '조사를 위한 파일럿 터널' 공사가 시작됐다. 1989년까지 제1차 공사에서 410m를 굴착했다. 그후 기술적 문제 등으로 공사가 중단됐다가 2006년 3월 다시 2차 공사를 시작해 547m까지 굴착하기에 이르렀다. 일본에서는 이 파일럿 터널을 '조사사갱(調査斜坑)'이라고 부른다. 이는 '지질 등의 조사를 위해 본 터널이 뚫리게 될 해저 쪽으로 비스듬히 굴착해 들어가는 터널'이란 뜻이다. 이 조사사갱은 폭 5.4m, 높이 5m의 터널로, 안에는 송풍관, 급수관, 배수관, 전력선, 작업용 레일이 설치되어 있는데, 본 터널이 뚫리면 공사 보조터널로 사용될 전망이다.

한일터널은 한일 양국을 관통함은 물론 한반도종단철도를 시베리아횡단철도와 연결하여 한국을 동북아 물류의 중심지로 떠오르게 하는 미래지향적 프로젝트이다. 한일터널이 건설되면 한일 간 물류와 인적 교류의 증대는 말할 것도 없고, 중국과 러시아를 포함하는 동북아 광역경제권 형성에 크게 기여하게 될 것이다. 또한 여객 운임과 물류비 절감에 크게 기여하는 것은 두말할 나위가 없다. 부산과 후쿠오카를 연결하는 기존 쾌속선의 소요시간이 2시간 55분이지만 한일터널이 건설되면 1시간 이내로 줄어들 수 있다. 특히 한일터널은 미국과 중국에 이어 세계경제 규모 3위의 일본이 가담하면서 유라시아권 철도망 구축에 절대적인 상승효과를 가져올 수 있다.

한 조사연구에 의하면 한일터널은 한·중·일 3국의 단일생활권을 형성할 수 있어 문화교류와 교역 등에 긍정적인 효과가 있으며, 해저터널 건설로 한국은 54조 5000억 원의 생산유발 효과와 45만 명의 고용 효과를 기대할 수 있다. 한일터널과 한반도 통일은 서로 맞물려 있는 과제이기도 하다. 어느 한쪽이 탄력을 받으면 나머지 한쪽도 쉽게 성사된다는 것이다.

천문학적인 건설비로 경제성 측면에서 논란이 없는 것은 아니지만 돈으로 계산할 수 없는 부수적 효과가 많다. 당장 건설이나 토목 기술 등 연관 산업이 획기적으로 발전할 것이며 한일 두 나라 간 활발한 인적·물적 교류를 통해 동북아 평화의 토대가 구축될 것이다.

한일터널 건설은 한일 양국이 과거사를 청산하고 신시대를 여는 상징적 사건이다. 그리고 국제 정치·경제의 중심축이 아시아·태평양지역으로 급속히 이동하는 환태평양 시대를 맞아 한일터널은 동북아 평화는 물론 세계평화 정착에 결정적 역할을 하게 될 것으로 문 총재는 강조해 왔다. 그리고 전문가들은 인류의 역사가 사람과 물자의 이동과 교류로 인해 발전해 왔다는 점에서 한일터널은 반드시 건설될 수밖에 없다고 보고 있다. 다만 시기의 문제일 뿐이라는 것이다. 한일터널은 실현 가능한 꿈이기에 반드시 건설될 수밖에 없다.

한국과 일본을 연결하는 해저터널 건설은 현재의 과학기술의 발전과 경제적 상호의존, 지역통합, 글로벌화라는 세계적 추세로 볼 때 그렇게 오래지 않아 실현될 수 있는 프로젝트다. 특히 섬나라 일본이 대륙으로 진출하고자 하는 꿈은 해저터널 건설로만 실현이 가능하기 때문이다. 한반도는 동북아 지역 교통의 중심이 되면서 그에 따른 경제적 이득도 챙길 수 있다. 문 총재는 그 점도 염두에 두었을 것이다.

2) 한일터널 노선(안)

① 일한터널연구회 제안 노선안

문선명 총재의 지시로 창설된 일본의 일한터널연구회가 제시한 한일터널 3개 노선 안은 큐슈의 후쿠오카시와 부산시를 연결하는 것을 기본

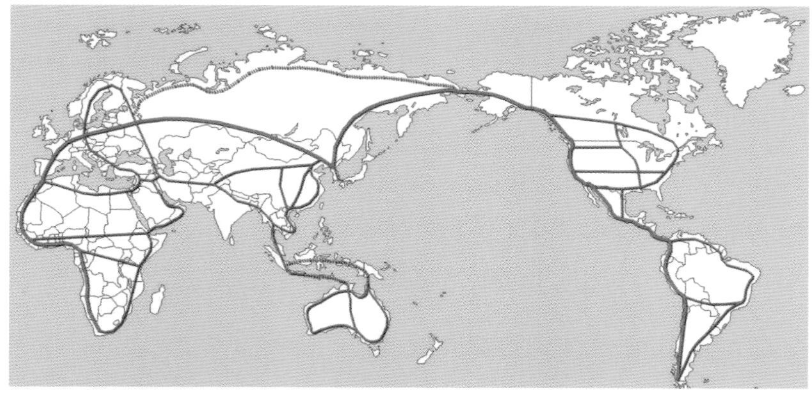

세계평화고속도로(일명 피스로드) 연결 구상도

으로 상정하고 있다. 즉 일본 측은 실험선 3척으로 일본영해 바다 밑(총연장 1만5000여㎞)에 대한 해저지질조사를 수년간 벌여 거제~가라쓰 2개 노선과 부산~가라쓰 1개 노선 등 다음의 3개 노선 안을 제시했다.

A 노선=거제시 일운면 와현리 서이말 등대 부근~대마도(하도)~이키섬 관통~동송포 반도로 연결되는 것으로 대한해협 해저에서 예상되고 있는 단층과 연약지반을 가능한 한 피하여 수심이 깊은 곳을 통과하는 노선이다. 총연장은 209km 정도여서 다른 노선에 비하여 다소 짧지만 해저부의 연장이 약 145㎞로 다른 노선에 비하여 약간 길다.

B노선=총연장 217㎞로, 거제시 남부면 다포리 다포마을 천장산~대마도(상도)남단~대마도(하도)~이키섬~동송포 반도로 연결되며, 실드(Shield) 공법을 주로 채택할 노선인 점에 특징이 있다.

C노선=부산영도~대마도(상도) 북단~대마도(하도)~이키섬~동송포 반도로 연결되는 것이다. 이 노선은 대한해협의 해저부 거리가 약 49㎞ 정도의 최단 루트인 점에서 다른 안과 비교하여 유리하지만, 단층이 존재하여 지층의 함몰 깊이가 1,200m나 되며, 연약지질의 구간이 길어지는 등 터널건설이 어렵다는 문제점이 있다. 또한 인공섬 건설에 대하여서는 노선, 건설방식 및 환기 시스템에 따라 추후 세부적으로 검토가 필요하다.

최근의 논의의 동향을 보면 한일터널의 경제성과 타 교통수단과의 경쟁력 확보 차원에서 노선의 조정이 검토되고 있다. 특히 대한해협의 대심도 구간 우회, 대도시간 연결, 시공성 확보 등을 위하여 C노선과 B노선의 변경 안으로 압축되어 대안이 제시되고 있는 실정이다.

A노선=총연장 209㎞ / 해저구간 145㎞ / 최대수심 155m. 대마도 하도(下島)에서 거제로 가는 루트. 최단 루트이나 해저구간이 가장 길다.

B노선=총연장 217㎞ / 해저구간 141㎞ / 최대수심 160m. 대마도 상도(上島)를 거쳐 거제로 가는 루트.

C노선=총연장 231㎞ / 해저구간 128㎞ / 최대수심 220m. 부산으로 가는 루트. 최장 루트이나 해저구간이 가장 짧다.

② 부산발전연구원 제안 노선안

2008년 부산시와 산하 기관인 부산발전연구원도 동북아복합물류망 구축 차원에서 한일터널 연구에 본격 착수했다. 부산발전연구원 연구팀은 일한터널연구회의 기존 노선을 중심으로 지역의 여건과 특성을 고려하고, 기존에 시공된 터널의 기술수준을 감안하여 보다 현실적인 노선을 제안했다.

부산발전연구원은 노선연장을 단축하고 대도시간을 직접 연결하여 수요를 최대한 창출하며 해외사례 조사결과에서 나타난 대로 수직 환기구 없이 종단 환기시설만으로 운영할 수 있는 최대 터널길이를 50㎞ 내외로 설정하였다. 대한해협의 대심도 구간을 우회하는 노선대를 선정하여 시공사의 어려움을 최소화하고, 한일 간 역사문화적인 악영향을 최소화하였다. 노선대는 지형 및 지질조사 결과를 토대로 선정되어야 하나, 해저 지형도를 중심으로 검토되었다. 특히 부산발전연구원은 일본 측이 제안한 안을 토대로 지역여건 및 터널의 시공기술 등을 감안해 2개의 새로운 노선을 제안했다. 이는 부산과 후쿠오카를 연결하는 노선으로 남형제섬을 통과하는 C-1 노선안과 나무섬을 연결하는 C-2 노선(안)이다.

C-1노선=부산 강서구~가덕도~남형제도~대마도(상도)~대마도(하도)~이키~후쿠오카를 연결하는 노선으로 총길이 222.64㎞에 최대수심이 180m이며 육상 통과거리가 75.83㎞, 해상통과거리가 146.81㎞이다. 대한해협의 최대 수심구간(220m)을 우회하여 부산 가덕도 남측 남형제도를 통과하는 노선이다. 현재 보스포러스 터널에 적용되고 있는 실드 TBM공법과 침매터널 공법을 결합하는 것을 전제로 하여 제안되었고 남형제도에 환기탑을 설치하게 되면 약 47㎞ 정도 구간의 종단환기로 해결이 가능하다.

C-2노선=부산 명지~목도~대마도(상도)~대마도(하도)~이키~카라쓰를 연결하는 노선으로 총길이 210.18 ㎞에 최대수심이 180m이며 육상통과거리가 63.13㎞, 해상통과거리가 147.05㎞이다. C-1 노선과 동일한 노선대이지만 남형제도가 아닌 목도와 연결하는 노선이다. 다만 향후 대한해협의 대심도 구간을 우회할 경우 노선대 수정이 C-1 노선에 비해 곤란한 문제점이 있다.

C-1 노선(남형제섬 루트)=대마도 북단~남형제섬~가덕도~부산신항(68.29㎞). 최대통과수심 192m /최대굴착 심도 65m.

C-2 노선(나무섬 루트)=대마도 북단~나무섬~명지 역사(72.7㎞). 최대통과수심 192m/최대굴착 심도 72m.

③ 한일 공동 제안 노선안

2010년 3월 23일 부산발전연구원 회의실에서 열린 한일합동회의에서 일한터널연구회측이 한일터널의 대한해협 구간에 대한 2개의 잠정

노선 안을 다음과 같이 수정 제시하였다.

잠정 B안=기존의 B안을 수정한 루트로서 대마도 지상역~거제도 남단을 잇는 안으로 거제도에 지상역과 차량기지를 설치하도록 하고 있다. 특이한 것은 거제도를 지난 터널이 가덕도 부근에서 나누어져 화물철도선은 강서역으로, 여객철도선은 부산으로 각각 이어지는 것으로 되어 있는 점이며, 가덕도~부산역은 해저 및 지하터널로 건설된다. 총 연장은 쓰시마~강서역 기준으로 132㎞이며 최장 터널연장은 92㎞, 최대수심은 165m이다. 또한 쓰시마역, 거제역, 강서역, 부산역의 지상역을 계획하였다.

잠정 C안=쓰시마 지상역~남형제섬~가덕도~강서역을 잇는 것으로 부산발전연구원의 노선 안(나무섬루트안과 남형제섬루트안)을 일부 변형한 노선안이다. 총연장은 쓰시마~강서역 기준 107㎞이며 최장 터널연장은 100㎞, 최대 수심은 192m이다. 잠정 C안의 경우 쓰시마역, 강서역의 지상역을 계획하였다

④ 시장경제연구원 제안 노선안

시장경제연구원 연구 용역팀은 기존 제안된 노선, 지형 및 지질구적조건, 수심, 시공성 등을 종합하여 우선적으로 대한해협 통과구간에 대한 가능노선을 다음과 같이 검토·분석하였다.

기존 제안노선과 각 노선구간의 지질조건 등을 종합적으로 검토한 결과 대한해협 통과구간에 대한 새로운 최적노선으로 K1 및 K2를 제안했다. 종합적인 노선검토를 거치고 일본 영토 구간에 대한 제안을 포함하여 한일터널의 구간별 최적노선 K1, K2, J1, J2노선을 제시하였다. 이러

한 노선은 이 연구 용역팀의 분석결과 경제성과 기술적 안전성 등을 종합적으로 고려한 대안이다.

일한터널연구회에서 제안한 노선의 경우 총연장은 209~217㎞로 유리하나 단층 및 연약지질 구간이 분포하며 수심이 깊어 터널 건설이 어렵다는 문제점이 있다. 또한 부산발전연구원의 제안 노선의 경우 수심이 180m이상이고 향후 대한해협의 대심도 구간을 우회할 경우 노선대 수정이 곤란한 문제점이 있다. 따라서 대한해협 통과구간의 최적 선형은 한일합동회의 제시안인 잠정B안과 잠정C안 중 수심이 깊은 곳을 우회하여 수심이 낮고 지질조건이 양호한 Route K-1과 Route K-2로 선정하였다. 이어 각 구간별 2개의 최적노선을 조합하여 4개 노선(K1+J1, K1+J2, K2+J1, K2+J2)을 최적노선으로 선정하였다.

Route K1 + J1 노선=총연장 321.3장㎞로, 4개 노선 중 총연장이 중간 수준이다. 가라쓰에 대한 반감이 있으며, 부산역으로 직접 연결되며 터미널 부지 확보가 용이하다.

Route K1 + J2 노선=총연장 352.4㎞로, 총연장이 가장 길다. 역사적 요인이 고려됐으며, 부산역으로 직접 연결되고, 터미널 부지 확보가 용이하다.

Route K2 + J1 노선=총연장 278.4㎞로, 총연장이 가장 짧다. 가라쓰에 대한 반감이 있으며, 가장 직선화 구간으로 화물운송에 유리하다.

Route K2 + J2 노선=총연장 309.5㎞로, 총연장이 짧은 편이며 역사적 요인도 고려됐다. 화물운송에도 유리하다.

3) 공사비 추정

한일터널 공사비에 대해 일한터널연구회 측은 구간과 자연조건, 터널 구조, 공법에 따라 달라질 수 있지만, 약 100조 원(도로, 철도 병용 1본, 서비스터널), 건설기간은 10년으로 추정하고 있다. 한일터널 건설의 타당성 조사를 담당했던 한국의 시장경제연구원은 노선과 구조물 형식에 따라 67조~96조 원의 건설비가 들 것이라는 추정치를 내놔 일본보다 4조~33조 원가량 낮게 산정했다. 특히 일부 구간을 교량으로 대체할 경우 62조~80조 원으로 줄어들게 되며 경제적 타당성 문제도 극복할 수 있다고 보았다. 즉 직접 편익만을 고려했을 때는 비용편익(B/C) 분석에서 경제적 타당성이 없는 1이하로 산출되지만 간접 편익을 고려하고 일부 구간을 교량으로 대체해 건설비용을 65조 원 이하로 최소화한다면 그 비율이 경제적 타당성이 있는 1을 상회할 수 있다고 보고 있다.

4) 사업구조

한일터널을 순수 민간사업으로 추진하면 사업비 증대와 같은 위험에 노출될 경우 재원조달의 어려움이 발생할 수 있다. 유러터널의 경우 당초 48억 달러가 소요될 것으로 예상되었으나 이보다 많은 105억 달러의 비용이 투입되었다. 수익성 악화가 예상되면서 사업비 조달에 어려움이 발생하였으며 준공 이후에도 수지 개선에 애로를 겪고 있다.

정부 주도 사업으로 추진하는 경우 재원조달 방법의 다양화, 저리자금의 확보 등을 통해 안정적 사업 여건을 확보할 수 있다는 장점이 있다. 외레순드터널은 덴마크와 스웨덴 공기업들로 컨소시엄을 형성하여 추진하였고, 정부보증을 기반으로 한 저리의 자금 조달과 함께 유럽연합(EU) 정부로부터도 일정 부분 지원을 받는 등 재원조달 구조를 다양화하였다.

민관이 공동으로 사업을 추진하는 경우에는 정부의 지원 규모, 지원 형태가 사업 활성화의 관건이 된다. 서울 지하철 9호선의 경우는 서울시가 하부구조에 대한 공사부분을 맡음으로써 민간사업자의 부담을 최소화하였으며, 민간사업자 또한 운영에 관한 부분을 위탁함으로써 위험부담을 최소화하고 있다. 경남 거가대교의 경우 사업비의 상당부분을 중앙정부와 지방자치단체로부터 지원받고 있다. 한편 사업시행자인 민간 컨소시엄에서는 패스트 트랙(Fast Track) 방식의 도입을 통하여 사업기간을 단축함으로써 사업비를 절감하고 있다. 또한 정부는 최소 운영수입 보장 제도를 통해 운영 수익을 보장함으로써 안정적 재원조달이 가능하도록 하고 있다.

한일터널의 사업구조는 민간 참여의 정도에 따라 다음의 세 가지 방식을 고려할 수 있다. 첫째 한일 양국 정부 컨소시엄이 중심이 되어 사업을 추진하는 방안, 둘째 한일 양국의 순수 민간 컨소시엄이 중심이 되어 사업을 추진하는 방안, 셋째 양국 정부와 민간이 공동으로 사업을 추진하는 방안을 생각해 볼 수 있다.

그렇다면 대안은 무엇인가. 한일터널을 통해 건설하게 될 고속철도는 대부분의 사회간접자본과 마찬가지로 공공재다. 공공재는 적정한 공급에 대한 시장 실패가 있을 가능성이 매우 높으므로 정부가 건설 및 운영

관리를 담당하는 것이 원칙이다. 민간이 참여할 경우 국내 금융시장의 여건이 중요한데, 국내 금융시장의 경우 해저터널 사업비와 같은 막대한 규모의 자금을 조달할 수 있을 만큼 발달되지 못했고, 장기간 투자자금을 안전하게 회수할 수 있는 금융기법들도 개발되지 못한 상황이다.

반면에 순수민간사업 방식은 수익성이 확보될 경우에만 가능하다고 할 수 있다. 유러터널의 경우 실제 투입 공사비가 당초 공사비의 두 배 정도로 늘어났으며, 이에 따른 재원조달의 어려움과 공사지연의 문제점이 발생하였다. 또한 준공 후에도 수지 개선에 어려움을 겪는 등 사업진행 및 운영에 있어서 많은 어려움을 겪었다. 유러터널 사례를 통해 알 수 있듯이 순수민간사업 방식의 경우 재원조달 위험에 효과적으로 대처하기 어렵다는 문제점이 발생할 수 있다. 한일터널의 경우 수익성 확보가 쉽지 않을 것이므로 순수민간사업 방식은 거의 가능성이 없는 것으로 판단된다. 이 같은 점들을 고려해 볼 때 한일 양국 정부가 일정지분을 출자하는 민관합동법인으로 하되 민간이 경영권 행사를 주도할 수 있는 지배구조가 바람직하다고 판단된다. 민간 출자는 양국 기업들이 컨소시엄 형태로 추진하며, 정부는 공공성을 고려하여 경제적 외

일본 사가현 가라쓰에 있는 한일터널 조사사갱 입구

부효과와 정치·외교적 성과 등의 범위 내에서 재정적인 지원을 제공한다. 이 같은 방식을 따를 경우 터널의 하부구조는 양국 정부의 재정으로 시행하고, 운영사업은 민간이 경영권 행사를 주도하는 민관합동법인이 담당하는 상하분리 방식이 대안으로 고려될 수 있다.

5) 재원조달 방향

공공시설의 공급은 공공부문이 담당하는 것이 원칙이지만 최근 들어 이에 대한 민간부문의 참여가 확대되고 있다. 이러한 변화는 민간의 공공시설 공급이 더 효율적이라는 이론적, 경험적 신뢰의 강화에 기인한 것으로 보인다. 초대형 공공시설의 성격을 가지는 한일터널의 경우도 여기에서 벗어나지 않는다.

정부와 민간 기업의 재원조달은 조달수단과 자금용도 등에서 서로 다르다. 민간 기업은 자본시장에서 기업 자체의 신뢰도와 사업의 타당성 평가를 기초로 기업의 신용과 사업의 위험도에 상응하는 비용인 금리를 지불하여 자금을 조달한다. 민간 기업은 사업의 비효율성으로 인해 자금조달 비용보다 사업수익이 낮으면 자본시장에서 자금을 조달하기 어려우므로 공공시설의 공급이라 하더라도 사업성을 중시할 수밖에 없다. 반면 정부는 예산 당국으로부터 예산배정 원칙과 정부계획에 의하여 예산을 배정받으므로 국회 등 예산당국을 설득하면 예산의 확보가 가능하며 명시적인 자본비용도 요구하지 않는다. 다만 최근에는 정부예산 확보에 있어서도 경제성 평가가 매우 강화되고 있으므로 경제성이 입증되어야 할 것이다.

한일터널 경우와 같이 공공성이 큰 사업의 경우에는 정부재원으로 사업을 추진하는 것이 적절하겠지만 막대한 사업규모를 고려할 때 경제성 판단에 대한 합의도출이 어렵고 건설·운영의 효율성 확보가 필요하다는 점에서 민간자본의 참여도 중요한 대안으로 고려되어야 한다.

정부 차원의 재원조달은 한일터널의 사업성보다 경제적 타당성, 정치적 지지 등이 더욱 중요한 결정요인이다. 일반적으로 정부예산 확보 이외에도 정부기금의 활용, 국공채 발행, 해외 차관 등의 재원조달 수단이 있다. 정부로부터 지원받을 수 있는 항목은 정부 대출, 최소수익 보장, 유사시설 운영권, 사용료 결정권, 외환위험 보장, 이자율 보장, 대체시설 허가금지 보장 등이 있다. 유러터널의 경우에는 사용료 결정권과 대체시설 허가금지 보장 정도가 지원되었을 뿐이다.

한일터널과 같은 대형 인프라사업의 경우 본 사업의 사업성 제고를 위해 부대사업의 실시를 고려할 수 있다. 일반적으로 본 사업의 사업비 이내에서 부대사업의 실시가 가능한데 사업 당위성의 평가, 특혜 시비 등의 논란 여지가 있어 사례가 많지 않다. 일반적으로 해저터널과 관련되어 논의되는 것은 해양도시(인공섬), 관광시설(해양 수족관, 해저 관람시설 등) 등이 있다. 이러한 사업 역시 많은 투자비가 소요되는 사업이므로 신중한 접근이 필요하다.

6) 일본에서 본 한일터널 프로젝트

일본 세카이닛포(世界日報)는 1993년 한일터널 전반을 다룬 '일한터널 프로젝트'라는 제목의 단행본을 발간했다. 이 책은 일한터널연구회 회장을 역임한 사사 야스오(佐佐保雄) 홋카이도대학 명예교수가 감수했는데, 그는 이 책에서 '일한터널'의 의의를 다음과 같이 주장했다.

"영불해협터널을 성공으로 이끈 것은 경제적, 기술적인 요인도 있지만 가장 중요한 것은 정치적 배경이다. 견원지간인 영국과 프랑스도 유럽 통합의 큰 흐름 안에서 터널에 의해 육지와 섬나라가 이어지기를 바랐던 것이다. 유라시아 대륙의 서단이 섬과 연결된 지금, 동단 한반도도 일본이라는 섬과 연결될 가능성이 현격히 높아졌다.

미야자와 기이치 총리의 '아시아 외교를 중시'한다는 발언을 기다릴 것도 없이, 경제적으로나 정치적으로도 아시아는 미국을 능가할 정도로 중요해졌다. 한국에서도 높게 평가받은 스노베 료조 전 주한대사는 '일한 관계는 일본의 아시아 외교의 시금석'이라고 입버릇처럼 말한다.

일한 양국 사이에 과거사 문제가 되풀이되는 것은 지금 일한 관계가 정상적이지 않기 때문이다. 현 정치 상황에 대한 불만이 과거를 돌아보게 한다. 물론 과거를 올바르게 아는 것도 중요하고, 그것을 교육현장에 적용하는 것도 필요하다. 하지만 좀 더 절실한 것은 현실의 일한 관계를 보다 바람직한 방향으로 바꾸어 가는 노력이다. 한국 역시 일본과의 협력 관계가 국가 발전의 열쇠가 된다는 것은 누구나 인정한다. 넓고 깊은 해협을 잇는 일한터널은 일한 관계를 돈독히 하는 일한 우호의 심벌이 될 것이다."

04

국제평화고속도로를 주창한 문선명 총재의 기조연설문 일부

전 세계를 잇는 '자유권 大하이웨이'를 건설하자

오늘날 모든 인류는 질병과 전쟁, 그리고 불신과 기아의 세계에서 벗어나 평화와 행복이 넘치는 이상세계를 동경하며 희구하고 있습니다. 이러한 인류의 염원을 한낱 실현 불가능한 꿈으로만 볼 수는 없는 것입니다.

우리 인간은 국적을 초월한 하나의 통일세계에 살고자 하는 강렬한 욕망이 각자의 내면세계에서 용솟음치고 있으며, 이러한 내면의 외침은 참된 인간의 이상이자 심정이요, 이는 곧 하나님의 심정이자 소망이기도 합니다.

이제 우리는 지루하고 고통스러웠던 세기

를 매듭짓고 다가오는 21세기를 맞이하려는 때에 즈음하여, 진정한 새로운 문화를 창조하기 위하여서는 쟁탈과 반목 일변도인 자국 이익만의 추구에서 탈피하여 범세계적 차원의 새로운 가치관을 확립하는 것이 절실히 요구되는 시점에 도달했다고 봅니다.

아울러 모든 이웃나라의 행복과 평화 없이 자국만의 진정한 평화가 유지될 수 있는지 반성하여 볼 때 국적을 초월한 인류애 없는 세계평화란 생각할 수 없는 것입니다. 이러한 관점에서 기존의 사회구조 및 경제구조에 대해서도 새로운 학설이 정립되어야 할 시기도 바로 지금 이 시대라고 생각합니다.

더욱이 새로운 국제경제기구가 창설되어 지난날의 막대한 경제적 낭비와 손실을 막고, 또 전 세계의 국토이용계획을 '세계와 인류'라는 차원에서 새롭게 추진함으로써 모든 인류에게 평화와 행복을 즐길 수 있는 권리를 부여하여야 합니다. 그리하여 이상세계가 도래하고 영구평화가 실현되어 인간은 누구나 행복하고 풍요로운 삶을 누리게 해야 합니다.

본인은 이 자리에서 '인류는 한 가족 한 형제'라는 대 명제하에 이러한 이상을 실천에 옮기는 일환으로 동서제국을 연결하는 '인터내셔널 하이웨이(international highway)'의 건설을 제안하는 바입니다. 그것은 중국에서 한국을 통하여 일본에 이르는 '아시아권 대평화고속도로'를 건설하고 전 세계로 통하는 '자유권 대평화고속도로'를 건설하는 것입니다. 중국 대륙에서 한반도를 종단하여 터널이나 혹은 철교로 일본열도에 연결하고 일본을 종단하는 자유를 보장받는 '국제평화고속도로권'을 말하는 것입니다.

일본과 한국과 중국 대륙을 거쳐 남아시아, 중동, 유럽을 경유해 소련까지 연결하는 것을 일차 안(案)으로 시작하여 전 세계의 국가와 국가 간 육지와 해저를 일직선으로 관통케 하는 것입니다. 그리고 하이웨이 중앙부에는 뉴매틱 튜브 시스템(pneumatic tube system, 600㎞/h)을 설치하여 화물수송을 담당케 하며 대도시에서는 에어포트(공항)도 겸하는 한편, 인터체인지 일단에는 출입국관리사무소를 두어 노비자(no visa)로 간단하고 신속한 출입국 제도를 실시하도록 하는 것입니다.

문선명 총재가 구상했던 세계평화고속도로 모습

하이웨이 좌우 양측에는 각 1㎞ 이상의 중립완충지대를 설치하여 국경을 초월한 지대로 설정하고 초고속승용차(250㎞/h) 및 관광버스 이용자를 위한 휴양지를 조성함으로써 '초고속화'로 하나의 세계를 묶는 지상천국안을 제창하는 바입니다.

이러한 시안은 금후의 이상세계를 하루빨리 단축시켜 실현하려는 구체적 방안의 일부이며, 이를 통하여 과학자들도 또한 전 인류의 행복과 세계의 평화를 위해 공헌케 함으로써 세계를 일일생활권으로 묶어 새로운 문화세계를 창건하는 데 그 의의와 목적이 있습니다.

이렇게 함으로써 앞으로의 세계는 새로운 국제경제기구 및 질서의 탄생으로 비약적인 경제발전이 가능해지며, 인류는 풍족한 경제생활에 따른 시간적 여유를 레저에 이용할 수 있을 것입니다. 이를 통하여 인류는 대자연을 이해하고 배우며 그 속에서 하나님께 감사하며 인종과 국적을 초월하여 서로 사랑하고 위하며 참된 삶을 즐기는 이상세계가 반드시 오고야 말 것을 본인은 확신하고 있습니다. 이러한 세계야말로 하나님이 소망하시는 세계이며, 통일원리의 이념과 일치되는 세계요 인류가 염원하는 이상세계인 것입니다.

(이 글은 문선명 총재가 1981년 11월 10일 서울 세종문화회관에서 열린 '제10차 국제과학통일회'에 발표한 기조연설문 일부임. 문 총재는 기조연설에서 국제하이웨이와 아시아권 대평화고속도로 건설을 주창함)

지성 100인
한일 해저터널을 말하다

초판인쇄 2021년 3월 28일 **초판발행** 2021년 3월 31일

엮은이 세계평화도로재단
펴낸이 이혜숙 펴낸곳 신세림출판사
등록일 1991년 12월 24일 제2-1298호

04559 서울특별시 중구 창경궁로 6, 702호(충무로5가, 부성빌딩)
전화 02-2264-1972 팩스 02-2264-1973
E-mail : shinselim72@hanmail.net

정가 20,000원

ISBN 978-89-5800-227-7, 03070